致知·智治

高校智库的历史、理论与实践

于丰园 ◎ 著

北京师范大学出版集团
安徽大学出版社

图书在版编目（CIP）数据

高校智库的历史、理论与实践/于丰园著. —合肥:安徽大学出版社，2024.8
ISBN 978-7-5664-2596-6

Ⅰ.①高… Ⅱ.①于… Ⅲ.①高等学校－咨询服务－研究－中国 Ⅳ.①G649.2

中国国家版本馆 CIP 数据核字（2023）第 001833 号

国家社会科学基金教育学一般课题"基于知识管理的高校智库服务模式创新研究"
（BIA170220）研究成果

高校智库的历史、理论与实践
Gaoxiao Zhiku De Lishi Lilun Yu Shijian

于丰园 著

出版发行：	北京师范大学出版集团 安 徽 大 学 出 版 社 （安徽省合肥市肥西路 3 号 邮编 230039） www.bnupg.com www.ahupress.com.cn
印　　刷：	江苏凤凰数码印务有限公司
经　　销：	全国新华书店
开　　本：	787 mm×1092 mm　1/16
印　　张：	14.75
字　　数：	249 千字
版　　次：	2024 年 8 月第 1 版
印　　次：	2024 年 8 月第 1 次印刷
定　　价：	59.00 元

ISBN 978-7-5664-2596-6

策划编辑：刘婷婷		装帧设计：李　军　孟献辉	
责任编辑：刘婷婷　蒋　松		美术编辑：李　军	
责任校对：李晨霞		责任印制：陈　如　孟献辉	

版权所有　侵权必究

反盗版、侵权举报电话：0551—65106311
外埠邮购电话：0551—65107716
本书如有印装质量问题，请与印制管理部联系调换。
印制管理部电话：0551—65106311

前 言

中国特色新型高校智库是中国国家治理体系与治理能力现代化的重要组成部分,基于知识管理的高校智库是为党政机构科学决策、民主决策服务的重要咨询机构。研究高校智库的知识管理与服务模式,可为中国特色新型高校智库的理论突破与实践创新提供启示,以促进高校智库建设可持续发展。

本书运用文献研究、历史研究、比较研究、调查研究、案例研究等跨学科研究方法,将定性与定量相结合,通过 citespace、maxqda、cooc 等数据分析工具,梳理与掌握国内外高校智库的理论研究发展趋势及其实践探索路径。本书根据习近平总书记关于智库的重要论述精神,依照历史、理论与实践的逻辑体系,指出中国特色新型高校智库的价值、逻辑与应用方法。

本书对高校智库的历史进行回溯,梳理古今中外智库的发展阶段、知识管理与服务模式,提出孔子"致知·智治"智库思想萌芽的观点,总结稷下学宫、柏拉图学园等智库的知识管理与服务模式;系统地对知识、政策(决策)、智库、民众等要素进行分析,提出中国特色新型高校智库避开智库"问题困境"的中庸之道,运用政策工具解析中国特色新型高校智库的政策文本,探索高校智库服务地方政府的知识路径,归纳中国特色新型高校智库逻辑特性、原则与模式。本书选取宾夕法尼亚大学智库与公民社会项目、莫斯科国立国际关系学院、里约热内卢天主教大学金砖国家政策中心、华东师范大学课程与教学研究所、哈佛大学费正清中国研究中心五所全球高端高校智库的实践案例,分析它们在知识传承、知识交流与共享、知识生产、知识应用等方面的实践创新,总结出这些高校智库的服务对象、服务特征、服务功能与服务内容。

　　本书系国家社会科学基金教育学一般课题"基于知识管理的高校智库服务模式创新研究"(BIA170220)的研究成果,在此对课题团队所有成员的辛勤付出表示衷心的感谢!对关心与支持课题工作的亲人和朋友表示诚挚的谢意!

2024 年 3 月 15 日于屯溪

目　录

第一部分　历史篇

第一章　"致知·智治"——智库的历程 …… 3
　一、对"致知·智治"的诠释 …… 4
　二、智库概述 …… 9
　三、治理体系历史中的智库形态 …… 10

第二章　为齐国治理服务的稷下学宫 …… 19
　一、稷下学宫的历史 …… 20
　二、稷下学宫的知识管理 …… 22
　三、稷下学宫提供的服务 …… 26
　四、稷下学宫对高校智库建设的启示 …… 29

第三章　为城邦治理服务的柏拉图学园 …… 32
　一、柏拉图学园概述 …… 33
　二、柏拉图学园的知识管理 …… 34
　三、柏拉图学园的智库特征 …… 39
　四、柏拉图学园理想中的城邦治理 …… 43

第四章　智库"问题困境"的历史剖析 …… 46
　一、国家治理中的智库"问题困境" …… 47
　二、智库"问题困境"的历史经验 …… 50
　三、避开"问题困境"的智库"中庸之道" …… 52
　四、对中国特色新型高校智库建设的启示 …… 55

第二部分　理论篇

第五章　知识(民众)—智库—政策(决策者) …… 61
　一、知识概述 …… 61

二、政策概述 ………………………………………………… 64
　　三、智库的应然与实然 ………………………………………… 70
　　四、智库的作用 ………………………………………………… 73

第六章　中国特色新型智库的逻辑、特性与模式 …………………… 79
　　一、中国特色新型智库的逻辑 ………………………………… 80
　　二、中国特色新型智库的特性 ………………………………… 84
　　三、中国特色新型智库的"一导二连三创四知五服"模式 …… 86

第七章　中国特色新型高校智库政策文本的量化研究 ……………… 93
　　一、高校智库与政策工具 ……………………………………… 94
　　二、分析框架 …………………………………………………… 96
　　三、政策文本选择及编码 ……………………………………… 98
　　四、政策文本量化分析 ………………………………………… 101
　　五、结论与建议 ………………………………………………… 105

第八章　中国特色新型高校智库的国际化 …………………………… 109
　　一、中国特色新型高校智库国际化的必要性 ………………… 110
　　二、中国特色新型高校智库国际化的可行性 ………………… 114
　　三、国内外智库国际化的经验 ………………………………… 120
　　四、中国特色新型高校智库国际化的发展趋势 ……………… 122

第三部分　实践篇

**第九章　为全球智库评价服务的 TTCSP——宾夕法尼亚大学智库与
　　　　　公民社会项目** ……………………………………………… 129
　　一、TTCSP 概况 ……………………………………………… 130
　　二、TTCSP 为全球智库提供知识交流平台 ………………… 131
　　三、全球智库之镜 ……………………………………………… 136
　　四、TTCSP 给我们的启示 …………………………………… 140

**第十章　为俄罗斯外交政策服务的 MGIMO——莫斯科国立国际关
　　　　　系学院** ……………………………………………………… 144
　　一、MGIMO 的定位 …………………………………………… 145
　　二、MGIMO 的历史进程 ……………………………………… 148
　　三、MGIMO 的全球影响力 …………………………………… 149
　　四、MGIMO 的内核 IMI——国际关系研究所 ……………… 151
　　五、MGIMO 的智库服务 ……………………………………… 153
　　六、MGIMO 的发展趋势 ……………………………………… 156

第十一章 为项目驱动服务的 BPC——里约热内卢天主教大学金砖国家政策中心 …… 159
  一、BPC 概况 …… 160
  二、BPC 的项目驱动服务 …… 161
  三、BPC 的功能与使命 …… 168

第十二章 对外讲好中国课程故事的 ICI——华东师范大学课程与教学研究所 …… 173
  一、ICI 概况 …… 173
  二、研究团队的国际化 …… 175
  三、人才培养的国际化 …… 176
  四、知识生产与组织的国际化 …… 178
  五、知识共享与交流的国际化 …… 183

第十三章 为美国区域国别政策服务的 FCCS——哈佛大学费正清中国研究中心 …… 186
  一、FCCS 概况 …… 187
  二、FCCS 的资金管理 …… 189
  三、FCCS 的知识管理 …… 192
  四、FCCS 的组织与服务 …… 198
  五、对中国高校智库建设的启示 …… 202

附录 …… 207

参考文献 …… 218

第一部分
历 史 篇

第一章
"致知·智治"——智库的历程

> 物格而后知至,知至而后意诚,意诚而后心正,心正而后身修,身修而后家齐,家齐而后国治,国治而后天下平。
>
> ——《礼记》

从古至今,知识分子及其学派始终是国家治理体系构建的思想主导之一,政策顾问和统治者之间的关系也始终是政治人物和治国理政等方面文章的核心议题之一。不同历史发展阶段中的智库形态各异,并随着各国政治、经济与社会环境的变化而不断地变革创新,即由知识分子团体组成的智库持续地开展知识传承、知识生产、知识共享、知识应用等活动,以解释与解决社会公共领域复杂的问题。如孔子"致知·智治"等思想是儒家学派参与国家治理、维护社会发展的基础,对"轴心文明"以来的中国、东南亚等国家和地区的社会制度变迁与政权更迭起着重要作用,在塑造国民意识形态和大众伦理道德方面起着积极的作用。其后,儒家学者纷纷踏上治国理政之路,成为统治者的外脑,产生了极大的影响力。进入21世纪,为帮助各国政府在社会公共领域治理中摆脱"水深火热"的窘境,维持社会经济可持续发展,全球智库不断推动知识管理发展,知识管理更加科学,跨学科、应用型的多元服务模式等应运而生。

一、对"致知·智治"的诠释

(一)知(智)的释义

《辞海》①认为"知"与"智"相通,《礼记》曰:"知、仁、勇三者,天下之达德也……子曰:'好学近乎知,力行近乎仁,知耻近乎勇。'知斯三者,则知所以修身;知所以修身,则知所以治人;知所以治人,则知所以治天下国家矣。"《史记》中说:"知者决之断也……智诚知之……虽有舜禹之智,吟而不言,不如喑聋之指麾也。"《辞海》中关于"智"的解释有三种,一是聪明,如《孟子》中说:"王自以为与周公,孰仁且智?"二是智慧、智谋,《淮南子》:"众智之所为,则无不成也。"《史记》又说:"汉王笑谢曰:'吾宁斗智,不能斗力。'"三是通"知",知道,《墨子》:"逃臣,不智其处。"

智慧的含义又有三种,一是认识、辨析、判断处理事情和发明创造事物的能力;二是智谋、才智,如《孟子》说:"虽有智慧,不如乘势。"三是梵语 Prajñā(般若),译为智慧,谓如实了解一件事物。《辞海》中对智囊的解释是,比喻足智多谋之人,如《史记》说:"樗里子滑稽多智,秦人号曰'智囊'。"《汉书》曰:"太子家号曰'智囊'。"颜师古注曰:"言其一身所有皆是智算,若囊橐之盛物也。"还有《孔子家语》"内藏我智,不示人技"一说。扬雄认为"智,烛也",智是点亮人生的慧烛,社会的善行因智而有了保障。

(二)孔子之"智(知)"

《孟子》中子贡曰:"学不厌,智也;教不倦,仁也。仁且智,夫子既圣矣。"由《辞海》释义可知,智、知相通,表明理论和实践紧密联系,并意指人之"思维""德行""智慧"等在国家治理和社会关系构建中具有极重要的地位。"智(知)"作为核心概念之一,在孔子思想体系中有着极其重要的地位,是儒家学派在道德规范、知识创新与治国理政等实践活动中进行推理、判断的起点。正如孔子曰:"不知命,无以为君子。不知礼,无以立也。不知言,无以知人也。"孔子提出三条关于知的观点:知命、知礼、知人,知命是关于形而上者乃至更本源的事情,知礼和知人则是关于形而下者,特别是直接关于"礼"的问题;知命之知谓"知"或"良知",知礼和知人之"知"谓"智"或"理智","知""智"

---

① 辞海编辑委员会:《辞海》,上海:上海辞书出版社,1979年,第1733,1401~1402页。

即良知直觉、知识理性①。国家治理和社会关系构建需要制度规范,孔子指出只有一个洞见事理的知者(智者)才能成为制度规范的建构者,正如《新序》云:"智士也者,国之器也。"《论语》云:"君子道者三,我无能焉:仁者不忧,知者不惑,勇者不惧。"君子必备的三种品德就是仁、智、勇,智者学礼、知礼而能不惑。

孔子之"智(知)"意指有理性认知能力之"知"和能作理性判断之"智",表示对一系列相互关联的事态的结果作预言或者作预测的能力②。孔子在教授弟子和向时人解惑时,常要求他人理解、解释与运用"智"(通"知")的思维方法。《孟子》云:"是非之心,智也。"孟子认为"智"是明辨是非的慧眼,是与人道最为密切的品质和技能,是为圣之首务。在《论语》中,孔子将人的"智"视为"上智与下愚不移",上智是一种"生而知之"的存在。在《孟子》中,孟子的四端之说认为,"仁义礼智,非由外铄我也,我固有之也,弗思耳矣"。孔子确定"智(知)"为儒家重要的德行之一,故王韬肯定地说:"世以仁义礼智信为五德,吾以为德唯一而已,智而已。"③"智(知)"是孔门的一种道德境界,是一种理性的思维方式。孔子之"智(知)"就是指一种思维方法、人生智慧与道德境界,是对问题进行思考后,提出解决策略的过程。

(三)"致知·智治"的内涵

根据上述关于"致知·智治"的诠释可知,我们认为孔子构建了包括知识、致知、智慧和治理在内的智库"致知·智治"萌芽思想体系,即学习的致知是获得知识的路径,获得知识是获取智慧的必要条件,智慧是知识的升华,治理是智慧的体现与应用等,这四大要素最终构成"知行合一"复杂的系统。

1. 知识

根据知识的客观起源可知,知识或是理性的或是经验的;根据知识的主观起源可知,知识或是理性的或是历史的。孔子依靠理性的思维和科学原理给知识画了一条实际的界线,"知之为知之,不知为不知,是知也"就是孔子关于"知"的界定。"智(知)"首先指"知识",孔子要求弟子除需学习"礼、乐、射、

---

① 黄玉顺:《孔子的正义论》,载《中国社会科学院研究生院学报》,2010年第2期,第136~144页。
② [美]郝大维、安乐哲:《孔子哲学思微》,蒋弋为、李志林译,南京:江苏人民出版社,2012年,第33页。
③ 李泽厚:《论语今读》,合肥:安徽文艺出版社,1998年,第128页。

御、书、数"六艺之外,还要学习其他较为专业的知识,使智库初具跨学科的特征。这些知识包括记载各诸侯国历史的《春秋》,古时与当时诗歌选集"诗",国家的官法时令"令",古人的哲理名言佳句"语",私人修撰的半哲学半历史性的成果"故志"等①。

春秋时期,社会思想发生天翻地覆的变化,子产谓"天道远,人道迩,非所及也,何以知之",强调了社会意识从注重天道转为重视人习得知识之道,大大提高了知识的地位。知识通过逻辑的完备性而具有的内在价值,是它在应用中具有的外在价值所无法比拟的②。孔子同样极其强调关于人的思维与方法的知识的重要性,多次提到国家的政治、经济、文化与军事行动不能依靠求神占卜而为,而要靠人类在认识世界的过程中掌握的科学知识,拥有"出谋划策"等方面知识而起着"参政议政"等作用的谋士因此备受重视。故徐复观指出,"智是向外的知解","智向外以成就知识才能……孔子对于智,实已付与以一个与仁相平行的地位,以成就其'内外兼管''体用该备'的文化建构"③。

2. 致知

孔子认为知识是一种通过思索和经验而艰难获得的东西,致知具体表现为学习型组织或个体的认识活动。《论语》曰:"生而知之者上也,学而知之者次也;困而学之,又其次也;困而不学,民斯为下矣。"孔子对"生而知之"的描述甚少,认为"生而知之"只是一种理论上的假设现象而非真实存在的,故认为自己"非生而知之者,好古,敏以求之者也"。孔子指出致"知"要强调"学",认为"好知不好学,其蔽也荡",要通过"学而知之"获取知识。学习是孔子联系生活世界的工具,他认为通过学习、感悟、思索与世界发生联系进而"人能知"。

《尚书》曰:"知之曰明哲,明哲实作则。"孔子说:"学如不及,犹恐失之。"学习并非只是读书,而是通过各种实践活动培养人的品德,正如孔子利用各种学习活动探析周公礼制,"子入太庙,每事问,或曰:'孰谓鄹人之子知礼乎?入太庙,每事问。'子闻之,曰:'是礼也'"。孔子强调"可与言而不与之言,失人;不可与言而与之言,失言。知者不失人,亦不失言"。在与鲁国卿大夫季

---

① 雷海宗:《伯伦史学集》,北京:中华书局,2002年,第271页。
② [德]康德:《逻辑学讲义》,许景行译,北京:商务印书馆,2011年,第41页。
③ 徐复观:《中国学术精神》,上海:华东师范大学出版社,2003年,第17页。

康子对话时,孔子就鼓励弟子冉求在参与一般国事的过程中获得"知(智)",并逐渐拥有管理"百乘之家"的知识与治理国家方面的谋划能力。《论语》云:"子曰:'赐也,女以予为多学而识之者与?'对曰:'然,非与?'曰:'非也,予一以贯之。'"作为一个理性主义者,孔子根据自己内心的原则寻求认识世界与治理国家之道,并自始至终未曾改变。

3. 智慧

真正的智者是自由自主的思想者,能辩证地、创新地运用知识,旨在给知识以真理和智慧的真相。"不患无位,患所以立",孔子认为我们不用担心没有相应的职位,而应该担忧自身是否具备能够胜任此职位的智慧与能力。"知者不惑"是孔子设定的理性标准,要求儒家智者在面对问题时须用智慧的理性克服情绪化的感性冲动。《论语》云:"多闻,择其善者而从之;多见而识之;知之次也。"孔子认为"闻""见""知"是获得治国理政智慧的重要路径,"博学之,审问之,慎思之,明辨之,笃行之"表明了获得"智慧"的完整过程,知识作为智慧的源泉和基础才能体现出其内在的、真正的价值。对于智慧而言,知识是必要条件。没有知识,智慧将永远是人们想象中无法触及的幻景。

有才且才美,方为一种智慧,智慧是通过后天的知识学习获得的。钱穆指出:"用才者德,苟非其德,才失所用,则虽美不足观。必如周公,其才足以平祸乱,兴礼乐,由其不骄不吝,乃见其才之美也。"①子曰:"知者乐水,仁者乐山;知者动,仁者静;知者乐,仁者寿。"智者如水之流而欣乐于江河,"知者乐运其才知以治世,如水流而不知已"②。朱子也指出:"智者达于事理而周流无滞,有似于水,故乐水;仁者安于义理而厚重不迁,有似于山,故乐山。"③在有关天的理念之中,孔子拥有一种非个人性的道德之神的意识,认为智者需在浩浩汤汤地流淌着生命之韵的流水中寻找智慧的生命,将人类社会的存在原本和大自然的智慧结合起来,洗涤净化智者的心念,使得智者更具理性,头脑更加清醒。

4. 治理

《大学》的"三纲八目"强调君子修身以治理国家,指出"大学之道,在明明德,在亲民,在止于至善"与格物、致知、诚意、正心、修身、齐家、治国、平天下。

---

① 钱穆:《论语新解》,北京:生活·读书·新知三联书店,2002年,第210页。
② 刘宝楠:《论语正义》,北京:中华书局,1990年,第144页。
③ 朱熹:《四书章句集注》,北京:中华书局,1983年,第90页。

孔子"致知·智治"思想的内涵反映其一贯遵循"三纲八目"的宗旨,并以此为根本,通过个人修养与伦理政治生活的实践而实现对"终极与整体实在"的最终理解①。《说文解字》云:"君,尊也。从尹;发号,故从口。"段玉裁解释:"尹,治也。"可见君的本意指有尊位、发号令的治事者,即决策者或领导者。韩愈在《原道》中谓"君者,出令者也;臣者,行君之令而致之民者也",表明智库是各种思想与谋略的聚集之地,但智库本身并不是政策的制定者或实施者。孔子认为具备为君的条件和特征的人可被视为君子,可以"大受",在治国理政时可被委以重任,在智库中起到中流砥柱的作用。《论语》曰:"宁武子,邦有道,则知;邦无道,则愚。其知可及也;其愚不可及也。"孔子认为智者要将自己的聪明才智用于"有道"之国的治理与发展上。柏拉图也是如此,其认为"哲学王"的智慧与谋略是真正的知识——对内对外能够最好地知道普遍原则、能够统筹全局的领袖和统治者的知识,这种期许在有谋略的统治者这里可得到实现②。

《中庸》强调"知所以修身,则知所以治人;知所以治人,则知所以治天下国家矣"③。孔子的政治生涯始于公元前501年的"宰中都",其后一年,定公任命孔子为司空,主管工程、制造和手工业等与经济发展有关之事,接着孔子又由司空升为主管刑狱的大司寇,孔子治国理政的方略很快得以实施并取得显著成效。孔子为政约有六年的时间,其优异的政绩表现为后面儒家智库产出策略、谋划与规划提供了实践经验。《韩非子》中记载了三条标称"孔子曰"的论法文献,从侧面证实孔子作为智库专家对君王治国理政产生了影响。孔子、孟子和荀子都断言,最后能够统治整个中国的必定是一个能够将儒家原理付诸实践且委任儒家管理其政府的君主,这是因为儒生会秉持正道而非完全效忠于君主。

---

① 奚刘琴:《第三代新儒家的儒学诠释与创新:以成中英、杜维明、刘述先、蔡仁厚为例》,北京:中国社会科学出版社,2011年,第31页。
② [德]黑格尔:《哲学史讲演录(第二卷)》,贺麟、王太庆译,北京:商务印书馆,2011年,第266页。
③ 朱熹:《四书章句集注》,北京:中华书局,1983年,第29页。

二、智库概述

(一)智库定义

虽然智库脱胎于古代中国"智囊""谋士"等词语,其作用是为君主治国理政出谋划策,但"智库"一词正式成型于西方现代国家治理体系不断完善的过程之中,又被称为"思想库""脑库"等。智库自身的演化以及专家学者对智库的研究总结表明,智库是一个持续更新的概念。决策环境使然,智库不仅关涉游说或信息传播,而且强调专业的分析和研究,强调在保持独立性的前提下持有一定的政治目的。2020年,麦甘博士在《全球智库报告》中指出智库是参与分析和研究公共政策的组织机构,其通过以国内外问题为导向的政策研究、分析与建议,帮助决策者和公众就某个公共政策问题获得知情权并作出明智的决策。

当前国内外专家均认为给智库下明确的定义是十分困难的,对于界定智库的范畴、性质、运作方式等,学界目前没有达成共识[1]。但是通过远景式地分析特定政策领域的智库运作机制或考察国家层面的智库体系,近景式地考察特定智库个体的运营模式,我们可以认为智库是以政策分析和政策研究为基础、以影响或渗透公共政策为目标的研究机构,是一种相对稳定的从事政策研究和咨询的实体机构[2]。

(二)智库类型

智库往往充当学术界与决策层、民众与政府决策者之间的桥梁,发表独立的见解,服务于维护公众利益,将基础研究和应用研究转化为决策者和公众可理解、可信任和可获取的知识产品。一般说来,智库隶属政党、政府、利益集团和私营企业,还可以组成独立的非政府组织。中国特色新型智库体系包括党政部门、社会科学院、党校行政学院、高校、军队、科研院所和企业、社会智库等,各类智库充分发挥咨政建言、理论创新、舆论引导、社会服务、公共外交等重要功能。印度智库通常可分为政府智库、非政府智库与公民社会组

---

[1] 缪其浩主编:《从洞察到谋略:国外科技智库研究》,上海:上海科学技术文献出版社,2020年,第23页。

[2] 朱旭峰:《改革开放与当代中国智库》,北京:中国人民大学出版社,2018年,第8页。

织三种类型,其中在战略话语体系中占据重要位置的当数政府智库,非政府智库对政策制定的影响则偏弱①。

2020年,麦甘博士在《全球智库报告》中将智库分为自主性智库和独立性智库、准独立智库、附属大学的智库、附属政府的智库、准政府的智库、营利性智库六种类型。阿米得则认为智库的类型多种多样,可以是社团、研究所或者公司等,可分为学术型、契约型和游说型三类②。学术型智库的代表当属布鲁金斯学会(相信学术研究能够解决社会问题),契约型智库的代表则为兰德公司(与政府签订合同,开展承包项目研究工作),胡佛研究所选择了游说型智库发展之路(明确的意识形态倾向、特定立场的政策辩论、科学方法的选择、重视观念营销),营销观念,倡导观念,用观念影响政策的制定与政策方向,从而扩大自身的影响力③。

三、治理体系历史中的智库形态

(一)智库混沌形态——治理体系的早期阶段

人类社会最初阶段的治理体系由智库、知识、政策、技术等要素构成,这些要素处于一种难以分割的混沌状态。自人类社会部落产生以来,知识就成为部落治理体系作决策的重要工具。知识赋予个体或组织以影响力,拥有知识的智者理所当然地成为统治者,成为治理部落的重要力量。但是人类在社会部落产生之初,对客观世界的认识和对规律的掌握尚浅,社会分工较为笼统,没有形成完备的知识体系,没有形成领域明确的专业知识。在最初的部落治理中,统治者都是那种将知识、技术、智库与政策合为一体的"神"之形象,如《史记》记载:"轩辕乃修德振兵,治五气,艺五种,抚万民,度四方……诸侯咸尊轩辕为天子。"这说明在治理体系中,黄帝是在知识、技术、智库与政策等方面无所不能的"神"。

由于部落治理过程中分工尚不明确、不精细,所以在分工混沌的状态下

---

① 戴永红、张婷:《印度的东南亚研究:议题设置与研究取向》,载《东南亚研究》,2020年第6期,第1～18,153～154页。
② 陶军、王雍铮:《美国社区教育智库影响力:来自社区学院协会的启示》,载《现代远程教育研究》,2015年第6期,第55～61页。
③ 谷贤林:《大学智库的成功之道——以斯坦福大学胡佛研究所为例》,载《比较教育研究》,2017年第12期,第67～74页。

治理体系难以形成协作并体现专业化,在解决问题时只是运用权力去整合资源,即通过权力协调治理,实现协作,权力整合机制的完善和建构对知识表现出较弱的需求①。这种集知识、技术、智库与政策于一体的部落治理形态一直延续至夏、商、西周时期,国家治理体系由于分工不明显而出现"官师合一""学在官府""学术官守"的制度特征。在夏、商、西周国家治理体系中,奴隶主身为官员掌握政治权力与学术权力,官府既是政治活动场所,也是施教场所,这种没有分工的国家治理体系会使统治者因国家治理的复杂性而备受压力。在此时的国家治理体系中,人们推崇智者治国,说明决策体制受到知识及其结构的影响。夏、商、西周时期"惟官有书,而民无书;惟官有器,而民无器;惟官有学,而民无学"的情况将统治者与民众完全隔离开来,两者之间没有沟通桥梁,导致民众与统治者之间的斗争日益加剧,国家治理形式也受到根本性的挑战,即为奴隶主阶级服务的贵族垄断知识、技术、智库与政策等的国家权力模式走向衰落,更加精细的分工与分权的国家治理体系模式取而代之。

(二)智库雏形——国家治理体系的发展

1. 古波斯与古印度的智库雏形

(1)古波斯的智库雏形

古波斯宗教、哲学与文学文献表明,早在前伊斯兰时期的波斯帝国智库的雏形就出现了——学者通过撰文参与协商国家事务,扮演统治者智囊的角色。伊斯兰教什叶派首任伊玛目阿里就叮嘱其最亲密的追随者莫勒克·阿什塔尔应"尽可能多地与学者和智者为伍,从而获得治理国家的方法"。在塞尔柱帝国担任约30年宰相的尼扎姆·莫尔克在其史学名著《治国策》中提出"对事务提出咨询是判断可靠、高智商和有远见的标志……因此,一个人应当向智者、长者和有经验的人请教"。被誉为"伊斯兰文明百科全书"的《卡布斯教诲》也认为,"假若你是国王,做任何事情都应听取智者的诤谏。不论什么工作,在做之前应先与智者商讨。国王的宰相应当睿智博学,遇事莫要急躁,应先找宰相研究"。这些古代文献都表明了国家统治者、决策者、管理者在国家治理中向智者、专家咨询政务的必要性,标志着智库在伊朗(波斯)进入雏

---

① 张康之:《在风险社会中看知识与权力》,载《学术界》,2021年第6期,第46~56页。

形阶段①。

(2)古印度的智库雏形

古印度也有许多关于智者在政治、军事、外交等方面提出治国谋略的记载,影响力较大的如《摩诃婆罗多》《罗摩衍那》中关于结盟与战争的阐述,最为著名的则是孔雀王朝时期的政治家考底利耶的著作《政事论》。考底利耶以智囊的身份向统治者提出权力政治观、世俗政治观、非伦理政治观和全面战争观等有关国家治理的理念,并首创"曼陀罗"国际体系思想,指出国际治理体系就是中心国、中立国、盟国、敌国四种类型的持续排列组合,这一点与中国战国时期秦国范雎提出的"王不如远交而近攻,得寸则王之寸,得尺亦王之尺也"的国家战略思想有着异曲同工之妙。考底利耶指出,中心国的邻国是天然之敌,敌国的邻国则为天然之友,中心国只有持续地进行征伐才能改变与敌国或盟国的关系。这种积极的、动态的国际关系智库思想,战争、和平、中立、备战、离间与联盟六大法则对印度后世对外战略有重大影响,成为印度对外战略规划的思想源泉。《政事论》对国际秩序、国际治理体系的阐述,以及其提出的具体的对外政策和治国方略是印度现实主义国际关系思想的源头,是人类历史上关于战略研究和国际关系的智库杰作之一②。

2. 国家治理体系的分工

社会组织化助推社会发展,在国家治理体系中的组织机制就是权力整合方式的制度化表现。国家治理体系通过组织结构确立和部门划分实现协作治理,形成一种形式化、可持续、稳定的权力整合方式,此时其对分工的权力整合处在一个封闭系统之中③。混沌形态中部落治理决策者与学者的合体,使知识与决策之间没有明显的鸿沟,但随着国家政治、经济、文化、军事等体系的发展,部落时期的那种万能的统治者不可能再出现。进入农业社会后,国家治理产生明确的分工,统治者"上承天意",根据血脉关系继承权力。此时最高统治者拥有决策权,而官员把控政策制定过程,学者则可参与政策制定各个阶段的工作,这样统治者、官员与学者分工明确,共同处理社会公共领

---

① 王振容:《当代伊朗智库的发展及其对外交决策的影响》,载《阿拉伯世界研究》,2017年第5期,第32~44,118~119页。

② 李家胜:《印度国际关系研究的成就与评价》,载《教学与研究》,2021年第4期,第102~112页。

③ 张康之:《在风险社会中看知识与权力》,载《学术界》,2021年第6期,第46~56页。

域问题,这也造就了一种总是为后人所诟病的"知行分离"的现象——决策者与学者的分离、知识与政策的割裂。

"知行分离"是王权掌握国家最高权力时,将知识分子与政策实施等分离而造成的,"知行分离"有助于王权的巩固与统治。农业社会的王权统治体系是依靠人的生物性力量—以血缘为基础的政治继承—保证等级结构稳定性的权力分配—阶层固化等延续的。在这种"家天下"的国家治理体系中,智囊与谋士效忠于君王,为君王提供谋略。相对而言,在君王眼里知识被视为可有可无的鸡肋,如项羽在关键时刻驱逐其最重要的谋臣范增,被刘邦嘲笑:"项羽有一范增而不能用,此其所以为我擒也。"在农业社会中,知识与权力的关系揭示的结论是,知识包括拥有知识的群体成为权力的附庸,迎合权力、服务于权力,以确保国家治理体系的系统性、完整性与有效性。

3. 智库的"知行合一"

为落实分工与消除知行分离的弊端,智库应运而生。当知识与政策相剥离时,知识分子就总是试图通过著书立说等知识生产、参与国家治理等知识应用的方式将知识的权力重新"搬"回国家治理的核心,并为此付出一生,这一点在孔子、柏拉图等人的治国理念与实践中尽显而出。孔子、柏拉图的"知行合一"的理念与实践就是知识与政策融合的过程,他们的道德能力、知识生产能力、治国理政智慧等成为后代知识分子知行参照的标准。知识与权力难以割舍的天然联系,使知识分子秉持"让哲学家治国或掌权"的论调,以知识来掌握和巩固权力,"天下大同"的"理想国"成为古今天下以知识分子自居的政治家们的梦想,直至今天倡导"技术专家治国论"。

(三)智库的成长——国家治理体系的近代化

1. 高校中的知识分子

欧洲中世纪兴起的大学随着历史的脚步不断地发展壮大,成为知识分子的聚集之地,并培育出许多文学与科学巨人,如哥白尼在博洛尼亚大学和帕多瓦大学学习法律、医学及神学,伽利略在比萨大学攻读医学并获得比萨大学与帕多瓦大学数学教授职位,维萨留斯在巴黎大学学习医学、在帕多瓦大学获得博士学位,培根12岁、牛顿19岁时就开始在剑桥大学圣三一学院学习。彼得·伯克指出,近代早期大多数的知识阶层和中后期的知识阶层一样,并非完全自由的,而是依附于大学之类的机构。

欧洲各国近代化时期的知识分子在远离政治与政策之时,依然强调知识在国家治理中的重要性,英国的培根在说"知识就是力量"时,其实也就是想说明作为一种权力的知识是近现代国家治理的核心,法国以伏尔泰为首的启蒙主义学者则将知识带回资产阶级革命进程之中,德国的黑格尔运用其"世界大全式的知识"和对理性进步的历史规律的认知来论证什么是人世间的最佳政制。在面对公共问题时,高校中的知识分子之所以具备迅捷、精准的直觉反应能力,正源于他们通过积累知识、生产知识以及应用知识获得了解决问题的对策。

2. 吸纳知识分子的政府机构

近代社会公共危机事件的偶发性与风险的不确定性对政府公共政策制定和决策落实提出更多的挑战,这是因为决策者并不具备应对危机事件或社会风险的专业知识和能力。但事实证明,危机事件或风险应对要求应对人员具备多元化的专业知识和能力,即专业能力越强,其在解决危机事件与风险中所发挥的作用越大。亚当·斯密指出,自由市场机制以无形之手实施社会大分工,在社会的组织化中出现自觉安排的分工与协作意味着工业社会拥有了权力整合和价值整合两种机制。这两种整合机制组合形成一种混合型机制时,要求组织封闭与开放同时存在而导致矛盾的组织运行的现象。这种矛盾使得组织更加渴求知识,即当政府组织机构的知识难以维系其运作时,政府组织机构求助于类似于智库的"外脑"成为一种风尚。

近代化国家逐步意识到治理必须紧密联系知识,整合多样化的专业知识形成合作。在合作过程中必定存在经验的、知识的权威,这些权威能够发挥其号召力以促进合作。基于道德、智慧、知识等方面影响力的合作式政府组织,不再需要威胁、强制等权力支配形式,而是视权力与规则为不可或缺的辅助运行手段。"知识就是力量"成为近代化国家治理的一种新的信仰,然而"知识就是力量"在人类社会发展史及其自身历史演化的过程中只是一种模糊的判断与事实。在工业社会之前的治理体系中,知识一旦遭遇权力就如"秀才遇到兵"那样容易被忽视、被嘲讽,甚至可能成为知识分子受打压和排斥的"原罪"①。

3. 国家治理体系中的专家知识

国家治理体系中的专家知识是连接公民与决策者的桥梁,专家知识不仅对决策者的战略决策有着重大影响,而且能帮助公民参与民主政

---

① 张康之:《在风险社会中看知识与权力》,载《学术界》,2021年第6期,第46~56页。

治。杜威在《公众及其问题》中提出专家与公民分工的主张,在公民不断依赖专家知识的社会中,公民参与解决公共问题时需要考虑技术和政治两个层面的问题:在技术层面,专家可通过分析确定社会问题和社会需求;在政治层面,公民能够为这些问题和需求的解决设定一个民主日程。不断完善公共讨论、辩论和审议的条件与方法,可以整合技术与政治,其中专家参与讨论并采用专业领域的方法开展行动,只需提供解释和分析而无须作出判断。专家可以像翻译人员和教师那样行动,帮助公民理解这个世界,帮助他们作出理智的政治判断[①]。

智库的发展,使在决策科学化层面上的知识分工要求专家在手段和结果上为决策提供理论与知识的支持[②]。专家知识对政策制定的主要影响因素包括可信度、把握时机、接触政策制定者、营销力度等,能够抓住接近政策制定者的时机,向他们推销政策知识产品的智库明显占优势,因而其知名度不断地提升,影响力更大。智库为决策者提供专业知识咨询,尽力维系与决策者的联系,获得他们的关注以保持影响力。智库专家可以通过媒体提高自身的知名度而进入政策制定渠道,紧抓当前社会公共领域的重大问题并吸引决策者的注意力,这样智库专家的思想与知识产品才能被决策者和社会公众所了解。智库成功地推销专家的思想和知识产品,使其机构行销职能取代专家私人职能,同时使自己从营销中脱离出来而为智库创造更有见地的政策议题,保证智库在和政策制定者开展对话与交流时占据有利位置。

(四)智库的兴盛——国家治理体系的现代化

1. 西方国家现代化进程中的智库

(1)英国现代智库的追溯

在英国800多年的民主制度发展历程中,智库很早就在国家治理中出现了,并且始终与政府、政党保持紧密的联系。英国现代智库的起源可追溯到1884年费边社(Fabian Society)的成立,该社的理念在于采用非革命手段逐

---

① Frank Fischer. Citizens, Experts and the Environment: the Politics of Local Knowledge. Durham and London: Duke University Press, 2000:7.

② 孙秋芬:《论决策科学化与民主化的两难困境及化解——基于专家与公民的知识分工理念的分析》,载《中南大学学报(社会科学版)》,2016年第6期,第149~155页。

步推进社会主义,通过研讨、出版与思想碰撞等方式,改变整个公共知识领域,特别是工党内部的氛围。费边社与工党关系从一开始若即若离地相互接触发展到后来的亦师亦友,到再后来的休戚与共。在第一次世界大战期间,费边社协助工党完善组织机构,制定新党章和第一个正式纲领。1938年,费边社与新费边研究局合并成立了新费边社,新费边社确定了自己"附属于工党"的地位,同时确保了自己在组织、财务、活动等方面的自主性[①]。

(2)美国早期的智库

美国早期的智库是由美国政治精英建立的,涉足国家治理的多个领域。政治精英通过与官僚部门在人员、资金、知识等方面进行互动交流而制定政策和作出决策,旨在就国家战略达成共识。1832年,为解决蒸汽轮船锅炉爆炸问题,财政部与费城富兰克林研究所签订合同,这算是美国最早出现的政府与智库之间的合作[②]。1916年,第一个提供全方位服务的智库——政府经济研究所成立,先是规划美国经济发展,后来为第一次世界大战出谋划策。1921年,外交关系委员会成员从一群学者、记者和商界领袖中诞生,外交关系委员会成立最初的目的是就战后世界的外交政策战略为伍德罗·威尔逊总统提供咨询服务。这些组织成为智库人员进出日益扩大的美国政府官僚体系的关键枢纽。其时,洛克菲勒基金会、卡内基基金会等成为美国政府活动研究所等相关智库的最大捐赠者,如1927年由卡内基基金会资助的经济研究所和美国政府活动研究所等机构合并组建了布鲁金斯学会。

2. 现代智库——知识与权力的黏合剂

智库成长的过程符合"知识—权力"的逻辑演变过程,现代国家的权力普遍建立在一定的知识基础之上,知识一方面约束和规范权力的运行,另一方面为现代国家权力运行的正当性提供证明。在现代国家中,权力离不开知识,国家发展包含权力知识化的趋势。权力知识化指权力的合理性与合法性的知识建构的过程,即权力的有效运行与合法存在须借助于智库的支撑和确证,才能最终促使现代政治科学形成。现代智库的出现建立在社会对合作行动的认识与理解的基础上,通过制度、权力等方面的改革促使参与主体之间

[①] 陈瑜:《依附也精彩的英国政党智库》,载《智库理论与实践》,2021年第2期,第84~90页。

[②] 陈广猛:《美国思想库的发展和演变》,载《贵州师范大学学报(社会科学版)》,2006年第1期,第47~51页。

达成共识。而智库就在决策者与民众达成共识的过程中发挥中介作用,智库作为专业知识载体起着促进决策者与民众相互认识、相互理解的作用。但是相较于显性知识,隐性知识因其隐喻特征而很少受到人们的重视,事实是在现代社会的权力、知识和责任的关联上,隐喻往往出现在众多的政策言语之中,例如用"梦"来隐喻一个民族或国家的理想,用"笼子"隐喻权力监督机制等①。

公共政策制定过程中的知识运用理论认为,智库的知识运用和知识生产能力的核心问题在于怎样在知识与政策之间铺设一座沟通的桥梁。从智库影响公共政策制定的目标来看,智库的知识创新和知识生产必须具备"政策切合性",能够"经世致用",提供能够切实解决公共政策问题的"真知识"②。但是权力知识化与政治系统内部知识能力不足之间存在矛盾,因此美国的政治实践一是通过吸收事务官参与政策制定,从系统内部发掘公务员的专业智慧,以解决政策制定知识不足的问题;二是借助于智库、外部专家等局外人的支持而获得决策制定所需的咨询服务和知识。显然第一种途径背离美国推崇的"政治行政分离"的治理原则,第二种途径则因规避了这个问题而成为美国政治系统的首选,智库因此得以兴盛,成为消除"知识与权力差异"的工具。权力运行的开放性是智库发挥影响力和研究政策的前提,开放的权力能够接受智库的外援,智库因此可以准确全面地从体制内获得研究所需的信息。权力运行的开放性还提高了政治系统对外部知识、信息、人才等要素流入的包容性和接纳程度,使得智库的研究成果能够便捷地进入权力核心③。

3. 现代智库发展的第二次浪潮

现代智库的第二次发展侧重于研究定向政策,其极力为政府部门提供政策建议与报告。例如,兰德公司的名字来源于"研究与开发",它是由道格拉斯飞行器公司(Douglas Aircraft Company)承担的一个项目发展而来的,该项目将军事规划与研发联系起来。后来它作为一个独立的组织,向政策制定者提供从核战略到货币政策等方面的重点研究课题的报告。兰德公司在智

---

① 张康之:《在风险社会中看知识与权力》,载《学术界》,2021年第6期,第46~56页。
② 钱再见:《论新型智库的核心能力及其提升的创新路径》,载《江海学刊》,2017年第1期,第105~113,238页。
③ 唐庆鹏:《论现代智库的成长逻辑及其对我国的启示》,载《社会主义研究》,2015年第1期,第139~147页。

库领域绝非孤军奋战,它的许多同行以大学为基地,为政府部门出谋划策。如战略和国际研究中心的前身在1962年成为乔治城大学的一部分,1987年成为独立智囊团,通过举办一些政府经常要求举办的蓝带委员会活动来解决棘手的问题而作出了自己的贡献。在里根当选为总统的几个月后,传统基金会(Heritage Foundation)主席埃德温就宣称他们的政策建议被里根政府采纳的数量占政策建议总数的60%。亚当·斯密研究所则宣称,20世纪80年代他们关于自由市场思想的100多条建议最终成了政策。

第二章
为齐国治理服务的稷下学宫

宣王喜文学游说之士,自如邹衍、淳于髡、田骈、接予、慎到、环渊之徒七十六人,皆赐列第,为上大夫,不治而议论。是以齐稷下学士复盛,且数百千人。

——司马迁

根据高校智库的内涵、特征与功能可知,高校智库应符合下列标准:一是该机构拥有固定的场所、人员和行事规则,且初具规模;二是该机构具备为统治者治国理政服务的能力,能够开展咨询建言活动,为国家公共政策的制定、解释、实施与评价提供服务;三是该机构作为知识主体具有知识生产、知识交流、知识共享与知识创新等方面的能力,拥有探索高深学术知识的功能,其知识生产成果可为国家治理提供新思想、新观念和新方法。以高校智库的标准审慎地分析稷下学宫的本质与特征可知,稷下学宫是中国乃至世界上最早出现和最为成功的智库之一①。学者们对于稷下学宫的研究基本上达成共识,认为稷下学宫作为春秋战国时期诸子百家文化荟萃的知识生产中心和学术交流平台,与同处于轴心时代的古希腊柏拉图学园屹立于世界东西方而交相辉映,正如李约瑟指出,非常有趣的一件事就是稷下学宫与柏拉图学园创建的时期十分接近②。

---

① 王志民:《稷下学宫与当代智库建设》,载《智库理论与实践》,2018 年第 6 期,第 1~6,11 页。
② [英]李约瑟:《中国科学技术史》,北京:科学出版社,1975 年,第 200 页。

稷下学宫首倡"百家争鸣,百花齐放",是中国文化历史长河中的明灯,是世界文明史夜空中璀璨的星。作为古代中国首个高校智库性质的稷下学宫,其参政议政的方式与谋略对中国历代治理体系有着极其深远的影响。例如,西汉时期的贾谊和董仲舒就继承了稷下学宫的智库谋略和政治理论,贾谊提出治国安邦应以仁义教化为主、法治为辅,"立纲承纪,轻重同德",再次肯定了"礼义廉耻"的"国之四维"的思想,扭转了秦代严苛法治带来的混乱的政治与社会局势。董仲舒在"对贤良策"时向汉武帝提出"举孝廉""兴太学以养士""罢黜百家,独尊儒术"三条治国理政策略,将儒术定为一尊。此时的儒术不再局限于孔孟学说,而是集稷下儒家、法家、道家、阴阳五行等的学说于一体不断演化的新儒学,故范文澜认为董仲舒将儒、法合流①。直到今天,稷下学宫为中华民族留下的知识瑰宝与文化记忆,为中国特色新型高校智库建设提供了优秀的治理文化与丰富的治理经验。

一、稷下学宫的历史

(一)"士"的兴起

从商代到春秋战国1200余年的历史中,中国实行的是贵族共政体制。这是一种贵族民主制,即统治阶级中的各个阶层相比于后世专制统治拥有更多、更广泛的民主权利,民众在国家政治活动中的作用和地位也普遍受到重视,催生了"士"这种新的社会阶层。春秋战国时期"门客现象",即以门客、谋士、幕僚等为代表的将决策咨询和政策研究作为职业工作的"士"群体的兴盛,这一群体成为当时社会的一个重要阶层。孔子就明确提出"士志于道",确定"士"是基本价值的维护者,"士"不仅要献身于专业工作,还要深切关怀国家、社会公共领域与公共利益之事。

"士"积极参与各诸侯国的政治、经济、军事与文化等方面的活动,成为各诸侯国争霸或维护国家政权重要的"外脑"。具备"思想库"或"智库"特征的学术组织、政治团队、民间机构与制度创新在"士"的推动下不断出现,"士"成为春秋战国时期重要的知识思想生产者、社会文明传承者。随后,统治者不断创建聚集知识分子的组织形式,稷下学宫、太学、翰林院、幕僚系统、博士组织等成为中国古代智库的早期形态。它们提出了国家治理、社会管理的基本

---

① 范文澜:《中国通史简编》,北京:人民出版社,1964年,第115页。

方案,还创立了维护统治阶级利益的思想体系和价值理念。

(二)稷下学宫的诞生

春秋战国时期,诸侯国政治体制朝着不同的方向演变,以西方秦国和三晋为首的诸侯国的政体向集权政治靠拢,地处东方的齐国则保留了传统贵族共政的民主政治制度。公元前386年,齐国发生田氏代姜氏的政权更替事件。基于巩固统治、富国强兵等方面的需要,国君齐桓公创设稷下学宫。稷下学宫后成为百家争鸣的学术文化中心,被公认为古代中国最早的高校智库①。随后在齐威王、齐宣王、齐湣王统治期间,稷下学宫进入鼎盛时期,与之相应,齐国进入一个辉煌的时代。稷下学宫招纳众多学者,总计授予76位著名学者"上大夫"的称号,给予稷下先生一定的官阶但又可"不治而议论"的荣誉、地位与声望。学者们因此可以避免受困于实质性、繁杂性的行政管理事务,而专注于开展研讨与议政活动。从数量和规模上看,稷下学宫发展高峰时有数千人。相关文献记录表明,稷下学宫学者人数少则3000人,多则7000人,说明当时稷下学宫师生人数众多,威名远播而盛况空前。

(三)稷下学宫的衰退

齐湣王后期骄横纵情,忽视稷下学者的议政功能,轻视稷下学者的直谏良策,导致齐国内外失衡,稷下学者各寻出路而四处游走。《盐铁论》指出,"及湣王,奋二世之余烈,南举楚、淮,北并巨宋,苞十二国,西摧三晋,却强秦,五国宾从。邹、鲁之君,泗上诸侯皆入臣。矜功不休,百姓不堪。诸儒谏不从,各分散,慎到、捷子亡去,田骈如薛,而孙卿适楚"。随后齐国都城临淄被五国联军攻占,齐湣王被杀而齐近乎亡国,至此稷下学宫开始衰退。齐湣王死后五年,齐襄王重新招纳名士,快速恢复稷下学宫。《史记》记载:"齐襄王时,而荀卿最为老师。齐尚修列大夫之缺,而荀卿三为祭酒焉。""祭酒"类似于今天的高校校长一职,荀子三次担任稷下学宫祭酒,带领稷下学者为齐国的治理出谋划策,发挥智库的功能与作用,稷下学宫进入复兴时期。此后关于稷下学宫活动的历史记载较为少见,学者们通常认为,在齐王建四十四年(公元前221年),秦将王贲率军攻陷临淄而齐亡,即在秦国灭六国之时,稷下

---

① 王文:《从古代智囊中汲取智库建设的营养(上)》,载《对外传播》,2016年第5期,第50~51页。

学宫也走完其在齐国约150年的路程。

二、稷下学宫的知识管理

稷下学宫规模庞大、学派纷呈、人才济济,其对成百上千的学者与学生的管理有赖于自身的知识生产、知识共享、知识交流、知识应用、知识交易等。从历史资料中溯源,我们可以了解稷下学宫的知识管理机制、举措等方面的知识。

(一)重视著书等知识生产活动

稷下学宫的知识生产,为中国文化和思想贡献了宝贵的文化珍宝。稷下学者的知识生产能力较强,知识产品丰富。秦灭六国且焚毁"诸侯史记",齐国保存的资料也未能幸免。即便如此,稷下学宫的著作仍有很多留存于世,《汉书》中收录儒家著作《孙卿子》33篇,法家《慎子》42篇,道家《管子》86篇、《田子》25篇、《蜎子》13篇、《捷子》2篇,阴阳家《邹子》49篇、《邹奭子》12篇、《邹子终始》56篇,小说家《宋子》18篇,名家《尹文子》1篇等①,共计353篇之多。

稷下学者的著述在先秦诸子百家中的知识生产成果中所占比例最大,《荀子》则为体现稷下学者高深学术与思想水平的代表作。《史记》记载:"自邹衍与齐之稷下先生,淳于髡、慎到、环渊、捷子、田骈、邹奭之徒,各著书言治乱之事,以干世主,岂可胜道哉。"从"各著书"这句话中我们能够看出,稷下学宫的学者十分提倡知识生产,通过撰写高质量的著作来吸引他人而形成一个相对稳定、相对独立的教育与学术学派。在学派内部,弟子也纷纷参与撰写工作。

稷下学宫的学者们集体参与知识生产活动,《管子》就是这一活动产物的代表。人们通常认为《管子》是稷下学宫学者在搜集管仲言论的基础上集体撰写而成的,书中记载了稷下学宫的很多活动。《管子》一书的撰写者产出"心术"道家理论、"轻重"经济理论以及"四时""水地"等自然科学理论。这些让世人崇仰的知识产品基本上囊括了政治、自然哲学、军事、经济、农学、商业、天文地理等"九流十家"的学派思想与学术理论。孟子、荀子等出入稷下学宫的儒家学者从《管子》中吸收了儒家政治理论,如以"人"为治的政治方

---

① 张岱年:《稷下学宫的历史意义》,载《管子学刊》,1994年第1期,第24~25页。

针,秉持"德政"的基本原则等。关于国家治理,有稷下学者在《管子》中提出"国之四维"的基本原则:"国有四维,一维绝则倾,二维绝则危,三维绝则覆,四维绝则灭。倾可正也,危可安也,覆可起也,灭不可复错也。何谓四维,一曰礼,二曰义,三曰廉,四曰耻。"

(二)通过知识市场进行知识交易

知识市场上的知识交易活动,可为稷下先生进行学术探索与政策研究提供充裕的资金。周王朝实施"学在官府"的文教政策,知识成为稀缺品而被王室贵族所垄断,知识交易市场范围狭窄。随着周王朝的衰败和新贵族的兴起,原本被官府圈定的知识分子开始散落于民间,这些知识分子以知识为资本去获得新的资源、更高的社会地位、更好的经济待遇等。列国争霸的春秋战国对于知识的渴求使知识交易市场十分活跃,曾有齐桓公"设庭燎,为士之欲造见者……乃因礼之。期月,四方之士相携而并至"。庭燎初见于《诗经·小雅·庭燎》"夜如何其?夜未央,庭燎之光";《周礼》曰:"凡邦之大事,共坟烛庭燎",疏云"庭燎者,树之于庭,燎之以明,是烛之大者"。人们通常认为,庭燎指列国在祭祀、朝觐和商讨国之大计时在宫殿中燃起的大烛。

齐国十分重视稷下学宫学者知识的作用,为他们提供丰厚的待遇来换取他们的知识,特别是有助于齐国强盛的策略规划方面的知识产品。稷下先生也乐享齐王提供的丰厚的经济待遇和较高的社会地位,这是知识市场上的一种交易活动。先生们以问题为导向生产知识,帮助齐王及时准确地发现并解决政务中出现的问题,而齐王则尽力满足稷下学者们的种种需要。如《史记》云:"自如淳于髡以下,皆命曰列大夫,为开第康庄之衢,高门大屋,尊宠之。"《战国策》云:以"千钟""訾养"田骈等。齐威王还曾为鼓励民众进谏而颁布"三赏令",即民众直面批评齐王过失者可受上赏,上书进谏者受中赏,谤议于市朝者受下赏。这些例子可以从侧面说明稷下学者有着优越的生活条件、丰厚的薪资等,他们可以直接在自己的居所处讲学,不用为生计而烦恼,拥有更多的实质性的自由。

齐王与稷下学者之间存在知识市场上的交易关系,齐王负责向学者们提供相应的资源,而不干预他们的各项活动;稷下学者则为齐王提供以著作为代表的知识产品。稷下学者一旦感觉自己的知识产品不能被当权者所用,感觉自己的思想与理念受到来自君王及其官员的干涉,就会认为自己失去了学术自主性。那么即便拥有丰厚的待遇,他们也会作出符合知识管理本质和规律的决定而选择离去。如孟子因其治国理念、治国谋略不能为齐国所用,便提出离开齐国的请求,齐王则用丰厚的待遇来挽留孟子,《孟子》中云:"我欲中国而授孟子室,养弟子以万钟,使诸大夫国人皆有所矜式。"

(三)招贤纳士形成知识共享

战国时期,各诸侯国纷争不已,全力争夺"王天下"。在这种激烈竞争的情境下,诸侯们都意识到人才对于自身的重要性①。例如,越王勾践对"四方之士来者,必庙礼之",战国春申君、孟尝君、平原君、信陵君四公子"方争下士,招致宾客,以相倾夺,辅国持权"。人才资源作为治国安邦的第一资源,是国家治理体系中最积极、最活跃的核心要素之一。齐国建立稷下学宫的目的就在于"尊贤尚功",开创任人唯贤的人才选拔模式,"览天下诸侯宾客,言齐能致天下贤士也"。稷下学宫就是为招纳贤人志士而设的,以保证齐国在人才资源竞争上处于不败之地。齐桓公、管仲时期乡选、官选、君选"三选法"的招贤纳士策略,是推举稷下先生、形成知识共享理念的基础,其对汉代董仲舒进谏汉武帝"对贤良策"中的"举孝廉"有直接的影响。

稷下先生的知识共享活动是通过百家争鸣开展的,他们辩论的话题无所不及,上至洪荒宇宙,下涉幽微人事,囊括哲学、道德伦理、政治、军事、经济等学科知识;主要辩题包括"天人之辩""世界本原之辩""名实之辩""性善性恶之辩""德治法治之辩""本事末事之辩""用兵寝兵之辩""王霸之辩"②。先生和学士们聚集于稷下学宫,围绕义利、王霸、礼法等辩题展开对话。他们相互辩论、共享知识,催生了中国学术思想史上最为壮观的"百家争鸣"的现象,促使学术独立、百家争鸣、求真创新、修身齐家治国平天下的智库传统逐步形成。稷下学宫的知识共享促成淳于髡、告子、荀子等稷下先生的思想融合,不仅改变了其时列国的学风,而且逐渐促成学术思想的统一。告子兼治儒墨之道,淳于髡兼容多家学术理论,而荀子则被郭沫若指为儒家开"百家总汇"之先河。稷下学宫鼓励学者基于知识共享展开思想观点争辩,将不同的声音甚至是相反的意见公布于众或进谏于王,从正反两个方面就某个政策进行评估、调整和改进,很好地发挥了智库的建言献策和行动论证的功能。

---

① 张达:《"不治而议论"——论稷下学宫的文化机制》,载《理论学刊》,2010年6期,第120~123页。

② 张秉楠:《稷下学宫与百家争鸣》,载《历史研究》,1990年第5期,第79~94页。

(四)倡导游学促进知识交流

春秋战国时期游学开始出现,促进了各地知识分子之间交流知识,帮助当时的文人志士获取信息、开阔眼界、经营人脉、增加知识等,展示了各家学派的思想观念与知识产品等,"游学之事甚古,春秋之时已盛,及至战国"①,"自孔孟来,士未有不游"②。晋代虞喜指出,"齐有稷山,立馆其下,以待游士"。稷下学宫在齐威王、齐宣王至齐王建统治的百余年间,成为当时游学之士的栖身之所,为游学活动提供知识交流的场所,如田骈在稷下学宫时,"徒百人"。

孟子曾在宋、鲁、齐、滕等国游学,其在稷下学宫时游学历时较长,在游学期间开展了一系列的知识交流活动。孟子在齐威王与齐宣王两朝时分别入齐,将儒家思想及其知识产品带给稷下学宫的学者们,宣扬孔子的儒家观念,从而扩大了儒家学派的影响力。孟子第二次游学至齐时,因其名声显赫、威望甚高,从游学者动辄"后车数十乘,从者数百人"。

荀子有过三次游学经历,"齐威宣王之时,孙卿有秀才,年十五始来游学",荀子开始了其在齐国二十余年的学习历程。随后荀子在齐襄王时第二次游学于齐,时值稷下学宫缺少名家大师,"田骈之属皆已死","而荀卿最为老师"。荀子因其学术知识渊博、地位声望之盛而被视为稷下学宫的管理者与大师,《史记》载:"齐尚修列大夫之缺,而荀卿三为祭酒焉。"齐桓公在位时,荀子第三次入齐,其此次在齐国停留时间较短,随后去往楚国。荀子三次游学于齐,首次是学习知识之游,后两次则为传授知识之游,这从侧面说明稷下学宫鼓励学者们进行游学,为众多学派的思想观念与知识产品交流提供渠道和平台。

稷下学宫成为百家争鸣的场所,吸引众多学派学者游学于此,继而成了集学术知识、政治观念、教育理念等于一体的知识交流中心。稷下学宫作为知识交流中心,在战国时期发展至高峰,儒、道、法、兵、名、农、阴阳、轻重等家集聚于稷下学宫有数千人。在稷下学宫倡导与鼓励士人游学的影响下,其他诸侯国纷纷成立各种相似的供游学者学习知识、传授知识的门馆。这些门馆

---

① 商衍鎏:《清代科举考试述录》,北京:生活·读书·新知三联书店,1958年,第176页。
② 《养吾斋集》卷十三,清文渊阁四库全书本,第442页。

吸纳了众多饱学之士,通过设立学派、开展学术研究、进行知识交流等而成为规模各异、层次各分的知识交流活动场所,将其时的智者名士联系起来①。

一旦齐国没有提供更好的平台与条件,稷下学宫的学者们就会游走于他国。齐湣王时,由于国君"矜功不休,百姓不堪,诸儒谏不从,各分散",说明稷下先生并不会贪恋一方,而是会根据形势与需要,作出游走他国的决定。稷下学宫的这种"士无定主,主无定士"提倡游学、鼓励人才流动的开放性人事制度,促使政治与学术共生共荣,在客观上培植出学术自由、学术自治、学术独立的肥沃土壤,促进了齐国的学术繁盛②。

三、稷下学宫提供的服务

(一)通过教育"引齐向善"

稷下学宫的教育教学实践为齐国培养出可靠的官僚政治人才,保证了齐国"善治""德治"有可用之才。齐桓公要求"尊贤育才,以彰有德",让学生集体住宿以接受特定的训练和教育,使"士之子恒为士"。稷下学宫沿用这一政策,为齐国创建了培养士的新模式,对齐国国力的强盛和文化的繁荣有着重要的作用。在国家治理过程中,稷下学者强调统治者的楷模与表率作用,指出"义"通过教化才能实现,要求掌权者做到"修小礼,行小义",突出君主在民众中的形象。他认为"凡牧民者,欲民之有义也。欲民之有义,则小义不可不行。小义不行于国,而求百姓之行大义,不可得也",以"义"之教化为"治之本"。在国家治理中,"礼"治仅仅依靠义的教化还远远不够,因为人之性"悍",所以须用"法"才能完美实现"礼"治,"人故相憎也,人之心悍,故为之法。法出于礼"。

稷下学宫的教学活动是围绕当时社会的现实问题和世俗文化开展的,通过移风易俗等方法来维持社会稳定,以传承重世俗的治理之术引齐向善,实现富国强兵。稷下学宫声名威望高的学者经常主持齐国各地重大的礼仪活动,为乡人开展文化教育活动,上文所讲的"荀卿三为祭酒"就是明显的例证。

---

① 王双:《春秋战国时期游学的缘起、特征及教育意蕴探微》,载《教育理论与实践》,2020年第34期,第15~20页。
② 王学、广少奎:《淳于髡与稷下学宫》,载《教育研究与实验》,2004年第4期,第33~36页。

所谓祭酒,就是"敬礼也……乡饮酒之礼,六十者坐,五十者立侍,以听政役,所以明尊长也"。整个齐国"制国以为二十一乡",稷下学宫的学者直接服务于这些乡的祭典等礼仪活动。祭酒作为祭典的主持,虽然没有实质性的职务或者事务,但是祭祀中的各项规章制度可以通过稷下学者的言行举止得到诠释与应用,从而使乡人尊崇齐国制定的文化教育规范。

稷下学宫的高等教育还有一个重要的成果,即博士制度的成型,这一制度是中国高等教育史上最早的学衔制。稷下先生在著作中也常被称为博士,例如"博士淳于髡","战国时,许慎《五经异义》记载齐置博士之官"等都是稷下学宫首创博士制度的史证。在古籍中,稷下学士与博士可以互称,其后六国往往设立博士一职。王国维指出《史记》中公仪休为"鲁博士"指的就是其儒生身份,《汉书》记载"祖父祛,故魏王时博士弟子",均证实战国末期设有博士以教授弟子。随后汉代沿袭秦制亦设博士,东汉时博士参政议政的职能慢慢被弱化,魏晋之后博士则成了"教授官"①。

(二)聚众议政

稷下学宫的学者通常处于"不治而议论"学院性质的知识生产与创新的状态,但事实上有些著名的学者也会参与齐国的政务活动,与现代智库的"旋转门"有类似之处。与"旋转门"有所不同的是,稷下学宫的门基本上是单向旋转的,即多见稷下学者—官员—稷下学者的转变,官员—稷下学者—官员的转变则较为少见。作为齐国的智库,稷下学宫既拥有学术水平高的专家,又拥有担任过政府高级官员的学者。这样稷下学者们既拥有齐国国家治理方面的实践认知,又在自身学派的学术领域中拥有高深的造诣,他们产出的知识产品和提出的对策建议具有较强的针对性与可行性。

稷下学者成为统治者与稷下学宫沟通的桥梁,将统治者的政治需求同自身的知识创新联系起来。稷下学者的"列大夫"只拥有名誉称号而无实质权力,但是一旦接过官印就成了实职官员,如"齐有三邹子。其前邹忌,以鼓琴干威王,因及国政,封为成侯而受相印","淳于髡一日而见七人于宣王"。这些历史记载说明稷下先生可以直接向齐王举荐学者参与政务活动,邹忌就为此例。一旦齐王接纳邹忌为相,邹忌就会离开稷下学宫,全力服务于齐国的政务活动,这说明稷下学者一旦出仕则较少地参与学宫的学术活动。邹忌

---

① 张秉楠:《稷下学宫与百家争鸣》,载《历史研究》,1990年第5期,第79~94页。

"受相印"之后,淳于髡便登门拜访施以教授训导,邹忌毕恭毕敬地听从教导,正如淳于髡所说"吾语之微言五,其应我若响之应声"。这说明稷下学宫在积极地为齐王的政务活动服务,发挥上情下达的桥梁作用,为齐国官僚机构培育和储备人才,促使稷下学宫与官僚机构的人才交流机制形成,使权力与知识之间形成有效结合和良性互动①。

稷下学者在齐国政坛与学府之间游走,创建学术与政治既分离又结合的高校智库人才流动模式。通常情况下,稷下学者在名师的推荐下进入齐国的政治圈层,直接参与政务活动,为齐国的社会治理服务,如"忌举田居子为西河而秦梁弱;忌举田解子为南城而楚人抱罗绮而朝;忌举黔涿子为冥州而燕人给牲,赵人给盛;忌举田种首子为即墨而于齐足究;忌举北郭刁勃子为大士而九族益亲、民益富"。邹忌凭借一己之力为齐威王举荐了一批政治人才,这些从政的稷下学者发挥自身的才能,把自己的政务活动安排得井井有条。作为时下知识分子中的精英,稷下学者运用学派的知识产品服务于齐国的政治活动,将学术与政治相结合,使齐国统治阶层的知识结构发生改变,帮助齐国的官僚体系建构新的治理观念,进而改善齐国的政治风气,为齐国政治的稳定发展打下坚实的基础。

(三)为旨谋篇

稷下学者的一项重要职责就是为旨谋篇,为齐国政治服务。他们充当齐王的智囊,直接参与齐国的政治、外交、经济和军事等活动,维护齐国君主统治的稳定。齐国历代君主重视稷下学宫的主要目的就是,使稷下学者能够直接服务于自己的统治活动,制度性地参与国家治理,包括外交活动、军事行动等,发挥稷下学宫资政辅政、启迪民智、影响舆论、培养人才等功能。稷下学者不是那些躲避世事、专诸学术之隐者,而是依靠自己的知识才能与施政理念投身于政治改革的创新者。稷下学宫成为热衷于政治改革与学术创新的混合体,这种以政治性为主的咨询参议机构成为齐王的智库。以外交为例,稷下学者常接受齐王特派的任务,担任外交大臣出使列国,如邹衍出使赵国,淳于髡出使楚国,并在"楚大发兵加齐"时领齐王之令"之赵请救兵"。

稷下学者们不治而议论的参政议政方式与当今国内高校的智库运作模

---

① 任恒:《论作为智库雏形的稷下学宫——兼论其对当代中国特色新型高校智库建设的经验》,载《社会科学论坛》,2017年第8期,第209~218页。

式类似,即稷下学者们针对当时齐国治理中的问题出谋划方略,纠正齐国政务中的错误行为而不是一味地赞成齐王的治理方式;不会无原则地歌颂齐王,反而会将其缺失呈于朝堂之上,如淳于髡就有过几次对齐王错误谏言的行为。齐威王在即位初期"沉湎不治,委政卿大夫"而"左右莫敢谏",淳于髡毅然奋起,不顾个人安危以"国中有大鸟"讽谏齐威王,促使其"朝诸县令长七十二人,赏一人,诛一人,奋兵而出。诸侯震惊,皆还齐侵地"。还有两次谏言与齐王准备攻伐魏国之事有关,其中一次是淳于髡在收受了魏国"宝璧二双、文马二驷"之后,运用狗追兔子的故事(与"鹬蚌相争,渔翁得利"故事类似)劝谏齐王,齐王听完后接受其建议而撤兵休整。

稷下学者们在传授知识、生产知识与交流知识之时,发挥向齐王提供具有前瞻性、针对性、战略性与全局性的形势研判、问题解决和对策研究的服务的功能,为齐王治理国家的公共政策谋划可行的策略。稷下学者将各自学派的思想予以概括总结并形成一整套政治理论,通过评议、讲学、"进说"等方式将这些政治理论传递给齐王或卿相。此类政治理论对齐国君主有着重要影响,不仅加强了齐国政权建设的规范性、主动性,而且明显提升了齐国政治秩序的稳定性和持续性。例如,邹衍将五行学说发展为政治理论,并说服齐王按照五行相生的原理治国理政;《史记集解》中如淳认为"今其书有《主运》。五行相次转用事,随方面为服",认为君主的衣着服饰、餐饮食材、兵器军械、旗帜、刑物和个人素养,国家的政治、经济、文化、军事与外交等活动应遵循五行运转的变化伺机而动。再如孟子试图将其"仁政"的政治观念、民本主义思想进谏于齐宣王,以实施"制民恒产"的"仁政"。

四、稷下学宫对高校智库建设的启示

(一)知识生产是高校智库立足之本

齐国君主为稷下学者提供优容待遇,不仅保证了学者们的社会地位,而且保证了学者们的学术自主和学术自由,学者们因而能做到"难动以物,而必不妄折""德行尊理,而羞用巧卫",以维护他们开展学术活动的尊严和纯洁。高校智库拥有典型的经院学派的知识生产模式,高深的学术成果是高校智库的本质与核心,学术知识生产是高校智库区别于其他智库最关键的标志。但智库的本质是出谋划策,这要求高校智库在为党政机构提出解决问题的研究报告与对策、建议时,需要认识到所提策略在实践中解决问题的可行性,否则如同《史记》所云:"邹衍睹有国者益淫侈,不能尚德,若《大雅》整之于身,施及黎庶矣。乃深观阴阳消息而作怪迂之变,《终始》《大圣》之篇十余万言。其语闳大不经,必先验小物,推而大之,至于无垠……然要其归,必止乎仁义节俭、君臣上下、六亲之施,始也滥耳。王公大人初见其术,惧然顾化,其后不以行之。"

(二)建立科学的评价体系

高校智库隶属高校,高校的评价体系与评价标准对高校智库的作用及影响重大。有些高校过于强调"四唯(唯论文、唯职称、唯学历、唯奖项)""五唯(唯论文、唯"帽子"、唯职称、唯学历、唯奖项)"的人才价值引导,致使许多学者纷纷去发论文、争"帽子"、评职称、升学历、夺奖项而丢了根本,在此过程中甚至有部分学者毫无底线地违背学术道德、学术规范,出现学术造假、打压青年学者等现象。稷下学宫提倡知识面前人人平等,打破各种桎梏的做法至今对我们仍有重大启示。例如《鲁连子》一文中记载,鲁仲连在"年十二"时,就敢于指正田巴的"有似枭鸣,出城而人恶之"的言论,大胆劝导"愿先生勿复言"。年龄、地位与声望高的田巴遂"终身不谈""谨闻命矣",并发出"乃飞兔也,岂直千里驹"的感叹用以赞赏鲁仲连的辩论技艺与才能。平等地沟通、交流、共享知识,形成公平的科学评价体系,对于高校智库的知识生产模式创新与知识生产成果创新起到直接的推动作用。

(三)主动为党政机构提供服务

政府之所以通过采购、直接委托、设立科研项目的方式资助高校智库的政策研究,是因为高校智库能够为政府的政策制定或项目开发提供信息采集、数据分析等方面的服务。正是通过为政府的决策咨询提供服务,高校智库才能成为决策者长期信任的政治顾问。稷下学者通过其活动为齐国的公共政策制定提供咨询服务,他们不仅会在庙堂上进谏,而且会主动走进社会,开展基层调研。《孟子》记载,孟子深入齐国的平陆开展社会调查,掌握其时民众的生活现状与困难所在,了解县邑官员的过失与错误,最后向齐王汇报调查情况,反映社会真相。他还向齐王提出了保民安民的政治主张,发挥了高端智库学者对决策的影响作用。稷下学者通过论辩、著述、议政等方式,主动地服务于齐国的治理。这启示高校智库要在学术探究的基础上开展公共政策研究,为国家治理体系与治理能力现代化服务,为党政机构提供科学性、专业性、公共性及针对性俱备的咨询服务。

(四)保障高校智库独立运作

稷下学宫的政治性体现在其为齐国的国家治理体系提供服务上,帮助齐国强盛起来是稷下学宫的政治价值所在。作为首个官方高校智库萌芽形态的稷下学宫,其本质是"官学",推崇"士为国用"的政治主张,稷下学者享受封官晋爵授"上大夫"的政治待遇。稷下学者与当时的"门客"的区别在于,他们拥有相对的独立性。作为齐王"外脑"的稷下学者们依托稷下学宫开展知识活动,将知识产出与参政议政紧密地结合起来。但是就其知识生产活动中的学术生态而言,稷下学宫维持着"相对独立的"运行模式,即使在齐国君主的统治下,也强调齐王不以政治干涉学术,保障稷下学者的学术自由、思想自由和人身自由。稷下学宫的相对独立性使得政治和学术之间坚守各自的尺度与边界,同时平衡着两者间的张力与黏度,这是稷下学宫百年繁荣的根本所在①。

与稷下学宫相比,现代高校智库在具备时代特征的同时,又有着更为严格的独立性要求。作为智库特征之一的独立性是中国特色新型高校智库建设的基本要求之一,其概念内涵不断地在增加而其外延相对地在减少,这也是区分高校智库与传统学术研究机构的关键。在理解与诠释稷下学宫的知识管理和服务模式后,我们发现其独立性的核心特征对当下高校智库的建设有着极其重要的指导意义和参考价值。

---

① 张霄:《从稷下学宫看智库的独立性》,载《智库理论与实践》,2019年第2期,第25～30页。

第三章
为城邦治理服务的柏拉图学园

> 苏格拉底说："在非常危险的场合,例如在行军、生病或者在海上遭到困难的时候,人们像对待神一样对待他们的指挥者,把这些人看作自己的救主,而他们的特别之处仅仅在于'认识'。人间充满了那些为人类自身和其他动物及各种工作寻找教师和指挥者的人,也充满了那些堪当教育和堪当指挥的人。在这所有的情况之下,我们可以说,人们自己就认为智慧与无知存在于他们之中,不是吗?"
>
> ——柏拉图

古希腊在人类的历史长卷中有着灿烂光辉的一页,其城邦公民拥有以政治为中心的责任和义务去探讨与思考公共生活,拥有参与公共事务决策和辩论的权利,这些权利包括商讨战争与和平事宜,监督执政官,修正法律,与其他城邦缔结条约等。古希腊"三哲"苏格拉底、柏拉图与亚里士多德对古希腊城邦治理中的政策议题制定、实施与评价作出巨大贡献;苏格拉底执着于对城邦民众进行引导,亚里士多德则进行知识系统逻辑体系的构建,柏拉图创办的柏拉图学园作为西方高校智库的源头处在古希腊哲学之顶,它在知识管理、思维方法、文化创新上对后世西方国家治理产生了巨大的影响。怀特海称后世哲学无非对柏拉图思想的一系列的解释、理解与应用;尼采《朝霞》的序言指出,为什么自柏拉图以降,欧洲众多的哲学建构者都徒劳无功;波普尔更是一针见血地指出,西方思想无非柏拉图哲学或者反柏拉图哲学,基本上没有非柏拉图哲学思想①。

柏拉图学园是轴心时代荟萃百家的学术中心之一,与同时代中国的稷下学宫分别立于世界的西东方而交相辉映。作为西方古代最早的高校智库,柏拉图学园是世界历史上第一个有组织的政治学流派②。它既是拥有高深学问学者的学术研究组织,又是城邦治理方面的政治顾问团体,可被视为古希腊城邦最早的决策咨询机构。

一、柏拉图学园概述

柏拉图于公元前 427 年生于雅典,死于公元前 348 年(另说公元前 347 年)。苏格拉底被雅典民主派以法律之名判处死刑饮鸩而亡后,柏拉图遂出走雅典,去埃及、西西里岛等地找寻治理城邦的最佳方法、人类幸福生活的最优原则。经过公元前 398 年至公元前 387 年大约 12 年始于西西里岛的游历返回雅典后,柏拉图创立了柏拉图学园以继承苏格拉底遗志。被世人称为"阿卡德米学园"的柏拉图学园位于雅典卫城西北的一块有围墙和种植了一片橄榄林的土地上。这块地通常被认为是雅典人进行体育锻炼、健身和开展教育活动的场地,是希腊伟大的英雄阿卡德莫斯曾经的居住地。柏拉图把这些场地合并起来献给了智慧女神雅典娜,随后又在学园中竖起主司艺术与科学的缪斯女神雕像。柏拉图学园由哲学领军人物来领导和管理,作为学园创始人柏拉图既是学园导师,也是学园领袖。柏拉图去世之后学园由其侄子斯彪西波管理,之后规定由前任园长指定继承人,或者由学园选举继承人以传承柏拉图主义③。柏拉图学园延续至公元前 86 年终被罗马军队摧毁,410 年,新柏拉图主义者声称自己是柏拉图思想的传人,不断吸引当时的哲学家聚集于雅典以恢复学园。直到 529 年,学园最终被关闭。

柏拉图学园由柏拉图私人创办,柏拉图向友人融资购得学园创建之所,整个学园的管理运营费用、教师薪酬、学生活动经费则来源于柏拉图及其友人的捐赠与资助,学园办学具有典型的私人办学的特点。由于私人财力和资

---

① David L. Sillsed. International Encyclopedia of the Social Sciences[M]. Vol. 12. New York:Macmillan and Free Press,1968:163.

② Anton-Hermann Chroust. Plato's Academy: The First Organized School of Political Science in Antiquity[J]. *The Review of Politics*. 1967,Vol(29),No(1):25~40.

③ [英]博伊德、[英]金:《西方教育史》,任宝祥、吴元训主译,北京:人民教育出版社,1985 年,第 47 页。

源有限,学园建设规模相对较小。在学园初建时,柏拉图投入了一定的资金,购得了大量在莎草纸上抄写的手稿,并为这些手稿建造了专门的阅览室。有学者根据20世纪对柏拉图学园遗址挖掘考古情形的分析,指出学园大约由"两座主要的建筑物和其他一些比较小的建筑"组成。学园最大的建筑为约23米×44米的长方形场地,周围是房间和柱廊。有中央大厅,三面环墙,每面墙有4个房间,讲究对称;还有一个长达250米的"正方形周柱廊",大概用来讲学。柏拉图学园的硬件设施相对匮乏,但其学者依靠自身的智慧、地位、学识、人格魅力吸引了雅典内外的学者聚集于此,形成具有智库特征的学者团队①。

二、柏拉图学园的知识管理

作为古代西方高校智库的雏形,柏拉图学园知识传承、知识生产、知识共享、知识应用等系统管理与运作模式随着学园的发展而逐渐形成。

(一)知识传承

柏拉图学园是一个强调知识传承的高等教育机构,其本身就继承了毕达哥拉斯学派与古希腊先哲的知识内容、学习方法、教学模式等。柏拉图学园开设文法、修辞学与辩证法(三艺)及几何、算术、天文、音乐(四艺)课程,还开设了政治、法律与哲学等课程。在学园中,教师通过对话、辩论等教学方法传承知识与技能,强调学习的过程与方法,着力培养学习者的情感、态度和价值观。柏拉图学园的老师主要为在各个城邦之间游走的智者,他们具备传授年轻人以生活智慧的能力,拥有人文学科领域方面的知识和有关辩论术的科学技能。智者代行学校传授知识的职能,以接受学生交付的学费为谋生手段。

在知识传承上,柏拉图指出知识既是知识方式本身又是其内容中的知识,所以知识传授的方法方式就可以被归为求知的范畴并体现为其求知的方式。门徒通过用心倾听、学习教师传授的方法方式来求学。柏拉图学园承担传承与发展柏拉图学说的重要职责,虽然亚里士多德在许多知识创新、思想突破中常与柏拉图思想有着相对严重的冲突,但许多学者与亚里士多德仍然是柏拉图学说与思想的延续者及发展者。529年,柏拉图学园被关闭,大部

---

① 王志民:《世界教育史上的双子星座——稷下学宫与柏拉图学园比较论纲》,载《山东师范大学学报(人文社会科学版)》,2019年第5期,第12~23页。

分学者移居波斯。后来,柏拉图的著作被译为阿拉伯文,新柏拉图主义在巴格达出现。历经波折后,柏拉图手稿最终被带到威尼斯,成为16世纪的意大利文艺复兴思想之源①。

(二)知识生产

柏拉图学园的师生们积极开展学术研究,使柏拉图学园成为古希腊知识生产与创新中心。柏拉图对哲学的理解与创新卓有成效,学园成员还涉足各类自然科学的探索,特别是关于数学哲学和数学知识的生产与创新,如泰阿泰德开创了立体几何学,欧多克苏的学生梅涅得穆斯发现了圆锥曲线。学园还持续系统地开展植物学、动物学等方面的研究,为亚里士多德开展生物学研究奠定了基础②。

柏拉图主要以苏格拉底对话法的形式撰写文章来生产知识,这种方式因其所提出的观念、知识面向读者而具有开放性与解释性。柏拉图具有代表性的著作是《理想国》,他以睿智的眼光探讨知识、正义与城邦治理等问题,认为世界分为理想的、现实的两种,根据现实生活的概念和观点建立的世界只能是对世界不完全、不充分的反映。柏拉图的知识超越事物本身,是通往善的灵魂的知识,而非普通知识或某些技能。追寻事物本质和规律是哲学赋予知识的崇高使命,它帮助人们走向理念之道,是城邦立法的根本,承担城邦治理人才选拔的职责,培养城邦的最高统治者——哲学王。

柏拉图的知识生产是一个晦涩且漫长的哲学思考与讨论的过程,譬如在《高尔吉亚》和《理想国》中,其否定智术师视"强者的利益"为正义这一理论,认为知识生产要摆脱智术师的那种热衷于修辞术而极为注重语词的优雅性与恰当性的倾向。他认为知识传播不是为了利益,不是为了骗取权贵子弟的金钱或者传播异类的知识而欺骗甚至蛊惑民众。柏拉图要求摆脱智术师的各类影响,认为多数人的言辞并不是立法者的关注点,"自然正确"原则才应为立法者所关注。自然正确与灵魂或所有德行的自然秩序相关,所有德行包括理智、节制、正义和勇敢等从高到低的自然秩序。

柏拉图提倡在实践中进行知识生产,指出一个学者只会复制、抄写与传

---

① Marek H Dominiczak. A Think Tank or a Template for University Campus: Plato's Academy[J]. *Clinical Chemistry*, Volume 61, Issue 7, 1 July 2015, Pages 1004～1006.

② 覃昕:《柏拉图学园钩沉》,载《教育与考试》,2015年第1期,第89～92页。

承知识是远远不够的。他用狄奥尼修所写的哲学论文中关于哲学问题的讨论来证实狄奥尼修的不足,指出狄奥尼修认为自己作品的现实其实是"他所接受"的课程的抄本,而真正的作品是能够与其他作品比较的全新的作品,那些敢于撰写最重要的哲学问题、有关哲学问题的作品的人事实上是对哲学一窍不通之人。柏拉图认为在知识的理智阶段中存在的优良灵魂有"摩擦"(接触)作用,它实现知识存在本身,理智只有通过实践、不断实践、经常进行实践、与其他知识接触实践才能得以呈现①。

(三)知识共享

柏拉图学园在重视知识传承、知识生产的同时,还强调各类智者、学习者之间的知识共享与交流。柏拉图学园拥有来自希腊各个城邦的智者,这些智者与柏拉图之间多年的交流促使知识共享形成,这些人中有人成为学园教师,有人成为学习者。在学园中,师生通过朗读来实现知识共享与交流。学园中的教师与学习者共享知识,走出学园后通过讲学进行知识交流,将柏拉图的哲学思想、治国理念等散播于地中海沿岸,埃及、小亚细亚、意大利、塞浦路斯和马其顿等地官员与学者不断地接受柏拉图主义,就这样柏拉图学园通过与学员交流和共享知识,提升它在古希腊城邦政治、外交、经济、文化等领域中的影响力。

古希腊很多的历史文献都有过关于柏拉图学园与城邦政府、城邦统治者以及具有影响力的政治家等保持沟通和交流的记载,学园也因此成为城邦之间的联系人或中间人,以协调处理城邦间的纷争②。柏拉图在知识交流与共享中身体力行,传播其哲学理念与城邦治理理念,不断扩大自身在学术创新与城邦治理方面的影响力。公元前388年,柏拉图从埃及来到意大利南部,认识时为希腊殖民地的他林敦统治者欧多克斯的老师阿尔希塔斯。公元前387年,柏拉图到西西里访问叙拉古城邦,并结交了叙拉古僭主狄奥尼修的妻弟狄翁,并获得了大量的资金支持。

---

① [法]M. 福柯:《柏拉图哲学三圈——倾听、哲学现实与知识》,于奇智译,载《世界哲学》,2018年第3期,第17~29,160页。

② Charles Tate. The Truth About Plato[J]. *The Campaigner*. Vol. 14. No. 1(February 1981):20~38.

(四)知识应用

1. 柏拉图学园服务于城邦治理的理念

柏拉图学园以柏拉图为首,将知识成果运用于城邦治理,为城邦的人才选拔、和谐稳定、繁荣富强服务。柏拉图发现,在遭遇危机时,人们通常会寻求该领域内专家的建议,这是人类社会实践的本能反应,是完全合理的选择。柏拉图认为"政治"就是一种知识——"并不是用来考虑国中某个特定方面事情的,而只是用来考虑整个国家大事,改进它的对内对外关系"的知识,进而给出一个肯定的判断——城邦应该由掌握政治知识与技艺的人统治[1]。并且他指出,只要某人在城邦治理方面具有相当的才能,我们就可以将他纳入城邦的统治阶层[2]。

柏拉图学园重要的知识应用与探索之一就是,将编织选材的技艺和方法运用于城邦治理与公民选拔。柏拉图认为建立新的城邦组织如同纺织牢固的城邦之网,"这就像编织一个网或其他织品,我们不可能用同样的材料来制作经线与纬线。用于制作经线的材料的质量一定要好,要结实且有韧性,要耐捻耐搓;而纬线制作材料可以比较柔软,具有适当的柔顺性。由此看来,我们务必对公民作出类似的区别。在各自接受适当和足够的教育、考试之后,有的要被安排担任城邦高级职务,而有的则被安排担任低级职务"[3]。柏拉图用雅典居民熟悉的生活需要的编织品作比喻,使民众对城邦组织建立直观的体验而增强其经验感知,也增强了知识产品应用的感染力、说服力和影响力等。这一点在《政治家篇》中体现得更为明显与详尽,柏拉图认为"纯正的治国之才"就应该拥有"国王似的编织过程""政治家活动的网络""联结一起的织品"等治理城邦的基本策略,突出了公民选拔对于城邦治理的重要性和必要性。

柏拉图进一步指出政治顾问应如同医生说服自己的病人那样具有专业的能力。政治顾问与医学的三大特征相匹配、相联系,政治顾问不仅承担治理者的职责,还需要在公共决策中作出决定。一旦事物变坏、城邦有难,则身

---

① [古希腊]柏拉图:《理想国》,郭斌和、张竹明译,北京:商务印书馆,1986年,第146页。

② Thom Brooks. Knowledge and Power in Plato's Political Thought[J]. *International Journal of Philosophical Studies*,2006(14):51~77.

③ Plato. Laws[M]. Cambridge University Press. 2016:734e~735a.

为哲学家的政治顾问需要介入,判断城邦的困难所在和问题的关键点,把握介入时机,恢复事物与城邦的秩序。政治顾问的作用应该像医生治病那样,即说服城邦治理者作出决断。当然,政治顾问要会解释为什么这样做。此时的政治顾问不仅是立法者,而且是说服者和媒体,充当治理者与被治理者之间沟通的桥梁,说服城邦中的一些人和另一些人。所以作为政治顾问的哲学家,其职责就是重新审视城邦制度,对整个城邦政体进行干预[①]。

2. 柏拉图学园服务于城邦治理的实践

柏拉图学园师生为古希腊的城邦治理提供专业咨询服务。当地中海沿岸的国家和城邦在社会治理、政府组建、立法执法等公共政策领域中遭遇困难时,其会请求学园提出对策、谋略等方面的建议。柏拉图认为城邦的政治领袖能够使得公民掌握其应掌握的知识,政治领袖应掌握更为高级的知识。如马其顿国王佩尔狄卡斯二世提出给自己派一名顾问的要求后,柏拉图便将欧佛莱奥派了过去,欧佛莱奥说服国王专门设置了一个类似于智库的组织机构,专门研究几何和哲学,引导国王与王子进行思考[②]。

在柏拉图学园习得关于知识论的柏拉图主义后,一批又一批的青年投身到现实的城邦政治斗争之中,将学习到的理论知识应用于城邦治理。柏拉图曾经派厄拉斯托与科里斯库前去小亚细亚阿索斯和阿塔纽斯,帮助其统治者赫尔米亚组建一个稳定的政权与合理的政府;还派亚里士多德和欧多克苏为他们的母邦斯塔吉拉制定法律。公元前366年,柏拉图学园学生积极参与埃及、小亚细亚、亚美尼亚、叙利亚等地反抗波斯帝国的斗争。公元前361年,埃及法老尼克塔纳波一世宣布独立而脱离波斯统治时,雅典和斯巴达均派出军队支持埃及,组建了希腊—埃及联盟,而这三方军队中都有柏拉图学园的学员在担任将领。公元前357年,柏拉图学园参与实施夺取叙拉古的计划,狄翁组织了一支远征军攻占叙拉古。公元前356年,德尔斐地区的公民试图夺取由底比斯和波斯所控制的阿波罗神庙,柏拉图学园促使斯巴达和雅典结为联盟并积极投入"神庙战争",这一做法获得来自叙拉古的统治者狄翁的支持。但是两年之后狄奥尼修二世谋杀狄翁后复辟成功,这使得柏拉图极为悲

---

① [法]M. 福柯:《柏拉图哲学三圈——倾听、哲学现实与知识》,于奇智译,载《世界哲学》,2018年第3期,第17~29,160页。

② 熊明辉、吕有云:《论柏拉图对理想国的毕生追求》,载《广西大学学报(哲学社会科学版)》,2000年第5期,第12~18页。

痛而不得不终止几篇关于狄翁的对话录的创作。

柏拉图去世后,柏拉图学园成为马其顿国王亚历山大战略规划方面的智库。亚历山大依据所制定的远征波斯的战略,彻底击败并摧毁了波斯帝国。这个攻占波斯的谋略是由雅典著名的修辞学家伊索克拉底提出的。伊索克拉底向马其顿国王腓力提出建议——希腊的雅典、斯巴达、底比斯和阿戈斯四大城邦统一结盟,组建军队远征波斯并最终征服了波斯,这是一个具有惊人的预测力和洞察力的智库谋略。亚历山大在征服波斯后废除了小亚细亚的寡头政治制度,取消了波斯的征税制和总督制,在爱奥尼亚地区组建了城市统一邦联,还制订了一项大规模教育计划,而将希腊的文化和科学传播到世界各地。亚历山大的这些措施体现了柏拉图的理论和精神,体现了亚历山大与柏拉图学园的密切关系①。

三、柏拉图学园的智库特征

可以概括地说,身处雅典城邦政治、社会、哲学中心的柏拉图学园,就是集政治参议院、社会科学院与高等学校三者于一体而形成的具备政治性、和谐性、专业性与独立性的智库。

(一)政治性

为城邦治理服务的柏拉图学园,其首要任务是满足城邦统治者实现其政治价值的需要。柏拉图寄给西西里狄翁的追随者的第七封信是一封关于其政治宣言的公开信②,信中主要表达了三层意思:第一层是为自己在西西里的所有作为作说明,并借狄奥尼修之口叙述自己受邀、旅行、停留的经历,狄奥尼修遭受的非正义,向狄翁和柏拉图作的错误承诺等;第二层是柏拉图的政治自传,这与第一层中的事件无太多的关联,柏拉图叙述、重述其青年时期的经历,尤其是其在雅典遭遇两次巨大失望后的一系列考验;第三层是最重要的,柏拉图解释自己的思虑,并对君主提出相应的忠告。柏拉图认为政治顾问人物介入政治活动并且扮演重要角色,他的第二次西西里之行就是一次

---

① 宿景祥:《柏拉图与大战略的历史源起》,载《国际安全研究》,2013年第4期,第3~26,156页。

② 王恒:《柏拉图、亚西比德与雅典帝国问题》,载《师大法学》,2020年第1期,第3~27页。

政治之旅。他担负政治使命,充当了政治顾问,成为刚刚继承叙拉古君权的狄奥尼修二世的老师,并在现实政治中发挥作用①。

柏拉图学园因为城邦治理提供服务而具备鲜明的政治性,具有明确的参政议政的理念、宗旨、思维与路径。政治价值是政治主体的一切政治行为的内在尺度和根本目标,柏拉图的"哲学王"政治理念体现其政治价值,他认为"哲学王"的统治是实现正义最根本、最有效、最快捷的手段。正义是柏拉图追寻的政治价值,他认为一切知识如果离开美德和正义,就可以被视为一种欺诈而非智慧。在柏拉图之前,人们往往碎片化和片面化地思考政治事务,而柏拉图则系统、全面地完成政治事务这一综合性的工作,柏拉图与和他同时代的悲喜剧诗人、公共演说家、智者在看待政治事务方面有着本质的区别。柏拉图从哲学高度出发,构建宇宙论、知识论、本体论、政治学、道德学、辩证法等,用心反击古希腊智者,不断挑战原有的城邦秩序。柏拉图关于民主缺陷、共产主义机制、乌托邦的思考备受学者的关注,但实现城邦统一、消除内乱纷争才是其真正的政治思想主线。

(二)和谐性

柏拉图身处古希腊城邦之间纷争不断的时代,当时希腊人将战争视作像生死一样自然的事实而对其无能为力。这导致他们倾向于关注城邦的内部问题和内部变化,城邦和谐稳定成为真实的社会需要,所以消除城邦内乱、创造和谐社会、维护社会稳定才是城邦所固有的需求。城邦的内乱主要体现为对于城邦公共事务意见分歧不断,甚至可能出现内战而给城邦带来毁灭性的打击,而以柏拉图和亚里士多德为首的柏拉图学园学者有力地回应了这个问题。柏拉图的《理想国》指出,希腊并非一个城邦而是由多个城邦组成的,而每个城邦之中又存在着互相敌视的富人和穷人两个阶层,认为哲学王和护卫者要制止城邦内乱,立法者要宣扬城邦内的善意与友爱,给城邦带来和平。

柏拉图指出自然与礼法、自然与技艺的分离是城邦内乱的根本原因,善与法是建设和谐城邦、维持城邦稳定最有力的工具,并对"强者即正义"有关论点进行了批判。强者主宰正义的论点如下:一是人的自然规定人要不断地满足自己的欲望与超越他人,二是人处在一种弱肉强食的情境中,三是人会

---

① [英]厄奈斯特·巴克:《希腊政治理论:柏拉图及其前人》,卢华萍译,长春:吉林人民出版社,2003年,第164页。

寻求自身力量/权力的增强,四是强者必为统治者,五是强者运用政治统治实现其根本利益符合自然的正义。这种强者的正义论对人性进行自然界定,加强了人对力量/权力的渴求,并通过政治统治获得权力,为个体私利的满足服务。基于此,柏拉图为城邦治理提供了德政的思考,即鼓励拥有财富、权力、身体健壮的强者(少数人)去追求智慧和德行以做到"为政以德",又为弱者(相对于强者而言)提供被净化后的宗教和礼法,以保障普通人的德行,通过德行使各种类型的群体和谐共处,最终使城邦走向善治。柏拉图的《法篇》明确界定了最佳政体和次佳政体,认为最大限度地在城邦中实现了"朋友的一切都是公共的"政体为最佳政体,这一政体能最大限度地将私人事物变为公共事物;次佳政体就是模仿诸神居住的那种就"统一而言是第二位的"、实现完美统一的理想政制构建的法治城邦①。

(三)专业性

柏拉图学园是哲学学园,具有哲学特征,主要探讨与研究事物的理念、本质和规律,用于预测事物的发展趋势,并对将来的生活作出判断。② 柏拉图在城邦治理方面提出了科学的分工原则,认为分工原则可以很好地维持城邦统一,"全体公民无例外地,每个人天赋适合做什么,就应派给他什么任务,大家各就各业,一个人就是一个人而不是多个人,于是整个城邦成为统一的一个而不是分裂的多个"③。《理想国》中城邦的正义就是各个阶级各司其职,个人的正义表现为自身欲望和激情服从于理性,个人正义与城邦正义具有同质同构的特征。《法篇》中仍然强调分工原则是维持城邦秩序的重要手段,公民从事某种职业可以帮助城邦达到培育美德、建立并维护良好秩序的目的。分工原则要求城邦居民拥有共同的信念和一致的价值判断,这种信念和价值判断得到立法形式的保证,统治者的美德、理性表现为法律而在城邦中得以实施,以保障城邦的和谐统一。

专业性作为智库的重要特征之一,在柏拉图学园与柏拉图的著作中备受

---

① 张新刚:《柏拉图政治思想的问题意识研究》,载《上海交通大学学报(哲学社会科学版)》,2015年第1期,第28~36,56页。
② 朱清华:《柏拉图的"一"和"多"》,载《首都师范大学学报(社会科学版)》,2018年第4期,第56~64页。
③ [古希腊]柏拉图:《理想国》,郭斌和、张竹明译,北京:商务印书馆,1986年,第138页。

重视。在《克里托篇》中苏格拉底指出，明智之人应该是每个行业或专业中的行家或专家，即"懂行的人"，例如医生和健身教练是身体健康方面的专家及行家。那些关心身体健康的人，应该按照懂行的人所提供的方法去进食、锻炼和运动，而非自作主张、自行其是。可见，"懂行的人"是指某一特定行业、特定领域的具备"专家知识/技艺"的人。专家知识是紧密联系实践以达成目标的强调"好坏"的实践性知识，此时专家的权威性能保证人们获益而非受到伤害。真正意义上的专家知识受真理指引而不犯错，能够保证专家在自身行业专业内正确做事，让专家具备引导外行的权威①。柏拉图强调城邦治理专业性，并借助于医生医治病人的例子强调拥有智慧的政治顾问对于城邦治理的预测与判断的智库方面的作用。这种将医学实践和政治忠告放在一起讨论的现象，在柏拉图的《理想国》《法篇》等关于城邦治理的文章中时常出现。

（四）独立性

柏拉图学园的独立性首先在于其为一所典型的私人开办的高等学府，这种不依赖于官方财政支持的智库机构，可以不完全听命于城邦统治者或官僚系统，而可以根据学园办学思想和治理理念开展一系列的活动。柏拉图学园具备当时教派团体的性质，学园的继承人由办学者选定，以保障学园能够自始至终地传承自家学派的思想和文化。学园的独立性还表现在柏拉图哲学致力于知识圈、哲学现实圈、倾听圈的交织与建构上，知识圈指向严谨哲学意义上的知识，目的在于使人认识事物的存在本身，揭示事物的规律与本质；哲学现实圈要求哲学论说作为实践、作为自我的努力而被应用、得到支持，成为现实；倾听圈说明哲学只能面对那些想倾听的人而得到倾听才会成为论说、成为现实。所以，柏拉图认为学园的独立性表现为在学术自由时敢于直视权力的哲学实践，这种独立性涉及推理能力、过目不忘与学习灵敏三种能力。他认为哲学不仅是逻各斯，而且是行动，处在自我与自我关系的现实之中。

---

① 詹文杰：《论柏拉图早期对话录中的"专家知识"的概念》，载《哲学研究》，2016年第7期，第74～79,129页。

四、柏拉图学园理想中的城邦治理

（一）贤人之治

苏格拉底说，实现理想的城邦治理，只需要做好一件事，那就是让哲学家变成统治者，或者让统治者成为哲学家。克法洛斯在与苏格拉底对话时讨论了老年人对正义问题的关注，引用了品达的诗句"甜蜜的希望都相伴相随，滋养着他的心灵，看护着他的老年，希望能够为凡人变化不定的见识领航"。这里提出的关键问题就是：谁在领航？谁又能领航？这里隐喻的是哲学与诗歌之争，即城邦只能依靠哲学王作为掌舵者为城邦这艘船舶引领正确的路线与方向①。柏拉图笔下的哲学王的德行源自他们所拥有的知识，柏拉图认为只有具备政治才能的哲学王才能领导有德行的城邦。

在柏拉图的《政治家》中，埃利亚异方人在与苏格拉底对话时宣称，统治者正确运用知识，完全依靠技艺而非法律治理国家，通过放逐、死刑、移民等措施来缩小、净化或扩大城邦，使城邦由坏变好的政制是唯一正当的政制。"哲学王"的治理不仅意味着人治，还意味着理性之治、智慧之治与自然之治。理想的政治制度下的统治就是哲学的统治，即知识和智慧的统治，因此政治权力必须与知识智慧即哲学相结合，城邦统治者只有孜孜不倦地追求哲学才能拥有实在的智慧、治国的知识、理政的才能。然而事实是城邦的统治者无法借用极刑等技术根除坏人，城邦难以像病人那样可以通过接受医生精湛的医术治疗而获得康复的方式得到治理，理想的政治制度提及极刑等极端的治理手段是为了让民众看清政治的底线。

（二）法治

中年到晚年的柏拉图出于自身对雅典城邦政治的理解和三次游历叙拉古的感悟而撰写了《理想国》与《法篇》，标志着其洞察世道的政治智慧进入明达之境，体现了其政治理想从理想到现实、从理论到实践的发展态势，但乌托邦的理念自始至终藏于其内心深处。柏拉图的城邦政治与社会治理的智库活动参照了一些理论框架、实施方法和可行策略等，《理想国》旨在构建"最佳

---

① 娄林：《柏拉图引品达考——以〈王制〉为例》，载《江汉论坛》，2017年第11期，第89～93页。

城邦"或"最美好城邦",《法篇》则试图创建"次佳城邦"或"次美好城邦"。《法篇》中雅典异方人指出,完整的德行是立法的最高原则,而不只是德行的某个部分,即完整的德行包括勇敢、节制、正义和智慧等。围绕完整的德行建成的与私人财产、领地、官职、婚姻等一系列的与城邦制度有关的法律才能受到城邦和法官的认可与珍视,能够占据舆论高地以抵御各种谣言流言的侵蚀①。柏拉图认为法律是在其他手段治理城邦无效时的最后选择,刑罚的作用不仅是报复和震慑,还可以是教化,使受刑人的德行得到完善。

柏拉图在《法篇》中提出选择良法及其统治是城邦治理的最优方法,依据良法实施统治是促进人类幸福须遵循的最高原则。法治作为一种次好的政制,是实施良法的政治基础,良法要依据人类的美德来制定,良法的制定尤其要遵循以理性为最高目的的众多善间的自然秩序②。在《理想国》中,苏格拉底谈及审判术时认为,"那些在灵魂方面无法挽救、本质邪恶的人,他们就该处以死刑",这对这些人来说是最好的惩罚,并且有利于城邦治理。在城邦治理中运用死刑等法律与刑罚手段,是对非正义提出的一种警示,会使得城邦摆脱坏蛋与恶棍。为了城邦的整体利益,僭主可采用严厉的净化措施;对于严重危害城邦安全的罪犯,僭主只能用死刑或者流放等正义的方法对其进行处理,以维护城邦的利益。柏拉图在《法篇》卷三结束时指出,"目的始终是要找出,管理国家的理想的方法是什么,个人在过自己的生活时能够遵循的最佳原则是什么"③。柏拉图理想的统治是规则的统治、法律的统治,法律传导理性的力量而由理性完成力量的分配,具有强制性的命令则体现了城邦的公共善,这种具备理性与强力的综合性格的人自然具备统治的力量及资格。

(三)以教育为本的善治

柏拉图在《国家篇》中将城邦居民分成金(统治者)、银(护卫者)、铜或铁(生产者)三个阶层,这表明他在城邦治理中有对职责不同的群体开展有针对性的教育的规划。他认为理想国的实现必须依靠和谐心灵的培养,这种偏重

---

① 汪雄:《治病与治世:柏拉图古典死刑论及其当代启示》,载《北方法学》,2019年第4期,第151~160页。
② 曹义孙、娄曲亢:《柏拉图〈法律篇〉的良法思想研究》,载《首都师范大学学报(社会科学版)》,2017年第6期,第67~74页。
③ [古希腊]柏拉图:《法律篇》,张智仁、何勤华译,北京:商务印书馆,2016年,第107页。

于不同群体的教育规划考虑到了限制不同欲望的产生与发展,同时注重培养各类群体具备必需的品质与理性[1]。柏拉图在城邦治理中提出净化一说,涉及政治、教育与公民等方面的城邦公共政策问题,并依此提出净化城邦的策略[2]。

柏拉图认为教育的使命就是帮助最好的灵魂获得最高水平的知识和看见善本身。这个灵魂升华的过程漫长而艰难,历经儿童启蒙教育、少年初等教育、青年中等教育、成年高等教育等阶段。第一阶段儿童的启蒙教育以游戏教育为主;第二阶段的教育是关于少年的音乐和体操等方面的教育;第三阶段的教育包含青年预备性课程如算术、平面几何、立体几何、天文学、谐音学等方面的教育;第四阶段的教育是30～35岁人的以辩证法知识训练为主的哲学高等教育;第五阶段为深入城邦事务之中进行工作实践培训、在城邦治理中接受考验而积累大量管理和治国经验的教育阶段;在第六阶段走上治国岗位,在理论学习与实践培训中最为优秀的极个别的人,他们在完成灵魂转向时可见最高水平的真实存在,注视照亮所有事物的光源,掌握第一原理,看见善的本身,以善为原型管理自己、公民和城邦[3]。

柏拉图学园作为古代西方最早的高等教育雏形机构,开展科学研究,进行学术探索,为地中海沿岸城邦培养高级人才,成功培养出具有知识创新意识与能力的哲学家、见解独特的文学家、精明强干的行政官、秉持公正的立法官。柏拉图学园作为古代西方最早的高校智库雏形机构,依照培养"哲学王"的理念,在实践上为古希腊城邦统治者提供科学决策与战略规划等方面的服务,承担公共政策制定、城邦政治体系构建、城邦法律修订、政策咨询服务等智库工作。柏拉图学园的师生们积极投入城邦外交、军事、经济、文化和政治活动,因影响力巨大而备受后人尊崇。

---

[1] 于江霞:《〈国家篇〉中的欲望教育及其希腊化回响——兼评陈康〈柏拉图《国家篇》中的教育思想〉一文》,载《云南大学学报(社会科学版)》,2018年第2期,第33～41页。

[2] 王柯平:《柏拉图的城邦净化说》,载《世界哲学》,2012年第2期,第5～22,161页。

[3] 曹义孙:《柏拉图论治国人才的教育》,载《比较法研究》,2005年第2期,第107～113页。

第四章
智库"问题困境"的历史剖析

> 世皆称孟尝君能得士,士以故归之,而卒赖其力以脱于虎豹之秦。嗟乎!孟尝君特鸡鸣狗盗之雄耳,岂足以言得士!不然,擅齐之强,得一士焉,宜可以南面而制秦,尚何取鸡鸣狗盗之力哉?夫鸡鸣狗盗之出其门,此士之所以不至也。
>
> ——王安石

中国历代王朝的国家治理体系与治理能力的形成和发展都离不开智囊机构,稷下学宫、太学、翰林院、书院、幕僚系统、博士组织等为中国历代君王服务的智囊团式的运营机构,均可被视作高校智库雏形。古代为统治阶级提供决策咨询与政策辩论服务的机构一直存在,只是它们的决策咨询工作是非系统的、非制度化的①。学术界深入剖析古代中国丰富且悠久的智囊团及谋士文化,从中汲取中国特色新型智库建设的经验。需要指出的是,智囊机构或智者从理论上讲应当能够为统治者提供国家治理方面的知识与智慧,但在某个具体的历史情境中,这些智囊机构或智者实际上并没有为解决当时的社会危机或国家之乱提供有效或可靠的对策,因而不断地遭受民众与统治者等的质疑,如王安石笔下的孟尝君取士。一旦智库机构不能将知识与政策紧密联系在一起,其就不能弥合社会公众与决策者之间的鸿沟,就会陷入"问题困境"。

---

① 李刚、甘琳、徐路:《智库知识体系制度化建构的进程与路径》,载《图书与情报》,2019年第3期,第1~10,72页。

一、国家治理中的智库"问题困境"

(一)智库"问题困境"

在国家治理体系之中,每当统治者在国家运营过程中遇到政治、经济、文化、军事、外交等方面的危机或重大问题时,都会寻求那些可能为其出谋划策的知识分子群体(智库)或个体(智囊)的支持,以保证国家的长治久安和繁荣富强。同时,知识分子依据"美德""真理""至善"等人生信条,积极地参与国家治理。但是作为国家治理体系组成部分的智库中的知识分子群体并非如同理论上所讲的那样能够凭借其专业知识获得社会公众的信任,同时又能够因其在公共政策领域的研究成果而获得决策者的支持。当智库在国家治理过程中提出的谋划、对策等受到多方责难时,它就难以摆脱智库本身存在着问题的嫌疑,致使智库在知识与政策、民众与决策者之间难以发挥沟通的作用,此类现象可称为智库的"问题困境"。

我们可用王安石的逸事来对"问题困境"进行说明。

> 集贤校理刘贡父好滑稽,尝造介甫,值一客在座,献策曰:"梁山泊决而涸之,可得良田万余顷,但未择得便利之地贮其水耳。"介甫俯首沉思,曰:"然。安得处所贮许水乎?"贡父抗声曰:"此甚不难。"介甫欣然,以谓有策,遽问之。贡父曰:"别穿一梁山泊,则足以贮此水矣。"介甫大笑,遂止。①

因为王安石"好水利",故有宾客投其所好而献策说将梁山泊里的水放干以得良田,于是刘攽(刘贡父)献策。但刘攽并非真献策,而是针对他人所献之策的错误之处故意为之,以证实他人建议之愚蠢不可行。此故事记载于各类野史笑谈之中,反映了当时社会对王安石的《农田利害条约》的态度与认知。农田水利法的颁布导致"时人人争言水利""四方争言农田水利"。熙宁六年(1073),侯叔献等引汴水淤灌开封一带闲田,使汴河干涸无法通航。熙宁九年(1076),王安石变法失败,《农田利害条约》遭受抨击,被评曰"劳民而

---

① 司马光撰:《涑水记闻》,邓广铭、张希清点校,北京:中华书局,1989年,第300页。

无功""费大而不效"等①。

要想对王安石陷入"问题困境"的情况有所了解,我们需要先了解下北宋时期国家治理体系的重大变革。为解决北宋百年发展带来的问题,王安石发动了变法,但是王安石变法在实施过程中备受诟病,受到各种怀疑、反对与批评,变法最终失败。通过对王安石变法的历史进行溯源,我们可以分析和掌握当时决策者与谋划者之间的直接显性关系,也可以进一步挖掘谋划者与民众、决策者之间的间接隐性关系。"问题困境"表明在国家中央或者地方治理体系中,智库机构给出不科学、不可行的建议会导致决策者失职失策,其中隐形的无效工作会给国家和社会带来额外的损失,即在公共领域的无效工作通常会消耗公共财政资源。"问题困境"在国家治理中一直存在,是治理体系中的决策者、智库必须避开的陷阱。

类似于王安石变法的智库"问题困境"是否具有普遍性、客观性还需要我们不断地进行论证。本书试图通过对古今中外智库的历史经验进行总结,对智库"问题困境"予以澄清。

(二)对智库"问题困境"的分析

1. 原因分析

正如孟尝君、王安石身边的献策人一样,并不是所有的智库都能够发挥弥合知识与政策、民众与决策者之间鸿沟的作用。反而在不同的国家制度下、不同的历史时期,智库可能存在着不断地拉大知识与政策之间的距离、民众与决策者之间的距离的缺陷,使智库陷入"问题困境"。为防止智库陷入"问题困境",中国历朝历代的君主和官员都付出了努力,寻找策略,如诸葛亮进谏刘禅"亲贤臣,远小人,此先汉所以兴隆也;亲小人,远贤臣,此后汉所以倾颓也";唐太宗评价魏徵"以铜为镜,可以正衣冠;以古为镜,可以知兴替;以人为镜,可以明得失";司马光编撰《资治通鉴》,总结历代历朝治理经验来助益国家治理等。

分析王安石变法可以帮助我们探寻"问题困境"的成因。王安石在深思熟虑和独立思考的基础上推出的变法举措,对当时政治、经济、军事、外交和社会等起着高瞻远瞩与举足轻重的作用。然而王安石虽有军政韬略和施政

---

① 贾长宝:《梁山泊"八百里"之说辨正》,载《贵州文史丛刊》,2017年第1期,第46~51页。

才能,但在变法之时他既没有得到当时知识分子精英集团的拥护,也没有得到普通民众的支持,致使变法备受指责而难以摆脱失败的命运。王安石的那些卓越高明的国家治理谋略不能被时人理解,他的"天变不足畏,祖宗不足法,人言不足恤"的"三不足"思想境界之高反而使他脱离了知识阶层①。其时知识分子贬低甚至抵制王安石变法的态度是明显的,司马光的《涑水记闻》所述就是如此。《涑水记闻》在当时因其所记材料的真实性与原始性,在社会上有较大的影响力,具有较大的价值,有着较为有力的舆论引导作用。

王安石不仅与广大知识分子之间存在嫌隙,而且与身边的决策层人物包括一些皇亲国戚的关系十分紧张。王安石变法没有从根本上着眼于贫苦农民,虽在抑止"兼并"、兴办农田水利等方面客观上对农民有益,但实质上是在为统治阶级"理财"而在事实上伤害了农民的利益。面对严重的社会危机,司马光与王安石都认识到财政枯竭的危害,只是王安石主张立即全面变法,"勉之以成,断之以果";司马光则不想操之过急,以免酿成大患而强调"勿责目前之近功,期于万世治安而已矣"。

王安石执政时,对于攻击他的言论开始他还有所辩解,而后则听之任之。这种沉默使他完全丧失了话语权,在舆论战中处于不利位置。王安石变法之时,新党、旧党之间的政治关系极为复杂,党争不断,为时人宣扬自身的价值和立场提供了大量的素材②。王安石身后,学术界关于他的评价褒贬不一,其中有观点特别指出熙宁变法是北宋覆灭的祸根③。

通过上述分析可知,智库"问题困境"的成因主要有以下几点。一是特定情境中的政策建议者并没有掌握相应的公共政策领域的专业知识,或者说当时智库专家的知识仅仅是理论上的而非实践上的,即理论与实践相分离,专业性不足。二是当时的民众与决策者对知识的认知难以支撑他们去理解及支持国家治理策略——知识不对称,即在"民智未开"与"治智因循守旧"之时,智库的政策解读、政策议题落地的力度不够,致使其对社会民众与决策者的影响不强。三是知识分子群体一旦依附于决策者,即知识分子由统治阶级(如君主)选拔与供养,形成基于主观评价的人才选拔体系,那么当时由知识

---

① 邓广铭:《〈北宋政治改革家王安石〉序言》,载《北京大学学报(哲学社会科学版)》,1997年第6期,第81~86页。
② 江湄:《宋代笔记、历史记忆与士人社会的历史意识》,载《天津社会科学》,2016年第4期,第146~155页。
③ 童强:《"王安石研究"的清学地位》,载《江海学刊》,2005年第3期,第145~149页。

分子组成的智库就会存在独立性不足的问题,致使智库陷入困境。四是当时智库提出的对策、建议仅对国家治理的决策者或统治者负责,而忽视了"关照"其他社会阶层或集团的利益,使得智库的知识产品存在公正性不足的缺陷。

2. 问题导向的结果分析

基于智库的问题导向原则,我们认为智库所提的对策在公共领域必然导致以下结果。

结果一:没有解决旧问题也没有出现新问题,是一种无效的对策。

结果二:没有解决旧问题反而出现新问题(问题的叠加效应),是最糟糕的情况。

结果三:解决旧问题时没有出现新问题。

结果四:解决旧问题后出现新问题(问题的取代效应)。

基于"问题困境"成因分析与决策模式的理论可知,结果二会致使智库与决策者陷入"问题困境"。为防止智库陷入"问题困境",在中国特色新型智库的建设过程中,智库、决策者、社会公众、媒体界与资本层等需要相互联系、紧密沟通,保持亲密的伙伴关系,抓住智库建设中的重点难点,促进智库在人才、资金、技术与管理等方面的制度创新和机制变革,在理论与实践中不断地探寻智库的可持续发展之路。新时代的智库可从儒家学派的"中庸"思想中汲取智慧,在研究以问题为导向的公共政策的前提下,做到及时掌握情况与提出建议,促使决策者、媒体界、资本层和社会公众等在国家所遇到的关键问题上达成共识。

二、智库"问题困境"的历史经验

(一)专业知识不够致使智库陷入"问题困境"

智库之所以能为国家治理体系服务,是因为智库中拥有专业知识的学科专家能为发现问题、提出问题与解决问题提供专业性极强的政策建议或决策报告。但是国家治理的决策者在面对重大危机或公共问题时,并不总是寻求专业人士的帮助,而是可能依照个人情感、喜好或价值取向等,选择并非能运用专业知识解决专业领域问题的人士作为智库专家来帮助解决问题,结果导致从决策者到智库专家都不可避免地陷入"问题困境"。历史上有些决策者在国家治理过程中,没有采用拥有专业背景的智库专家的建议建言,而导致国破家亡或治理混乱的案例颇多,比较著名的有"靖康之乱""土木之变"等。①

(二)影响力不够致使智库陷入"问题困境"

智库的社会地位不断提高、声望不断提升、影响力不断扩大,其与决策层之间的伙伴关系会更加牢固,同时其会获得社会公众的认可与信任。要想达到这种理想状态,智库需要在可持续发展之路上认清自身,在为决策者的"治智"提供知识、情报与信息的同时,为社会公众的"民智"提供舆论引导。这样智库才能够在决策者与公众之间起到弥合的作用,以维护智库的公信力。因此,从知识交流的角度来看,智库需要为决策者的国家治理提供科学的、具有前瞻性的知识产品,帮助决策者拥有"治智",进而做到与时俱进、因地制宜。同时,智库需要为公众普及政策知识,使公众了解并掌握政策的重要性和价值。从技术运用角度来看,智库需要与媒体紧密结合,运用时下先进的舆论宣传工具与技术,在政策议题提出、解读、制定等过程中占领舆论高地,从而推动政策的落地。如果智库没有借助于媒体技术对社会公众与决策者产生一定的影响,那么在政策从提出到落地的过程中智库将举步维艰。

(三)独立性不足致使智库陷入"问题困境"

在国家治理体系中,智库在采集民意、了解民情的基础上运用自身的专业知识为统治者出谋划策,以谋求天下太平、国家富强、民众幸福。联结国家统治者或决策者与民众的智库,如果与这两者之间的关系处理不当,那么就会给国家政治、经济、文化、外交、军事等带来严重的伤害。智库处理其与决策者的关系的前提是,保持自己知识生产、知识交流与知识应用的独立性。因为智库一旦失去独立思考或者独立运营的地位,那么其必定成为决策者的附庸机构而陷入"问题困境"。

(四)公正性不当致使智库陷入"问题困境"

智库本着公正、公平、公开的原则为决策者服务,在涉及利益、资源分配的政策议题中需要考虑所有人的利益,特别是极少数群体的利益。所以,当

---

① [美]傅高义:《对中美关系40年的思考》,载《复旦学报(社会科学版)》,2019年第2期,第145~147页。

智库在公共政策领域的研究只考虑部分群体的利益而损害其他群体的利益时,会导致公正性不当而使自己陷入"问题困境"。正如卢梭在《社会契约论》中指出的那样,社会如果形成代表大众利益的小集团,虽然每个集团的意志对其成员而言是一种公益,但对国家而言却是个别意志,那么这些集团最终会损害其他群体的利益。利益集团最终会影响国家治理体系与治理策略等的倾向性,具有一定的政治性,即在公共政策领域或者政府决策过程中,利益集团自始至终都是不可能避开的一个阶层。所以,在解决社会重大问题时,公共政策的议题形成、实施与评价等环节要公开、公平与公正。智库只有在平衡社会所有群体的利益的前提下为决策者服务,才能避免受到利益集团的裹挟而制定非正义与非科学的公共政策。确保智库与决策者在决策过程中适时地避开"问题困境",简单地说就是防止决策者好心干坏事,即防止制定那种看似科学合理的政策,避免政策实施后造成负面影响而伤害社会某些阶层的利益。

三、避开"问题困境"的智库"中庸之道"

(一)中和原则

《中庸》开宗明义:"中也者,天下之大本也;和也者,天下之达道也。致中和,天地位焉,万物育焉。"朱熹注:"大本者,天命之性,天下之理皆由此出,道之体也。"其指出中是天道,是本体,是有关传统政治特别是圣人君子成功的政治经验的总结。《中庸》称舜"执其两端,用其中于民",所谓两端指的是"众论不同之极致"。舜根据善的理念,充分尊重民意,度量取中然后行动,所以"其大知也与",在社会治理中能够避免犯错而获得民心。周能代商,皆因商纣不"施实德于民"而"暴虐于百姓"。周朝统治者意识到民意、民情的重要性,认识到以知识分子为主体的智囊是沟通朝廷和百姓的桥梁①。

君子应"中立不倚""和而不流",智库专家不仅要"知"中,还能用"中"指导智库开展活动。《中庸》云:"唯天下至圣,为能聪明睿智,足以有临也……文理密察,足以有别也。""居上不骄,为下不倍。国有道,其言足以兴;国无道,其默足以容。《诗》曰'既明且哲,以保其身',其此之谓与!"《中庸》为身居

---

① 袁玉立:《多元一体:中庸的政治哲学意蕴》,载《中州学刊》,2005年第5期,第135~139页。

高位的统治者或决策者指明了治理之道,即在国家治理中要做到进退自如、恰到好处;在政治清明时抓住时机发挥自身才能,为国家繁荣富强发挥领袖作用;在政治昏暗时审时度势、明哲保身、处乱不惊、缄默不言而保存实力以图东山再起。

(二)适度原则

亚里士多德在《尼各马可伦理学》中提出"中庸"的观点,使用"适度""中间""适中"等核心意义都为"中"的语词,指出"中"是"事物本身具有的中庸",例如圆的圆心就是"中庸"①。适度成为世界各地民众一以贯之的行事原则之一,智库也不例外。但在具体情境中,怎样按照标准或原则去践行中庸之道却是一个问题,这对智库提出了如何理解"度"的要求。"度"是智库在为决策者的国家治理出谋划策的社会实践中所持有的界标,是关于智库本质的保持与数量的规定。智库之质只有通过量的标度、限度等反映出来后,才可被决策者、公众等所认知、理解、把握和应用。智库的适度原则表现为"求中",即在公众与统治者两个端点之间选择最佳的中间位置。亚里士多德认为要按照规则进行选择,而规则就是一个充满智慧的聪明人作出不足或过量判断之间的中道②。

适度原则是智库提出的中庸之道,是衡量智库专业性的一个重要标准,在智库的知识创新中尤为重要。当前,人们对于适度原则与知识、技术等的关系的认知还存在一定的争议,也存在一些较为极端的看法。有人认为强调适度原则的中庸文化会使智库墨守成规或使智库的知识生产与应用"不敢越雷池一步",导致创新活动受到压制;也有人指出遵守适度原则下不偏不倚的问题导向规则会鼓励智库思考与谋求平衡而重视公众与统治者和谐相处,这种对待问题的方式因其恰如其分而有助于国家治理体系理论与实践创新。适度原则下,智库创新的实质就是排除积极或消极的两种极端见解而争取达成一种平衡。过于追求专业知识与技术使智库的发展脱离国家治理体系,象牙塔式的完全追求知识创新的方式也不符合智库专业发展的要求;无视专业

---

① [古希腊]亚里士多德:《尼各马可伦理学》,邓安庆译,北京:人民出版社,2010年,第119页。
② 罗晓颖:《"中庸的"无神论——亚里士多德〈伦理学〉和〈政治学〉关于神及神事的论述初探》,载《现代哲学》,2017年第1期,第98~104页。

知识与技术要求的智库发展对国家治理体系来说是无效甚至是有害的。所以智库专业知识创新需要遵守适度原则,突出智库知识生产跨学科、跨边界、跨对象的特征。

(三)仁爱原则

"恕,仁也","仁"从人从二,指人与人之间"恻隐之心"的情感之仁,譬如张载所言"忠恕者与仁俱生"。中国古代知识分子向来以君子自称,而君子之道首推中庸之道。《中庸》强调"道不远人,人之为道而远人,不可以为道",即指从本质上来看,所有公共领域的问题反映的都是将自我与他人联系在一起的人类社会活动方面的问题。公共领域治理既是个体的事务,也是接纳或拒绝他人的方式。就问题导向来说,基于公共政策或决策的治理就是在人与人的沟通交流中进行的,如《诗经》云:"伐柯伐柯,其则不远。执柯以伐柯,睨而视之,犹以为远。故君子以人治人,改而止。"这正如朱熹提出的"以其人之道,还治其人之身",即在"我"的行动中接纳他人的当下,他人则以自己的规则来管理自身。

君子中庸之道并不要求他人都以君子的方式践行中庸之道,统治者也没有要求社会公众以统治者的方式践行中庸之道,因为这种要求超越了他人的行知范围而难以完全落实,最终只能以难以企及的话语、理念等形式虚悬地存在着。"以人治人"包含同时接纳自我与他人的可能性,所以修道的君子在当下要保证自己能同时接纳自我与他人。由于经验、认知等的不同,所以世人对于世界的理解是完全不同的,那种企图将人们圈在一个完全相同的世界里的可怕情形只存在于极权主义统治的策略中。《中庸》并不对通过自我认识的方式去接纳他人有所要求,有人说自己可以完全理解他人或世界,其实就意味着其拒绝他人或世界而生活在自负之中。

(四)权变原则

国家治理是一种权变,是针对社会公共领域中的问题或危机所采取的解决策略或应急的、暂时的对策,应做到因情制宜、因时制宜。国家治理体系中的统治者或者决策者的"权"遵循真理与实际相结合的原则,是其在社会公共领域的方方面面中形成的治理风格与决策智慧,其最高境界是为人所称颂的"圣"。孔子认为:"可与共学,未可与适道;可与适道,未可与立;可与立,未可与权。"学是知识性的,道是实践性的,立是人格化的。相比于学、道、立而言,权才是社会生活中最难以掌握的。朱熹感叹:"权者,圣人之大用。未能立而言权,犹人未能立而欲行,鲜不仆矣。"也就是说,朱熹认为掌握知识是根本,而学会做事、学会做人则更值得称赞,能够用"权"则非同寻常,只有圣人才能够灵活运用"权"。

孟子与淳于髡的一段对话经典地诠释了解决问题的"权"变的"中庸之道"。"淳于髡曰:'男女授受不亲,礼与?'孟子曰:'礼也。'曰:'嫂溺,则援之以手乎?'曰:'嫂溺不援,是豺狼也。男女授受不亲,礼也。嫂溺,援之以手者,权也。'"朱熹认为,"权,秤锤也。称物轻重而往来以取中者。权而得中,是乃礼也"。可见,在针对具体问题、实际情况时,智库给出的政策或决策咨询应该是在严格坚守法律底线等原则的前提下,运用专业知识为决策者提供经过得失利害、轻重缓急的科学分析的研究建议或报告,以便决策者作出合理的抉择。这就意味着智库需在原则与实情之间找出适度的"中"而使政策或决策咨询具备合理的张力,正如孟子所说:"权,然后知轻重;度,然后知长短。"

四、对中国特色新型高校智库建设的启示

(一)知行合一

智库的知识体系走向制度化,成为当今社会科学领域的重要研究阵地。智库拥有稳定的研究共同体,产出优秀的、高水平的研究成果,可保证智库实践与知识体系的良性互动,实现"行知结合"。中国特色新型高校智库主要从事撰写专著、论文、报告与内参等政策研究工作,而在决策咨询工作环节投入得较少,缺乏联结社会各阶层与深入社会的能力,导致智库社会网络建构乏力,因而在整个政策共同体中逐渐被边缘化①。

正如《中庸》所说:"言顾行,行顾言,君子胡不慥慥尔!"知行合一理想的治理过程以客观存在的实然为基础,先知善知恶而明辨善恶,然后去恶为善,实现治理的应然。高校智库的"知行合一"一是根据自身学科建设的特点与专业优势,通过职业化的体系组织来建构智库,将公共政策研究专家召集起来,让专家们提出科学合理的政策观点;二是进行市场化运作,依据思想市场

---

① 李刚:《关于进一步加强高校新型智库建设若干问题的思考》,载《江苏高教》,2019年第10期,第35~40页。

的规则,通过市场竞争,积极深入实践,提出具有前瞻性、科学性的决策依据①。中国特色新型高校智库的"知行合一"以学术研究为基础,依靠创新型的知识生产,为党政机构的决策提供新知识,通过"知行合一"把学术成果转化成具有可操作性的决策。

(二)内外结合

"内外结合"可以消除高校智库和政府内部研究机构"两张皮"的现象,进而消除供给与需求之间信息不对称的问题。习近平总书记强调"要加强决策部门同智库的信息共享和互动交流,把党政部门政策研究同智库对策研究紧密结合起来,引导和推动智库建设健康发展、更好发挥作用",明确指出内脑与外脑要协同作用,内脑应推动、引导和指导外脑开展对策研究工作。过去我国高校智库注重传统学术研究,不善于研究社会公共问题;高校智库也较少秉持"客户第一"的服务精神和态度开展工作,这与智库的决策咨询服务的定位有着较大的冲突。此外,政府内脑事实上也并不十分重视高校智库,缺少与智库共享信息、协同创新的理念。

对此,中国特色新型高校智库可通过"内外结合"的方式开展工作,从制度上保证高校智库成为"政—学""政—商""政—社""政—媒"沟通交流的平台,充分调动知识精英参与国家治理的积极性。高校智库只有与政策共同体的各要素形成紧密的圈层嵌入,才能摆脱没有市场、不接地气、脱离实际的困境而成为党政机构离不开、用得上、想得到的智库。"内外结合"使政府的内脑(各级各类研究室)与外脑(高校智库、主流媒体)相得益彰,促进内脑决策咨询的专业化,促进外脑的创新转型,从制度上保证学术界、社会各阶层建议献策渠道畅通②。高校智库可以借鉴美国智库人才交流的"旋转门"机制,将了解公共政策领域问题的学者专家派到政府决策机构或部门开展交流,以实现"内外结合"。

(三)独立运作

国内大多数的高校智库并非法人实体,缺乏"独立运作"的条件。法人实

---

① 辛向阳:《中国应警惕三大发展陷阱》,载《人民论坛》,2014年第4期,第7页。
② 李刚:《创新机制、重心下移、嵌入决策过程:中国特色新型智库建设的下半场》,载《图书馆论坛》,2019年第3期,第29~34,41页。

体智库是指具备法人地位,在民政部门注册的智库,或者是经过各级编制管理机关批准设立的独立智库,一般拥有自主营运、财务和人事等权利,并且承担民事责任。高校智库大多数是依附于高校的二级实体单位,有一定的行政级别和固定经费,但非法人单位。中国智库索引数据显示,我国约有 95% 的智库为母体机构下属的非法人实体智库或非法人挂靠性质的智库。当前高校以学科建设为主要任务,高校智库建设对其来说是锦上添花的事,因而可有可无。这种情况说明对于非独立智库而言,母体单位(平台单位)的智库治理才是问题的关键所在[①]。

过于强调智库的独立性明显地体现了西方话语体系下典型的英美思维方式,麦甘博士等智库学者建议将"独立性"解释为"独立运作",据此我们可将中国特色新型高校智库界定为相对稳定且独立运作的政策研究和咨询机构。"独立运作"是智库自身拥有的一种以知识为通货的权力的使然,是中国特色新型高校智库需要加强建设的重点。高校智库可通过推动组织创新与管理改革,逐步形成独立的法人单位而为各级党政机构决策提供智力支持。在独立运作的过程中,高校智库虽然拥有一定的政治背景与价值观念,但是其在公共政策领域新知识生产过程中的政策观点应该具有"独立性"。这也就是说,高校智库应免受党政机构、利益集团等的干扰而保持独立性,从客观、公开、正义的立场出发去倡导政策。

(四)上通下达

"上通下达"要求中国特色新型高校智库成为基层民众与决策精英之间传递、交流与共享知识的渠道,在政策形成与落地的各个环节中能够向决策层反馈基层民众的呼声与利益诉求,同时能够向基层民众解读政策价值与取向等。在知识社会、网络时代,高校智库应认识到民间"草根力量"在公共政策领域中具有一定的话语权,他们参与社会治理的热情和责任感远远超出我们的想象。

作为政府、社会和决策者与民众之间的黏合剂,高校智库扮演着重要的角色。涉及公共政策领域的重大危机或问题时,高校智库不能只是为政府背书,还应该促使政府说真话、做好事,从而获得社会公众的信任、认同与支持。

---

① 李刚:《破解我国智库体制的"三明治陷阱"》,载《科学与管理》,2018 年第 6 期,第 43～44 页。

在政府和社会公众的权力分配、资源配置等方面,智库应起到均衡制约的作用,帮助政府在其政治权力的基础之上使用多种资源和运用多种方法维系政府的信誉,提升和强化其公信力,帮助处于相对弱势地位的社会公众增加社会权利和影响力。智库作为"上通下达"的沟通渠道,传达民众的基本诉求,尊重民众的正当权利,说出民众的微小声音,在保证社会民众能够表达或宣泄自身情感、态度与价值观的同时给予其引导和支持。

高校智库力争避免陷入"问题困境"不是简单的事情,而是一个复杂激烈、多方博弈的过程。只有通过知行合一、内外结合、独立运作、上通下达等途径,智库才能加强同决策层与社会公众的联系,提升其社会影响力与社会公众的信任度,使得社会公众愿意与智库分享和交流信息、情感及知识等,进而能在智库研究公共政策或提出策略报告时提出具有多样性、全面性、适应性、和谐性、前瞻性、建设性的意见。

第二部分
理论篇

第五章
知识(民众)—智库—政策(决策者)

人类知识和人类权力归于一,因为凡不知原因时即不能产生结果。要支配自然就须服从自然,而凡在思辨中为原因者在动作中则为法则。

——培根

一、知识概述

(一)知识与权力之间的复杂逻辑

知识与权力之间存在着复杂的逻辑关系,两者既互相依靠又互相排斥。培根认为知识是一种社会力量,如同权力那样展现出来的社会力量。知识和权力从属于社会力量,知识和权力的关系还有更多的表现形式。例如,美国在制定外交政策时将知识和权力的关系类型分为权力的知识、知识换取权力、知识就是权力三种。知识转化成的权力是一种非结构化、临时性的权力,而个人魅力、榜样、舆论等表现为权威而不是权力。权力只要与某些(某个)具体的人联系起来,就自然而然地出现排他性,即防止和排斥一切可能对权力发起挑战的因素,掌权者往往通过信息加密、知识垄断等方式维护权力。知识与权力形成同盟关系,使有知识者占有更多的资源而具备更强的适应社会的能力,最终在社会竞争中脱颖而出。

培根认为知识与权力直接相关,掌握知识是获得权力的必要条件,这就是"知识就是力量"著名论断的来源。福柯指出知识与权力相互依存、共生共长,但是知识与权力之间也存在着共谋相反的情况——知识成为权力的奴隶、知识与权力分立。掌权力者与拥有知识者不是同一人,即知识所有者的手中没有权力,而权力的掌握者不拥有知识。吊诡的是,知识与权力之间关系不对称总是会成为知识与权力关系的主流。在现代社会中,知识与权力尽管关系暧昧,但两者之间依然存在着不对称的关系。知识虽然可以产生或带来权力,但权力与知识却难以有效地结合起来。在知识分子坚持"普世价值"理念与社会常规制度时,知识与权力经常发生冲突,两者就不会建立牢固的联盟。因为知识是高度分散的,权力则是高度集中的,知识企图攀附权力获得发展,往往意味着知识失去独立性与真理本性。权力不断通过占有和垄断知识以获得更多的行动自由与权利,最终会使二者因价值追求上的冲突而出现合作的决裂①。

(二)知识的市场特征

知识是人类认识和改造世界的工具与成果,理论上,人类认知的无穷尽决定了知识具有无限供给的可能性;实践中,人类对知识的需求远远超过实际供给而出现知识稀缺的现象。这赋予知识以"交易价值","付费"已被视为普遍的、有声誉的和互惠获得知识的一种方式。如果管理阶层或团队领导者无偿地占有所属成员的想法,或者这些团队成员之间较少或片面地分享知识,则会导致"知识供给"的减少。可见,知识市场是建立在诚信基础上的一种互惠的、互补的交易,这也体现了"知识就是力量"的价值,否则在组织内部可能会因为人们本可以自由使用的知识被隐藏起来而出现一种人为的知识垄断或稀缺的现象。一旦知识隐藏被奖励,那么知识体系中就会出现"邪恶取代善良"的知识分享圈子②。

现代社会咨询机构如智库等是思想市场中重要的专业供给的行业机构,社会组织、公共机构、企业甚至个体则是思想市场上的消费者。智库是其中专门从事公共政策领域知识交换和生产的组织机构,是思想市场上决策知识的专业生产者和组织者,其生产知识产品与否取决于政府等机构的需求。公

---

① 刘大椿、黄婷、杨会丽:《论需要公共政策应对的科技发展问题》,载《中国人民大学学报》,2011年第6期,第2~9页。
② [美]约瑟夫·斯蒂格利茨:《知识经济的公共政策》,载《经济社会体制比较》,1999年第5期,第20~28页。

共领域事务越来越复杂导致现代社会对专业政策知识需求不断增加,也不断地激活着政策知识思想市场。智库思想市场与一般产品市场相比存在活动主体行为性质和目的方面的差异,智库作为供给者为需求方提供知识产品时追求的不再是利润的最大化,而是最大的影响度。智库的影响力一方面体现在其产品被决策者采纳的程度及对政策制定的直接影响上,另一方面体现在被智库所影响的政策对社会经济等产生的间接影响上。智库的行为目的与利润无关,故而其被界定为非营利组织,服务于决策、影响公共政策是智库活动的主要动机,利润仅仅是副产品。作为现代知识市场之一,智库思想市场具有多元竞争与自由开放等基本特征。

(三)知识势差与社会分工

一个社会的所有知识在特定时间与空间上呈现分散分布的状态,原因就在于社会分工与专业化导致知识势差现象出现。不同的群体拥有不同知识,并有选择性地运用知识与信息,这是一种"自以为是"的社会现象。行业分化、社会分工等导致各行各业的知识形成,机构性知识与个体性知识、学科知识与非学科知识等均是社会分工的结果。知识势差还会带来知识不对称和知识代理问题,专业化分工等导致拥有私人信息的代理方和委托人之间产生知识与信息的不对称,这种现象普遍存在于民众与政府、上级与下级、股东与职业经理人等政治或管理关系中。

政府机构在自身管辖区域内拥有系统的机构性知识、专业知识,政党拥有意识形态立场、政策主张方面的执政知识,利益集团具有专业、行业领域系统化的机构性知识,智库的专家知识学科化的程度最高且能够提供政策建议,民众知识有着极度分散的特点且富有实践性、内隐性。不同的决策参与者所拥有知识的属性、特征、类型在政策的各个阶段(议题、制定、实施、评估等)有所不同,在通常情况下,一个参与者拥有的某种知识优势是其他参与者的劣势[①]。

---

① 王礼鑫、莫勇波:《基于知识视角的政策制定基本问题探析》,载《中国行政管理》,2017年第6期,第90~96页。

二、政策概述

（一）政策的本质

在国家治理体系中,政策的制定并非一蹴而就,更无法一意孤行,而是一个复杂的过程。各自利益的代理人在一系列的辩论中最终相互妥协,直至最终达成共识,在政策制定的不同阶段相互妥协。美国学者伊斯顿根据权力结构理论认为,政策的本质就在于它可能否定某些人的一些权力而让其他人得到一些权力,一项政策是针对一个社会、社团或其他组织的包含一系列价值分配的行动和决定①。拉斯韦尔将政策过程分为情报、提议、规定、合法化、应用、终止和评估七个阶段,关注政策过程中的知识成为政策的研究传统,理解公共政策的产生过程,找出政策过程本质规律与构建模型,旨在从程序上去改进公共政策②。政策过程也可根据政策制定的不同阶段划分为议程设定阶段、政策审议阶段、政策制定阶段、政策实施阶段③。

美国知名的公共政策学家托马斯·R.戴伊认为政策分析指向政治生活中的"谁得到了什么""有什么影响"与"为何得到"等④。朴兰逊与柯德从政治权力结构、控制与应用等角度界定政策,约翰·加尔通则将权力的结构分为决策核心层、中心层与边缘层几个方面,认为各层的政策影响力逐次减弱,在政策中起决定性作用的只能是核心层⑤。总而言之,权力、价值与权力结构成为政策概念的三个核心词与主导话语,在公共政策研究中探索权力结构能够帮助我们深入理解政策的内涵与反映公共政策本质的特征。

---

① [美]戴维·伊斯顿:《政治生活的系统分析》,王浦劬主译,北京:人民出版社,2012年,第20~28页。
② Lasswell. H. D. The Policy Orientation, in D. Lernerand H. D. Lasswell, eds. The Policy Sciences: Recent Developments in Scope and Method[M]. Stanford: Stanford University Press,1951:5.
③ [美]里奇(Rich, A.):《智库、公共政策和专家治策的政治学》,潘羽辉等译,上海:上海社会科学院出版社,2010年,第97页。
④ [美]托马斯·R.戴伊:《理解公共政策(第十二版)》,谢明译,北京:中国人民大学出版社,2011年,第3页。
⑤ [挪威]约翰·加尔通:《美帝国的崩溃:过去、现在与未来》,阮岳湘译,北京:人民出版社,2013年,第21~27页。

(二)公共政策

公共政策是由特定的公共权力机构制定并实施以满足国家或社会需要的政治性决定或行为准则。公共政策是政府实施公共管理和维护公众利益的主要途径和手段,制衡公民、社会和国家之间的利益①。

1. 公共政策中的公民参与治理

(1)公民参与和公民社会

公共政策是政府根据特定时期的目标,在对社会公共利益进行分配、整合等的过程中所制定的行为准则。与古希腊城邦那种通过公民参与来实现公共领域问题的治理相比,现代国家治理更加需要完善公民参与公共政策制定的体系,从而保障公民的自我发展和平等的权利,在公共政策制定的各个阶段保护公民的利益与反映民意。公民在参与政策制定的过程中表达自身的诉求,只有经过公民自由、理性的协商和辩论"考验"的公共政策才能被认可,才具有合法性。公民参与对政府来说,可以改善政府与公民间的关系,提升政府决策质量,实现善治等。公民参与的能力和意愿是公民知识的一部分,公民在参与的过程中遭遇的公民资格、信任危机、对话失败等问题都与公民知识流通效果有关。

斯蒂芬试图从行为、态度与宪政结构三个层面来界定"民主巩固",指出我们在第三波民主化的进程中,应该设法打造若干有助于民主巩固的相对条件,其中首要的就是建立"公民社会"。所谓公民社会就是指在一个场域(arena)之中,各种公民组织和社会运动意图使本身成为整体的一部分,以便表达自己的意愿并维护自身的利益。假如这些组织与运动皆依民主规范而行事,那么一方面它能提供可预期的社会交易环境来降低不确定因素的影响;另一方面它在国家机关和公民之间充当联系人,以减轻国家统治的负担,监督政府运作。在"公民社会"自我组织中,有相对自主性的团体、社会运动、人群可以通过传达价值观念、建立组织的方式,用不同的政治选择来监督国家和政府,从而力拒民主逆转,协助深化民主发展。公民社会中起到核心作用的通常是民间智库、传播媒体,其中民间智库通过了解与评估各种法律、经济、政治组织和社会问题的方式来促成国家机关之外民众控制的知识基础,

---

① 杨建军:《法学智库研究若干问题探析》,载《法学评论》,2017年第1期,第53～62页。

传播媒体则通过专人跑线、专业资讯报道、专业进修渠道、刊登相关资讯等方法来提供多重信息①。

(2)政府治理与政策制定

政府是政治问题、经济问题、社会问题等的合适与必要的管理者,是由各种组成单位构成的组织,具备"结构性"特征。公共政策包含政府的某种行动和任务,与其他公共政策如何保持协调避免冲突成为公共政策制定中的关键问题。公共哲学认为公共决策的基础是公共利益,在制定公共政策时,公共利益的争辩自然会走到台前且热闹非凡。公共利益体现社会认知的过程,也体现某种知识形成过程,涉及公共利益的知识可以被界定为"目标知识"——某项政策中涉及政治共同体整体利益、集体利益与长远利益的知识。公共政策涉及跨领域、跨地域、跨群体、跨时期等方面的目标,公共决策对于目标知识的需求理论上可用"共同代理"的概念予以澄清。黛博拉·斯通认为,对问题的定义其实就是互相角逐的政治角色或力量对各种条件映像的熟练操纵。人们对问题的界定缺乏一致的认识,政策制定群体内部对解决方案有争议则是大多数社会改革的主要原因,如美国的医保改革、电信改革和税改政策等就是典型的案例②。

政策的制定与实施,客观地受到外在的经济市场、政治法律、社会文化和科学技术等因素的影响。政策的对象就是一系列发生在政策系统环境中的社会问题,政策则是解决特定社会问题的方案。在政策实施的过程中及过后,政策对象必定存在着某种反应或改变,且通过一定的渠道和机制将这些反应信息传输给政策系统③。社会群体、利益集团等相关政策主体在政府治理体系完善、公民认知等方面起到一定的作用,公共政策本身已成为解决冲突的工具。这要求决策者制定的政策是科学的、民主的,科学、民主的政策的制定离不开智库提供的可靠的专业知识。政策制定者需要从情绪感知、故事还原、利益分析和价值考量四个维度看清公共领域问题的全貌,通过知识聚

---

① Stepan Alfred. Rethinking Military Politics: Brazil and Southern[M]. Princeton, NJ: Princeton University Press,1988.

② [美]里奇(Rich, A.):《智库、公共政策和专家治策的政治学》,潘羽辉等译,上海:上海社会科学院出版社,2010年,第120页。

③ Nicolas Schmid. Explaining advocacy coalition change with policy feedback [J]. *Policy Studies Journal*,2019,7(48):1~12.

合获得智库专家的专业知识和利益相关者的知识,通过共识构建来考量公众诉求与意见,明确公共政策制定时的方向和目标[①]。

(3)公民参与下的政策制定模式

公民参与政策制定,就是指在公共资源分配领域,作为政策利益关系人的公民介入其中并对政府决策施加影响的过程。公民参与政策制定反映公民政治生活与政府治理的共同需求,有助于实现政府与公民之间的良性互动,确保政府决策的合法性与民主性。围绕人的本能和需求,学者们用历史唯物主义、理性人假设、公民精神说、本性说等理论阐释公民参与政策制定的行为,强调人是天生的政治动物而肯定公民参与政策制定的必然性。治理理论认为治理的本质是建立在公共利益、认同和市场原则基础上的合作;新公共服务理论要求政府对公民负责,基于公共利益为公民提供服务,公共政策的制定要以基础广泛和公民授权的公民参与为依据;民主行政理论要求政府官员要从"老爷"成"公仆",鼓励公民参与政策的制定。公民可以通过利益诉求满足和维护自身利益,满足自己议政参政的需求,使政策体现绝大多数人的意志,增强对政策的认同感。

公民参与对政策来说,可提升政策的执行力与公共性,保证政策制定的有关信息、知识与智慧之间相辅相成,增强政策的公众价值导向和公共利益取向,提高政策实施的可接受程度。中国学者根据公众参与程度和提出者的身份,总结出"关门模式""内参模式""上书模式""动员模式""借力模式"及"外压模式"六种公民参与路径,提出"理念视角""理性学习视角""利益权力视角"的政策过程理论,提出象征性执行、试验性执行、变通性执行、行政性执行等政策执行模式[②]。美国学者谢尔·阿斯汀在公民参与阶梯理论中根据公民参与自主性的程度,总结出教化、操纵、告知、咨询、组织形成合作伙伴关系、授予权力、公民自主控制等八种参与形式,其中不参与政策制定表现为操纵、教化,告知、咨询、组织形成合作伙伴关系则是象征性地参与政策制定的

---

① 何鉴孜、李亚:《从"裁决者"到"协调者"——冲突解决视角下政策分析师的角色变迁》,载《广东行政学院学报》,2014年第4期,第5~11页。

② 李文钊:《专栏导语:中国公共政策研究:回顾、进展与展望》,载《公共行政评论》,2019年第5期,第1~11页。

表现,而授予权力、公民自主控制则为切实性参与政策制定的表现①。

2. 公共政策制定的知识理论

在制定公共政策时,决策层需要掌握社会政治、经济等运行的整体性知识,知识系统与决策系统就成了公共政策制定的支撑。从公共政策的知识属性(信息基础)出发,如何科学地运用学者的专业知识成为科学决策的焦点。政府具有集中与使用知识的力量和优势,这不仅可以帮助人们实现共同体福祉的目标,而且容易使自己在国家治理能力竞争中取胜。知识理论逐渐成为西方公共管理界的显学,拥有专业知识的学者逐渐成为西方国家卫生、生态、能源、种族等社会公共领域问题政府决策的关键因素。在国防、航空航天等技术性强的领域中,专家的作用力明显强于仅以价值为导向的政治倾向的作用力。

拉斯韦尔在1970年刊发的《正在出现的政策科学概念》一文中,指出政策科学的任务包括"政策过程的知识"与"政策过程中的知识"②。显然,政策制定过程实质上是所需要的知识的生产过程,这个过程包括将分散的知识聚集起来、把知识移交给决策者两个相辅相成的环节。公共政策作为政府实现特定目标的手段,要求包括因果知识、目标知识、现状知识、预测知识与协调知识等特定的知识,这是由政府作为决策组织,时常面临知识不完备的问题及其结构性和整体性本质所决定的。决策理论指出决策依赖于知识与信息,且决策者通常是"有限理性"的,政府作为解决共同体困惑的组织具有知识不完备的特征与基本立场,政策制定则是以社会名义表现出来的集体困惑的一种形式。这要求决策者尽可能多地掌握准确的现状知识、科学的预测知识以及合理的因果知识③。

在政策制定过程中,知识不仅来源于专家,每位政策设置参与者都可为决策者提供各方面的知识。根据政策设置参与者的阶层身份,我们可将公共政策议程中流通的知识资源划分为"政府内部的知识""专家的知识""民众的

---

① 王洛忠、崔露心:《公民参与政策制定程度差异的影响因素与路径模式——基于31个案例的多值定性比较分析》,载《南京大学学报(哲学·人文科学·社会科学)》,2020年第6期,第99~111,159~160页。

② 李文钊:《专栏导语:中国公共政策研究:回顾、进展与展望》,载《公共行政评论》,2019年第5期,第1~11页。

③ 王礼鑫:《公共政策的知识基础与决策权配置》,载《中国行政管理》,2018年第4期,第98~104页。

知识"与"媒体的知识"①。在公共政策间断式变迁的过程中,我们可以运用间断—均衡理论框架,遵循"情感—理性—价值"的分析逻辑,阐述话语建构、科学知识、焦点事件的作用机制以及贯穿其中的蠕变效应和叠加效应对三者的作用,分析政府决策系统在此过程中的基础性作用。蠕变效应是指智库专家的政策观念不直接在政策方案中反映,而是通过一种渐进的路径来逐步改变决策者对政策方案、决策方式和社会情境的既定思维,从而对政策产生影响,这个过程又称"知识蠕变"。叠加效应是指仅仅在某个焦点事件上被证实的特定原因引起的可能具有的不确定性和随机性,科学知识中也存在叠加效应。如果接二连三类似的事件都是该原因导致的,那么此类因果关系在科学上就更加稳定,进而此类科学发现的政策指向也更明确②。

3. 制定公共政策的专家

从国家治理层面分析,专家意见和专业知识能够推动国家治理体系和治理能力现代化。在民主参与过程中,民主讨论与民主协商也需要用专家和专家知识作引导③。在理论上,政策的制定是由政治家掌握的,行政专家则与决策无关而只负责执行。在实践中,行政部门在执政时与公众有密切的关系,相较于政党或政治家其对公众的意图和诉求更熟悉。政治家在日益复杂的社会问题中越来越受限于知识与技术等因素,因而难以精确理解和察觉公众的意见,进而将决策地位让给了行政专家。缺乏公共领域专业知识的公众容易被煽动、被利用、被误导而出现反智、极端的现象。针对这一点,古希腊时期的柏拉图就主张应由拥有专业知识和专业技能的"哲学王"掌握权力、治理国家。

政策制定参与者在面对新知识时,有可能因对其敏感而愿意去了解、关注与学习新知识,也有可能因对其不敏感而直接忽视新知识。事实上持续学习获得新知识或信息,对政策制定参与者意义重大。因为知识和信息具有建构和设定作用,它促使主体换角度进行思考,进而导致选择倒转出现④。正

---

① 朱旭峰、田君:《知识与中国公共政策的议程设置:一个实证研究》,载《中国行政管理》,2008年第6期,第107~113页。
② 费久浩:《公共政策的间断式变迁何以发生?——以全面"禁野"政策的出台为例》,载《公共管理学报》,2021年第3期,第12~23,168~169页。
③ 朱慧玲:《专家知识及其政治伦理限度——从新冠肺炎疫情(新型冠状病毒感染疫情)中的专家效应谈起》,载《学习与探索》,2020年第9期,第9~15页。
④ 王礼鑫、莫勇波:《基于知识视角的政策制定基本问题探析》,载《中国行政管理》,2017年第6期,第90~96页。

如当前中国公共政策的知识生产与知识应用不匹配,公共政策研究需与知识应用建立紧密的联系,所以中共中央办公厅和国务院办公厅颁布《关于加强中国特色新型智库建设的意见》,旨在消除知识生产与知识应用之间的体制机制障碍。① 智库专家属于"政策群体"而非"政治人群",他们与政客各自在互不相容的领域内工作。金顿指出,关于政策和政治潮流,把它们描述为相互独立却偶有交集是有益的,政策群体关注数据收集、技术细节、进行研究、成本效益分析、提炼建议等事务。相较而言,政治人群比政策群体涉及更多的问题领域,而且关注在更大的政治范围内支持、推进党派的工作以赢得选举。金顿还认为,智库专家与智库在艰苦卓绝的政策制定最后阶段中的作用是次要的,智库的研究"后果"应让官员、利益集团领袖、媒体记者等"政治人群"来承担。智库专家并非能够保持理论上的那种超然的价值中立立场,他们作为政治群体有着自身执着的思想追求和意识形态观念,作为知识与政策的桥梁时他们还有可能成为政治妥协的掮客②。

三、智库的应然与实然

应然是指在可能的条件下事物应达到的状态,或者说基于事物自身的性质和规律所应达到的状态。实然是指事物存在的实际状况,其更多地关注实际情况下的事物③。

(一)为决策服务的智库

智库能够以多高的效率服务于决策,我们可以从专家系统、决策结构和具体知识的概念出发来理解和分析这个问题,即专家系统将知识库(与特定主题相关的信息的数据库)和决策规则结合起来,基于自己所掌握的知识来帮助决策者。专家系统一是作为决策者的助手来帮助决策者制定、实施和评价政策,二是保证决策的可靠性、一致性、准确性和完整性,三是根据具体知识提出建议或对策,四是对决策的结果进行评价、比较等。在不同的决策模式下,智库的地位与作用存在一定的差异,格雷厄姆·艾莉森等人据此提出

---

① 李文钊:《专栏导语:中国公共政策研究:回顾、进展与展望》,载《公共行政评论》,2019年第5期,第1~11页。
② [美]里奇(Rich, A.):《智库、公共政策和专家治策的政治学》,潘羽辉等译,上海:上海社会科学院出版社,2010年,第3~4页。
③ 李道军:《法的应然与实然》,济南:山东人民出版社,2001年,第1页。

智库决策的三种模式:模式Ⅰ(理性行为范式)、模式Ⅱ(组织行为范式)、模式Ⅲ(政府政治范式)。

决策本身是一种"政治"行为,事实上一些公共领域中有关危机事件的决策是多方力量互相碰撞博弈的结果。此时智库的力量促使决策系统中的每一个角色发挥作用的大小与决策结构化程度有关,即与重复性和程序化程度明显的结构化决策、新颖性和明确性显著的非结构化决策,以及半结构化决策相关。在组织决策层面上,战略(非结构化)、战术(结构化)和作战决策(高度结构化)要求智库(专家系统)在作战和战术决策层面发挥作用,但在战略层面上决策者则掌控一切。智库的专家系统还要为决策者在三个决策层面上提供建议或提出解决问题的方案,从而使决策者最终作出有效的、高质量的战略决策[①]。

(二)决策中智库的应然模式

学者们通常认为,应然肯定超越事物的外在表现,实然与应然基本上有一定程度的背离或脱节,应然的存在使得改善事物的实然状态成为可能和必要。应然模式(图 5-1)是一种理想的状态,民众、智库、决策者与实施者作为一个整体进行联动,从决策议题开始到决策实施结束智库都参与其中,决策制定与实施过程中的问题会被反馈给智库,三者处在一个动态协同创新的过程中。在理想的应然模式中,以"问题为导向"的智库理应是解决问题的万能钥匙。因为在理论上,面对社会公共问题与危机时,智库提供的知识产品不仅能指出问题所在,而且能根据问题的复杂性,运用先进的思想观念与科学的研究方法,提出有效的方针及对策。

图 5-1 决策中智库的应然模式

在此过程中,智库可以与社会问题涉及的多方主体进行沟通,开展调查,

---

① John S. Edwards. Expert Systems in Management and Administration-Are They Really Different from Decision Support Systems? [J]. *European Journal of Operational Research* 61, no. 1—2 (August 25, 1992): 116.

采集数据,分析主体间的利益分配与利害关系,最终找到方法来实现问题主体之间的平衡。例如管仲"与俗同好恶",因而其在变革中,为齐国提出了"顺民心"的谋划与方略而使齐国国富兵强。这对智库的启示就是解决问题时提出的新理念、新观点、新思维并不只能为知识精英所理解与认知,其还必须深深扎根于社会公众的土壤之中,引导社会公众理解与接受新事物。通过与公众接触,在搜集民意的前提下,智库基于某公共领域专业知识进行知识生产与创新,形成建议建言,为决策者提供咨询服务,然后通过政策的颁布而实现决策者关于国家治理的宏图,这是一种理想的应然状态。

(三)决策中智库的实然模式

事实上决策的过程中总存在一些看不见、摸不着的区域,不同层面的决策者具有不同的决策特征。在组织结构之中,意识形态、规章制度、组织文化、学习环境都会影响组织决策。国家层面的决策是"政治的合成物",如美国国家安全方面的决策者就包括各类长官、幕僚、事务官员、临时参与者,所有这些决策影响主体都将围绕决策开展工作。可见,基于文化、情报、舆论、环境的智库的知识管理活动仅是影响决策的因素之一,而决策者的偏好、压力、经验等也是影响智库知识管理活动的不同的因素。所以,在实然模式(图 5-2)中因为多种因素共同起作用,所以智库可以认清并且避开"问题陷阱"。

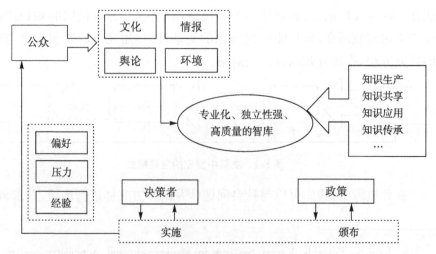

图 5-2　决策中智库的实然模式

在实然模式中,科学开展智库分析与决策评价,收集、分析、输出智库产品信息,据此形成决策、决策执行、决策执行结果等一条完整且漫长的过程链条。决策评价体系包括评价主体的选择、评价程序的设置、评价指标的确定、评价程序的建立、评价类型的划分、评价责任的确定等,评价主体可以是既具备一定智库工作经验又有一定决策权限或熟谙主要决策者决策思维的人员,以此确保智库系统与决策系统之间的沟通交流①。

四、智库的作用

(一)弥合知识与政策间的鸿沟

哈贝马斯指出科学与政治之间存在"知识—价值"的关系,存在决断主义、技术统治和实用主义三种模式;决断主义认为政治决定价值,知识只是实现政治目标的工具;在技术统治模式中,科学处于主导位置;实用主义寻求知识和政治两者之间的平衡,在实用主义模式中,科学与政治共生共存、对话交流。这种提出知识与权力互动的主体间性的哲学,要求人们在解决社会公共领域问题时建构思维,决策咨询的模式不再是纯学术层面的从知识到权力的线性模式,而是互动与交流的网状结构模式,智库平台则是促使知识与权力相互流通的关键点②。

智库专家是政策与知识沟通的桥梁,是民众与决策者沟通的重要渠道,他们将专业知识渗透到政策过程的各个阶段以确保政策制定的科学性。在政策议程设定阶段,智库专家依据专业知识,分析当下或将来可能出现的问题,给政策制定者以警示,为政策制定提供理论依据,在讨论议题之前重新确定干预维度和划定问题边界。智库专家的新理念在特定情形中可以起到改变公众观念的作用,甚至能对公众的人生观、价值观和世界观产生一定的影响。政策一旦进入审议与制定阶段,迫在眉睫的工作就是政策制定者需全体参与讨论并作出决策。在这个过程中,智库专家的观点成为决策者就问题发表看法、表达立场的政策博弈的重要推力,即决策者基于智库专家理论与实践而作出决断。

---

① 张薇:《国家安全情报研究》,北京:金城出版社,2021年,第284~285页。
② 王友云、朱宇华:《基于知识与权力关系视角的中国特色新型智库建设》,载《探索》,2016年第2期,第178~184页。

(二)为公共政策领域提供知识服务

公共政策学占据主流地位的理论依据供需模式指出,智库专家作为知识生产与供给方为政府这一需求方提供决策咨询知识服务。韦伯等人对知识领域、知识类型等展开讨论,绘制了知识运用与分布模式图①;哈贝马斯提出决定论模式、技术统治论模式、实用主义模式三种专业知识与政治的关系模式,阐明技术专家、政治家在决策中的权力及两者间的关系②;实证主义学者指出政府、智库专家和公众都是知识生产者,有着各自的优势和劣势,认为通过构建协商民主和调整决策体制可促进不同知识的交流③。哈耶克认为市场决策需要有关特定地点和特定时间的知识,但是有关特定地点和特定时间的知识"由于其性质是无法计入统计数字的,因此也就无法以统计数字的形式传递给任何中央权威机构"④,经济体制的合理性在于这个体制能充分利用现有的知识,而知识的分散特征则决定经济问题只能通过非集权化的方法来解决。

詹森指出决策依赖于一般知识与专门知识,一般知识为传递成本低廉的知识,专门知识是在代理人当中转换成本很高的知识⑤。当决策者缺乏所需要的专门知识时,可以通过购买或者把决策权授给拥有专门知识的人的办法来解决此类问题。力杰·兰德基于加拿大的社会科学理论总结归纳出科学驱动、需求拉动、传播与互动四种对政策制定极其重要的知识运用模式,指出研究类型、使用者需求和组织利益、传播机制、联结机制决定知识服务的效能⑥。布尔默则认为社会科学家总结出知识应用服务于政府的模式有工程

---

① David J. Webber. The Distribution and Use of Policy Knowledge in the Policy Process[J],*Knowledge and Policy*. 1991(4).

② [德]哈贝马斯:《作为"意识形态"的技术与科学》,李黎、郭官义译,上海:学林出版社,1999年,第103页。

③ 周超、易洪涛:《政策论证中的共识构建:实践逻辑与方法论工具》,载《武汉大学学报(哲学社会科学版)》,2007年第6期,第913~920页。

④ [奥]冯·哈耶克:《个人主义与经济秩序》,贾湛等译,北京:北京经济学院出版社,1989年,第79页。

⑤ [美]科斯·哈特·斯蒂格利斯等:《契约经济学》,李凤圣主译,北京:经济科学出版社,1999年,第309页。

⑥ Landry, Rejean. N. Amara, M. Lamari. Utilization of Social Science Research Knowledge in Canada[J]. *Research Policy*, 2001(30):334~339.

模式和石灰岩模式。在工程模式中,政府先确定一个社会问题,再由社会科学家对其进行研究设计、资料采集、结果分析,提出研究报告。然而事实却是由于社会问题错综复杂,在多数情况下,社会科学知识无法直接影响政策。石灰岩模式指社会科学知识犹如涓涓细流般无孔不入,点点滴滴地渗入石灰岩般对政策产生影响。它的影响是间接的而非直接的,是长期的而非短期的,是非线性的而不是线性的①。

（三）促进公共政策的民主化和科学化

国家机关在制定公共政策时主要通过政府决策行使权力,现代文明下政府决策的过程不是一个直接使用权力的过程,而是以知识为基础,确保公共政策民主化和科学化的过程。知识是公共政策制定的重要依据,但是在相当长的一段时间内,主张知识者难以获得官方决策机构的认可。在公共政策运用新知识或存在争议的知识的时候,我们需要尽可能地减少研究中难以消除的主观建构性和偏差,科学严谨地验证决策依据的正确性,及时向社会公开决策依据,关注民意,引导公众进行实践等②。

决策是运用知识的认知活动,制定优质的公共政策的前提是充分利用各种专业知识,制定具有方向性、战略性、思想性的公共政策则需要运用整体知识。整体知识可分为观点性知识和事实性知识:观点性知识是关于未来发展思路的战略性知识和有关未来发展趋势的预测性知识等主观性知识;事实性知识是关于过去和现在客观性事实的知识,包括与存在的问题有关的诊断性知识、与经济社会发展状况有关的描述性知识、与挑战和机遇有关的分析性知识。③ 在知识型政策决策过程中,决策者要视知识分歧为达成相对准确的共识的机会,主动接纳分歧,建立容错机制,鼓励更多的主体参与政策制定,以提出更多的意见与建议。

---

① 胡春艳:《社会科学知识与公共政策制定:影响模式的研究》,载《东南学术》,2005年第6期,第44~48页。
② 田喜腾:《公共政策中的知识争议与启示——以二孩政策为例》,载《自然辩证法研究》,2019年第5期,第41~46页。
③ 陈升等:《基层知识型公共政策决策机制理论建构——基于B县"十三五"规划编制的案例研究》,载《公共管理学报》,2018年第3期,第1~15,154页。

(四)促进权力与知识的合作

现代智库被定义为研究和宣传公共政策的非营利性组织,很多国家认为智库是知识通往权力的桥梁,联合国开发计划署(UNDP)则认为智库是知识与权力、科研与政府的中间对话者或中介人。把智库视为"桥梁"的论点意指社会科学与政策之间存在明显的边界,这不仅表现在法律和组织上,而且表现在公共领域构想出的"公共利益"方面的差异划分上。关于智库活动和角色的传统观点包括智库充当桥梁、智库为公众利益服务、智库思考问题"三大神话",这三种说法通过智库的宣言、年度报告和网络平台等自我宣扬的方式,为智库活动"供应"合法性。知识和政策是相互构建的,智库不是单纯的信息传输者,也非独立的智识活动组织,而是与学界、媒体、商界、政界等的精英群体结成的联盟。凭借其政策群体和人脉网络,智库具有"超边界"的性质而发挥中间人的作用。智库是国家—全球、学术—政治、政府—社会、知识—权力的"纽带"或"桥梁",这种简洁且有说服力的描述将继续成就智库神话①。

由于政策和执行层面存在不足之处,所以社会的"知识拥有者"——学术界、智库和媒体的作用尚未发挥,使得作为"权力拥有者"的国家政治精英本身无法构思和传播民族叙事,只有"权力拥有者"和"知识拥有者"深思熟虑地进行合作才能为国家提供一个可被接受和可行的国家叙事②。受制于社会分工的细化与专业性,普通民众难以全面地了解甚至熟知所有的政治事务,此时智库在政治沟通中的功用就体现出来了,即通过引导社会舆论影响公共政策的制定,在公共危机事件中发挥政治调解作用等。智库在政治沟通中的作用的发挥最为直接的方式莫过于对公众或公职人员进行教育,或者通过论著、演讲、访谈等表达其观点、思想来影响受众。智库的政治调解功能在于其能够拉近政府与公众之间的距离,或者在国际危机等事务上协调国际组织、各国政府与公众间的关系。面对全球性、地区性的重大冲突问题时,智库运用灵活的运行机制与广泛影响议题的能力,运用"民间非国家调解机制"游说

---

① [英]戴安娜·斯通:《政策分析机构的三大神话——回收箱、垃圾桶还是智库?》,唐磊译,载《国外社会科学》,2014年第3期,第4~16页。
② Sheikh Ghulam Jilani. National Narrative Building: Role of Academia, Think Tanks And Media[J]. *Issra Papers Volume-XII*, 2020:1~14.

冲突各方而为冲突的解决贡献智慧。

（五）促进政府和民众之间相互理解与达成共识

智库成为知识进入或渗透至政治领域的引路者,促使决策制定以知识为本。智库成为民众参与决策的代言人、传达者,将民众对利益的诉求以知识嵌入社会的方式融入公共政策制定与政府决策。智库作为意见领袖引导舆论,促进事态发展,可以增加媒体报道的权威度和可信度,并在一定程度上使受众赞同其在特定议题上的价值取向或立场倾向。在政府主导的政策议程中,智库或为官方代言人或为第三方独立于政府的角色,在解读、讨论政策时应具有独立思考的能力,客观公正地发表意见或观点。这样智库才能取得民众与政府双方的信任,成为信息资源上端的政府与潜在信息资源末端的民众之间的纽带,在政策议程中不断缩短与政府亲善的距离的同时,消除普通民众对政府信息发起的挑战或质疑,帮助双方朝着理解与相互支持的方向更近一步。智库作为信息传播进程中的重要环节,可以有效地调整民众和政府之间的距离,增进对对方的理解。

更重要的是,智库需要摆脱那种民众普遍视智库政策专家为"政治雇佣军"或本质上就是变相的说客的看法。贾森·雷特曼的喜剧电影《感谢你吸烟》生动地描述了一个名为"烟草研究院"的智库组织,一个为烟草工业集团站台的无耻组织。电影的主人公尼克·内勒是一个极具魅力但声名狼藉的公关大师,他鼓吹自己有捍卫所有无论有多么站不住脚的主张的能力,尼克·内勒的形象就如同"政治雇佣军"或"政治说客"。从本质上看,对智库政策专家形象"政治雇佣军"与"知识分子"二分法的分析是不可取的。因为智库政策专家有通过持续的努力来平衡关系和调解矛盾的能力,其知识分子的合法性来源于他们的学术自主性,所以智库政策专家的倡议是建立在他们的学术成果之上的,只是他们在倡导政策时有意无意地淡化了自己纯学术性的角色形象。将智库政策专家的学术性看作"假面"的观点过于简单,虽然专家学者的知识成果诞生与应用会受到一系列深刻的政治变革和经济发展的约束[①],但是其在约束下仍努力追求学术,保持自我。

---

① Thomas Medvetz. "Public Policy is Like Having a Vaudeville Act": Languages of Duty and Difference among Think Tank-Affiliated Policy Experts[J]. *Qual Social*, 2010(33): 549~562.

在知识与政策、民众与决策者之间,智库的影响力受到专业知识库的性质、争辩源起的本质、政策议题推进速度、既得利益集团干涉程度等因素的制约。能够引起民众强烈争论的政策议题需要智库专家的专业知识为其背书,反之民众很少关注或没有引起太大反响的政策议题则被智库专家搁置一旁。智库专家对政策的影响力随着政策制定进程的推进而逐渐减弱,越接近尾声,其影响力越小。利益集团是考量智库诚信与公正的一把利器,资源充裕的利益集团运用资金资助智库开展研究时,就已经给智库带来诱惑,这种智库与利益集团之间的交易使得公众越发质疑智库的中立性或独立性。智库既想拥有更多的受众,又要保持其既有的诚信品质,这种客观存在的矛盾伴随着智库发展的始终。对比智库的生存之道就是"持中秉正"以适应不同政治环境,在变化和差异中保持政策知识生产的积极性,通过团队合作,在艰难的政策制定的每个阶段作出应有的贡献。

第六章
中国特色新型智库的逻辑、特性与模式

> 中国特色新型智库是以战略问题和公共政策为主要研究对象、以服务党和政府科学民主依法决策为宗旨的非营利性研究咨询机构。
>
> ——《关于加强中国特色新型智库建设的意见》

"习近平新时代中国特色社会主义思想是新时代中国共产党人的思想旗帜,是全党全国人民为实现中华民族伟大复兴而奋斗的行动指南,是当代中国马克思主义、二十一世纪马克思主义。"[①]中国特色新型智库是习近平新时代中国特色社会主义思想库,是以习近平新时代中国特色社会主义思想为指导,为党政机构的决策提供咨询服务,为社会公共领域政策的制定提供必要的专业知识服务的非营利性研究咨询机构。中国特色新型智库的知识资源是国家治理体系和治理能力现代化的重要组成部分,更是国家对外开放软实力组成不可或缺的要素。实践的需求与发展使科学性、专业性与民主性成为公共决策的必然要求,因而总结归纳新时代中国特色新型智库的逻辑、特性与模式具有一定的意义。

---

① 翁铁慧:《深入研究习近平新时代中国特色社会主义思想的时代意义、理论意义、实践意义、世界意义》,载《中国高校社会科学》,2020年第4期,第4~8,157页。

一、中国特色新型智库的逻辑

中国特色新型智库遵循习近平总书记强调的中国特色社会主义制度具有的深刻的"历史逻辑、理论逻辑、实践逻辑"①,提升智库服务党和政府公共决策的能力,促进党和政府决策的民主化和科学化,促使党和政府在国家治理体系和治理能力现代化的进程中跨上新台阶。

(一)中国特色新型智库的历史逻辑

1. 继承优秀的中华民族智者智慧

习近平总书记指出,"在漫漫历史长河中,中华民族产生了儒、释、道……各家学说,涌现了老子、孔子……孙中山、鲁迅等一大批思想大家……中国古代大量鸿篇巨制中包含着丰富的哲学社会科学内容、治国理政智慧"。在中国历史中,奋发向上、锐意改革的决策层都十分重视智者和谋士在国家治理中的重要作用。早如商和西周时期的"尊老制度"可被视为古代智库雏形的起点,春秋战国时期的"养士制度"则孕育出中国古代智库机构(如稷下学宫),秦汉以降"兴太学以养士""谏议制度"促使古代智库参政议政规范的形式与体系逐步形成,唐宋以降的书院体系、明清"幕府制度"则是中国古代智库形式与体系发展高峰的表现。可见,中国特色新型智库可借鉴稷下学宫"不治而议论""尊贤而下士"参政议政的历史②,吸取秦汉、唐宋、明清等时期智库历史的宝贵经验,在参政议政时统一思想,为党政机构决策提供多样化的选择,确保党政机构决策的科学性、延续性与稳定性,保障智库与党政机构决策部门的建言渠道畅通。

2. 学习党治国理政的优秀经验

习近平总书记指出,"中国有了中国共产党执政,是中国、中国人民、中华民族的一大幸事。只要我们深入了解中国近代史、中国现代史、中国革命史,就不难发现,如果没有中国共产党领导,我们的国家、我们的民族不可能取得今天这样的成就,也不可能具有今天这样的国际地位"。习近平总书记还强调:"我们党历来重视党史学习教育,注重用党的奋斗历程和伟大成就鼓舞斗

---

① 习近平:《习近平谈治国理政》,北京:外文出版社,2020年,第119页。
② 任恒:《论作为智库雏形的稷下学宫——兼论其对当代中国特色新型高校智库建设的经验》,载《社会科学论坛》,2017年第8期,第209~218页。

志、明确方向,用党的光荣传统和优良作风坚定信念、凝聚力量,用党的实践创造和历史经验启迪智慧、砥砺品格。"要实现以中国共产党为领导核心的政治价值,中国特色新型智库就要在为党政机构决策提供咨询服务的同时学习党史,总结党的治国理政经验,学党史光荣传统,会运用党的治国理政的优秀经验。

中国共产党在中华民族富强、复兴之路上,有着丰富的治国理政经验。如中国共产党领导的多党合作制的形成与演变——毛泽东在1940年提出"三三制"、中华人民共和国成立后中国共产党领导的多党合作制度、改革开放以来制定的一系列的具体举措等①。党的治国理政的历史经验表明,从开明绅士、民主党派到智库专家参与国家治理的历史过程来看,其都为中国共产党集思广益、科学决策、依法决策、民主决策贡献了力量。中国特色新型智库随着中国特色社会主义进入新时代而肩负着更大的历史使命,运用党的治国理政的经验,为党和国家实现"两个一百年"奋斗目标,为解决现在遇到的和将来遇到的各类问题、矛盾与情况提供具有前瞻性、科学性、专业性、可行性的公共决策服务。

(二)中国特色新型智库的理论逻辑

1. 学习西方智库的优点

智库是反映国家软实力的重要指标,是提升国家国际竞争力的重要支撑。西方智库在其国家发展过程中具有重要的作用,即帮助国家战略性地选择符合本国发展状况的模式,应对各种情况及来自各个方面的挑战,为国家的强大提供具有战略引领性的思想创新。综观近现代史,大国的崛起与各种类型的智库建设息息相关:英国在工业革命时期热衷于在全球开展文化人类学研究;美国于第二次世界大战之后在世界各地开展社会科学各个领域的"地域研究",当前美国的综合性大学均开设了关于全球各区域、各主要国家的研究中心。西方智库可取之处在于其专注于政策研究,与各种政策团体保持密切的联系,以保证研究成果可被接纳、智库管理科学高效等,这是保证智

---

① 阎小骏:《中国何以稳定:来自田野的观察与思考》,北京:中国社会科学出版社,2017年,第54页。

库具有竞争力的核心要素①。

中国特色新型智库可以有选择地学习、借鉴西方智库的优势,正如习近平总书记强调"对国外的理论、概念、话语、方法,要有分析、有鉴别,适用的就拿来用,不适用的就不要生搬硬套"。2016年4月,习近平总书记指出应"打破体制界限,让人才能够在政府、企业、智库间实现有序顺畅流动。国外那种'旋转门'制度的优点,我们也可以借鉴"。在学习与借鉴西方智库经验的同时,我们要有拿来主义和批判精神,全面系统地分析、研究西方智库体系,并判断这种体系是否能满足中国特色新型智库建设的需要。

2. 中国特色新型智库的理论创新

习近平总书记关于中国特色新型智库的重要论述对中国智库建设提出了总体要求,指明了根本方向,是全球智库理论体系的重要创新,是国内智库建设的思想指导、顶层设计和创新之源。我们在学习与借鉴西方智库先进理论的同时,也必须形成有中国特色的新型智库理论,以满足中国的政治体制、历史文化、经济环境的发展需求。正如构建中国特色哲学社会科学离不开主体性、原创性和个体性一样,中国智库建设"既不能简单模仿'跟着走',也不能一味解释'照着说',更不能刻板照搬'描着写',必须具有立足现实超越现实的理性思维和学术创新"。

习近平总书记从智库政治性的理论高度指出"讲政治""党管智库"是中国特色新型智库与西方智库的主要区别所在,所以中国特色新型智库要坚持党的领导,把握正确方向,加强对党的执政能力提升的理论研究,充分体现中国特色、中国风格、中国气派。中国特色新型智库在坚持中国特色发展的基础上形成多维、多重、多类智库体系,努力建设中国特色新型智库的思想体系、话语体系、知识体系,形成中国特色新型智库的理论体系,摆脱对西方智库理论与体系的依赖和模仿,突破西方智库的概念、命题与推论的理论逻辑体系,从马克思主义哲学、政治学、社会学、管理学、人口学等多学科视角深入社会实践,审慎地研究新型智库理论并有所创新,促进中国软实力的可持续发展。

---

① [美]雷蒙德·斯特鲁伊克:《完善智库管理:智库、"研究与倡导型"非政府组织及其资助者的实践指南》,李刚等译,南京:南京大学出版社,2017年。

（三）中国特色新型智库的实践逻辑

1. 走出去"平视世界"

习近平总书记指出，智库要走出去，放眼全球、"平视世界"，"要聚焦国际社会共同关注的问题，推出并牵头组织研究项目，增强我国哲学社会科学研究的国际影响力"。智库要在多边主义背景下的对外交流中做大做强，在遵循国际智库标准、要求的前提下发展中国特色新型智库事业。

所以，中国特色新型智库要在顶层设计中制定"走出去"的国际化规划，充分利用资源合理布局，搭建对外交流合作平台；在顶层设计中要有"平视世界"的从容与开放态度，要发挥数百万哲学社会工作者的智慧，调动他们重构对外话语权的积极性，做中外对话的知识服务工作，将智库的知识产品宣传出去，在重大议题、事件上发声形成合力，想讲、能讲、会讲与讲好中国故事和中国共产党的故事。智库需要主动对接与吸引国际受众，利用国际网络平台，针对不同区域、不同信仰、不同价值观的人员策划多元化的文化交流、学术研讨等方面的活动，运用外文生产智库报告、出版专著等高质量的知识产品，传播习近平新时代中国特色社会主义思想的新理念，介绍中国特色社会主义建设的新格局，反映中国特色社会主义建设的新阶段，以中国特色社会主义的思想体系、话语体系讲述中国故事和中国共产党的故事，展现中国智慧；倡导多边主义，增强智库的国际影响力与对外传播效应。

2. "接地气"立足国情

习近平总书记强调"我们的重大工作和重大决策必须识民情、接地气"，并且指出"顺应时代潮流，立足中国实际，为中国经济发展进入新常态后培育和注入新动力，全面深化科技体制改革已势在必行"，"建设中国特色新型智库是党中央立足党和国家事业全局作出的重要部署，要精益求精、注重科学、讲求质量，切实提高服务决策的能力水平"。中国特色新型智库要立足中国国情和发展需要，深入研究国内建设遇到的新问题、新情况，形成新时代中国特色社会主义公共政策的新理念、新格局、新阶段、新特点，总结和提炼党的决策与政策发展实践的新规律、新成果、新经验。

习近平总书记强调，"建设国家科技决策咨询制度，要把立足点放在支撑国家发展全局、服务党中央重大科技决策需求上，着力做好机制设计"。新型智库应立足中国国情，发挥其贡献知识、扎根社会、参与决策的功能，贡献知识的功能指在学术知识生产的前提下，智库为政府提供知识产品；扎根社会的功能指以"接地气"的要求为前提,智库对当前社会存在的主要矛盾开展有针对性与专业性的研究;参与决策的功能则指智库为政府提供精准的、具有前瞻性和预测性的问题解决策略与方案①。因此,中国特色新型智库要更加注重立足新时代中国特色社会主义建设的全局谋划,增强党政机构治理体系改革的协同性、整体性与系统性。

二、中国特色新型智库的特性

(一)政治性和社会性并重

智库的政治性在于与决策层保持紧密的联系,而决策层有着维护自身政党的明确的政治主张,所以智库报告的方式、内容和结果的政治立场与决策层一致。智库的社会性在于智库关注社会各界的利益问题,其报告也成为社会民众根本利益的表达渠道之一,成为具备社会信任、促进社会发展、凝聚社会共识的知识平台。

中国特色新型智库在应对公共领域问题时,需要做到政治性和社会性并重,讲政治是智库参与决策圈层活动的必要条件,社会性是智库扩大社会影响的前提。公共领域问题特别是突如其来的公共危机事件通常会引发社会恐慌以及社会自主性较弱等社会治理方面的问题,所以中国特色新型智库要具备坚持社会主义核心价值观的引导、坚持中国共产党的领导等政治立场,深入分析危机中的焦点问题,通过向社会各界提供专业知识服务来满足社会民众的需求,进而获得政治性和社会性的有机融合。智库具备政治性的关键在于智库在建设过程中要担负起马克思主义继承与创新的政治责任;智库具备社会性的关键则是满足面对全球公共危机时,人类命运共同体生命健康等方面的诉求。政治性和社会性并重,要求中国特色新型智库坚守为中国特色社会主义建设服务的政治责任,同时坚守为全球人类命运共同体可持续发展服务的社会责任。

(二)多样性和针对性并举

所有的智库报告都具备多样性和针对性并举的特征。以欧洲高端智库

---

① 毛光霞:《从"供智"到"共治":高校智库共治共同体的发展导向》,载《情报理论与实践》,2020年第10期,第63~68,38页。

欧洲政策研究中心(CEPS)为例,其在提出政策议题、形成报告等阶段表现出多样性——CEPS为欧盟决策层应对新型冠状病毒感染疫情带来的经济领域的债务问题时,就提出了欧洲中央银行应宣布准备购买陷入困境的政府债券、发行欧元区联合债券、首次公开发行智库政策私募基金、"直升机撒钱"、发行社会债券五种应对策略。执行和评估政策阶段的智库政策有着明显的针对性,例如有针对性地汲取抗疫经验——介绍和学习中国抗"疫"胜利的举措及中国经济活动快速恢复等方面的经验,且有针对性地开展样本调查,创建标准化的欧洲测试样本以寻找出病毒的传播路径[①]。

针对公共领域问题,智库仅提出一种观点或对策对于决策者和社会公众而言是不能接受的。他们期望看到更多的智库在对同一问题进行分析后提出多种策略,以便让他们拥有更多的选择内容和选择机会,为其解决问题提供更多的思路。因此,中国特色新型智库在提供智库报告时要做到多样性和针对性并举,即明确自身的专业背景,依托智库学者的专业知识提出解决公共领域危机的研究方法、研究工具和研究路径,在提供决策服务的过程中有针对性地抓住公共领域危机事件的软肋,提出多种可行的科学策略,从而使智库拥有长远发展的战略眼光,增加智库知识生产原创性的效度,提升智库为决策机构服务的信度,以获得决策层和社会各界的支持与认可。

(三)反思性和警示性并存

智库的研究报告在政府政策实施阶段具有严谨的反思性和警示性的价值立场,能够直面政府举措中的问题。例如在应对新型冠状病毒感染疫情时,欧盟及其成员国政府采用数字技术进行封锁和隔离,从关闭成员国之间的边境到政府与移动运营商合作开发跟踪警报应用程序,数字技术应用的措施清单越来越长。对此欧洲高端智库作出的反思和收到的警示是:传染高峰过去后,政府何时可以取消封锁与隔离,在封锁与隔离过程中如何确保公民的权利? 政府是否应该使用新的措施来监控与感染者接触的公民? 这些措施是否会被视为侵犯隐私的措施而遭到拒绝,或被视为保护(健康者)自由行动的基本权利的措施而得到支持?

中国特色新型智库在应对公共领域问题时,也应持有反思性和警示性并

---

① 于丰园:《欧洲高端智库对公共危机事件的研究透视——以欧洲政策研究中心为例》,载《情报杂志》,2020年第11期,第76~81页。

存的价值立场。中国特色新型智库拥有反思性的关键在于坚守民主法治,即依法为政府提供危机预警、决策解读咨询等方面的服务。智库在建设过程中,应遵守国内法律依法运作,避免出现以盈利为导向的舆论引导和研究结果,用法律保障智库报告实事求是的权利和研究成果的科学性。中国特色新型智库拥有警示性的关键在于研判公共领域事件要有预见性、超前性和果断性。反思性和警示性并存要求中国特色新型智库在应对公共领域问题的决策过程中具有统一性,即在反思政策的基础上持有审慎的危机警示意识,能够阻止同类公共事件出现或者对同类公共事件保持警惕心而发挥预警和预判的作用。

(四)新闻性和知识性同步

通常智库报告包括新闻简报、网络论坛发文、研究报告等多种类别,表现出新闻性和知识性同步的特征。中国特色新型智库在面对公共领域问题时,应根据时效要求提供具有新闻性的智库报告,以满足社会各界的认知需要;同时根据所涉及的专业领域提供具有知识性的智库报告,以满足决策层科学决策的需要。中国特色新型智库的知识性体现在专业领域内策略性知识、程序性知识等知识的生产、应用与创新上,中国特色新型智库的新闻性则表现为及时解读政府政策、面向民众普及公共危机事件常识、做好舆情引导等。

新闻性和知识性同步能够提升智库社会、学术和国际方面的影响力,即快速聚焦于舆情热点,在针对公共危机事件或专业领域内的特定事件时协同创新,为社会各界提供报告,扩大智库的社会影响力;将研究范围延伸至全球各地,以智库自身为核心,形成包括整个大中华区和其他地区在内的智库研究机构知识生产与创新的网络平台,扩大智库的学术影响力;加强与各界人士的交流和合作,建立知识共享会员制,在全球范围内招募会员,扩大智库的国际影响力。

三、中国特色新型智库的"一导二连三创四知五服"模式

(一)以习近平新时代中国特色社会主义思想为指导

"习近平新时代中国特色社会主义思想,把马克思主义基本原理同新时

代中国具体实际结合起来,提出了一系列具有原创性战略性的思想理论成果"①。中国特色新型智库应以习近平新时代中国特色社会主义思想为统领,深入贯彻落实党的二十大精神,深入学习领会习近平总书记关于中国特色新型智库的重要论述。中国特色新型智库建设应具有坚持中国共产党领导核心的政治价值、展现专业化的学术价值、以服务人民为宗旨的社会价值、实现文化繁荣的文化价值、以问题为导向聚焦经济发展的经济价值。

2017年,习近平总书记在党的十九大报告中指出,要"全面增强执政本领……坚持战略思维、创新思维、辩证思维、法治思维、底线思维,科学制定和坚决执行党的路线方针政策"。这是中国共产党对决策实践经验的总结和运用,是经历量的积累到质的根本变化后形成的新时代决策思维方法,因此,中国特色新型智库要坚持灵活运用辩证思维、战略思维、创新思维、法治思维、底线思维,为科学制定和坚决执行党的路线方针政策服务。中国特色新型智库还要坚持习近平总书记在关于中国特色新型智库的重要论述中明确与肯定的价值取向、逻辑体系、思维方法、知识路径等,重构智库的运行机制、管理方略、组织体系、框架结构等,通过政府、智库、企事业机构、社会机构等全要素参与的协同创新,积极探索智库建设的质量提升、机制改革、制度保障等内容。

(二)连接知识与政策、民众与决策者

智库是一个桥梁,是新知识与新政策的经纪人,肩负着弥合知识与政策间的鸿沟的使命,是广大民众与决策者的黏合剂,是思想与行动的"掮客",是理论与实践的结合者。中国特色新型智库掌握评价性与非评价性知识、经验知识与非经验知识、自然知识与社会性知识、显性知识与隐性知识等各种类型的知识,以专家身份参与政策议题提出、制定、实施与评价等过程,成为连接知识与政策的桥梁。智库的知识演化离不开党政机构的支持,而国家治理体系与治理能力的现代化也离不开智库的知识储备与创新,两者之间相互合作、相互利用,使得知识与政策在权益上相互遏制而达到平衡。

新时代中国特色社会主义建设时期,公共领域政策的参与者包括党委组织、政府机构、民主党派、企业、智库、媒体、民众等,政策参与者因各自的知识

---

① 李雪:《以习近平新时代中国特色社会主义思想指导新型智库建设——黑龙江省社会科学院副院长王爱丽访谈录》,载《经济师》,2019年第9期,第6~8页。

属性不同而存在知识方面的差异。民众与决策者之间的知识势差、民众知识的不平衡态势要求民众更加主动地提升自己的地位,进而导致民众强烈需要智库专家知识来弥补自己知识不完备之处。智库专家的知识传播,导致民众—智库专家—决策者等之间的知识流产生,打破了知识势差。中国特色新型智库引导民众主动应对社会公共领域的问题或危机,调整个体与社会之间的相互关系而达到和谐,同时通过筛选、共享知识开展对策研究,在知识生产过程中综合、全面地传递民情、转达民意,保存自己帮助决策者作出理性判断的科学信息或大数据,避免遗漏与社会公众有关的关键信息。

(三)文化创新、理论创新与技术创新

中国有着悠久的智囊历史,历代历朝国家治理中的知识分子传承"天下为公""为政以德""亲民爱人"等政治文化,创造出屹立于世界之林的优秀的中国智库文化。中国特色新型智库在继承中国优秀的智库文化的前提下,批判地、审慎地与西方智库开展文化交流,在经院式文化创新的基础上,批判地吸收其优点,并将优点融入新时代中国特色社会主义新文化建设之中,营建积极向上、经世务实、踔厉奋发的智库文化。智库文化创新是智库内涵发展的重点,以习近平新时代中国特色社会主义思想为指导,形成中国特色新型智库核心价值观,以高质量、创新型、专业化为智库建设标准,在理念、制度、组织、实施等方面培育和涵养具有中国特色的智库文化,形成良性的中国特色新型智库文化生态。

理论创新是新时代中国特色社会主义建设的必然要求与根本需要,是推动中国特色新型智库高质量发展、更好地服务于国家治理的保证。中国传统的智囊、幕僚文化虽然对中国智库文化有着深远的影响,但是并没有促使体系完整的智库理论形成。中国特色新型智库在学习西方智库理论的基础上,对智库的实践开展跨学科、跨边界、跨时空的理论探索,以习近平新时代中国特色社会主义思想为指导,力争在智库基础理论、研究方法、研究内容、研究结构等领域形成新的突破。如中国科学院大学公共政策与管理学院潘教峰基于对智库基本逻辑体系和方法论的系统研究,创新性地提出智库双螺旋研究方法,对中国特色新型高校智库的研究和建设有着重要价值与意义①。

---

① 潘教峰:《智库研究的双螺旋结构》,载《中国科学院院刊》,2020年第7期,第907~916页。

中国特色新型智库可持续发展的运作模式不断面临新技术的变革与挑战,其进行政策分析研究的能力将取决于智库对大数据、AI等新技术的运用,这些快速发展的新技术会影响智库的知识生产模式与产品质量。在信息流动迅捷的时代,中国特色新型智库在为决策者解决具体问题提供政策解决方案及有针对性的建议时,要有"下先手棋"的意识,开展技术创新,加强与媒体等的合作,提高智库知名度;深入年轻的群体,开展战略规划以获得更多新的目标受众;随时准备发现问题并提出解决方案,以多种方式加强与社会公众、决策者的合作。如在计算机庞大笨重的年代,哈佛大学费正清中国研究中心(即费正清中心)(FCCS)前主任霍夫亨兹就创新性地思考怎样在社会科学研究中应用这种新设备。他超前性地将文献资料以电子文件的方式置于"网上"供多人查阅使用,建立了"中国信息中心",运用计算机软件程序进行专题设计,促成研究中心中国研究领域的技术改革①。

(四)以知识传承、知识生产、知识共享、知识应用为基础

专业知识是智库发挥咨询作用的基础,智库的知识传承、知识生产、知识共享、知识应用能够深刻地对政策议题提出、政策谋划与政策实施产生影响。

中国特色新型智库的知识传承是高校人才培养的一部分,是人才质量提升的重要因素。智库在政策制定过程中的一个重要作用就是,为各级各类政府治理体系和治理能力现代化提供充足的人才储备与人力资源。其中,高校智库承担大力培养智库青年人才的职责,其指导与培养年轻人对领导能力多元化的智库的建成至关重要。高校智库可从知识传承的角度出发,帮助学生获得学习收益,培养学生拥有跨学科视野、运用定量研究方法、提升实习实践技能,吸引有志于研究公共政策的青年才俊,致力于实现中国特色新型智库在全球智库体系中竞争力与影响力的提升。

政策制定中的"不完备知识"的表现之一就是问题的棘手程度、复杂性导致解决问题所需要的知识超出当时的知识范围。这对中国特色新型智库提出知识生产模式"进化"的新要求,即要求智库发现新知识。所以,中国特色新型智库的知识生产以问题为导向,以超出单个学者与单一学科的视野,实现知识生产模式从1、2到3的不断演进,进而生产出跨学科、跨边界、跨时空

---

① [美]薛龙:《哈佛大学费正清中心50年史:1955~2005》,路克利译,北京:新星出版社,2012年,第70~80页。

的高质量的智库产品①,这对党政机构的政策决策者、社会民众、商界企业精英高管和掌握公共舆论信息的媒体都颇有裨益。中国特色新型智库的知识生产不断地寻求知识与政策之间的平衡,鼓励智库学者不断地形成新的理论和发现新知识,进而对国家治理的方针、政策规划产生影响。

　　知识共享是中国特色新型智库内涵提升的重要路径,而科学技术的发展促使国内外智库学者知识共享的方式、内容等发生重大变化。大型智库资源雄厚,可以通过组织机构的设置与人员配置去发展伙伴关系。小型智库虽然资源有限,但其在建立合作伙伴关系上更有优势:可以提供更加具体的专业知识,探索政策研究的新领域与新路径,发展多边伙伴关系,激发智库的潜能,让智库在国家、区域与全球问题上分享专业知识并达成共识。中国特色新型智库共享的知识包括隐性知识与显性知识,通过智库学者之间的交流与沟通、外部与内部的融合活动,其借助于知识管理系统与现代高科技手段实现知识流动,提高智库成员学习的有效性,改善智库团队的知识结构,提升智库专家与员工的能力,促进智库工作流程的规范与完善,创设开放、多元、创新的智库文化环境。

　　智库的知识应用特指其参与决策的各个阶段的具体表现,即智库知识在提出政策议题、开展政策解读、参与政策实施、进行政策评估中应用的质量、程度及范围的反映,显示智库在政策制定过程中的决策影响力、学术影响力、社会影响力与国际影响力等②。面对当前全球日益紧张的贸易关系、经济动荡、气候变化、大规模移民、腐败等传统和非传统安全问题,智库坚定地进行政策研究,致力于以严谨的态度追求政策的可行性和创新性,在运作方式上作出回应与改变,找到解决当代公共政策问题的新办法。中国特色新型智库的知识应用要求增加制度供给,建立严格科学的追责与考核机制,促使决策者努力学习智库的研究成果,鼓励决策者主动听取智库专家的意见等;要求发展知识市场,开展知识交易,通过购买、委托、立项、设立基金等方式,提高智库专家将学术知识转化为实用知识的积极性与主动性。

---

　　① 于丰园:《知识社会中的大学教师教学能力发展途径研究》,北京:海洋出版社,2016年,第115页。

　　② 于丰园:《21世纪中国教师政策研究的特征、趋势与展望》,载《集美大学学报(教育科学版)》,2022年第2期,第8~18页。

（五）为党政机构、学术界、商界、媒体界和民众服务

中国特色新型智库的宗旨之一是服务党和政府科学民主依法决策，即坚持以习近平新时代中国特色社会主义思想为指导，以党政机构决策为中心，为党政机构提供高质量的智库产品，体现中国气派、中国风格与中国特色。这要求党政机构关注中国特色新型智库的建设与发展，增加投入以提升智库理论创新与实践创新的能力，为智库专家从事实证研究提供平台、数据与信息等，为智库专家主动参与决策提供畅通的渠道。智库积极地为党政机构重大政策议题的提出、制定、实施与评价提供科学论证，并及时发布研究报告、政策简报等智库产品，提升智库服务党政机构民主决策与科学决策的能力。

中国特色新型智库的目标是为学术界开展战略问题和公共政策研究提供服务。研究院、研究所、研究中心等研究机构有着浓厚的学术意识、较强的学术自治能力、严谨的学术探索精神和较大的学术影响力等，这是学术机构的优势所在。但是在战略问题和公共政策研究领域，智库则需要打破学术界原有的知识惯性，这也是智库的重要目标之一，即通过智库的学术平台，发挥学术界专家理论功底扎实的优势，为学术界提供跨学科的团队合作服务，引导学术界发现、提出、分析与解决公共领域中的战略性问题、前瞻性问题，促使学术界积极投入对公共领域应用问题和重大策略问题的研究，以期在知识应用中取得更大的突破。

中国特色新型智库还应为商界提供高质量的技术与发展对策服务。虽然以企业为主力的商界有自己的技术研发中心、发展战略研究部等研究机构，但是这些机构多从行业、利益角度出发而开展。而中国特色新型智库的研究是基于整个社会可持续发展的理念，突破行业局限，从系统性、全局性与社会发展的角度开展。可见，中国特色新型智库可以成为商界的强大伙伴，促使有序的合作关系形成，迅速把握全球市场发展规律，帮助商界重点行业产业调整产业结构、明确产业技术方向、制定产业政策，为商界提供优质的、精准的发展对策服务。

中国特色新型智库有着舆论引导的作用，这也决定了智库应为媒体界掌握理论主动权、占据舆论制高点提供知识服务。智库通过加强与媒体界的合作，充分利用媒体平台、技术等资源，及时宣传智库的知识产品而增强影响力，在社会舆论中积极发声。智库通过学术话语体系创新，为媒体界提供

中国特色社会主义建设传播战略、传播内容与传播方式等方面的信息，帮助媒体界打造积极创新、锐意进取的开放形象。在智库的帮助下，媒体界可成为凝聚中国人民奋斗精神、增强中国人民的公众意识的战略高地，能帮助民众进一步认识与理解党和政府的战略目标规划、方针政策等。

中国特色新型智库的宗旨之一是为实现人民群众的幸福美好生活服务。密切联系人民群众是中国共产党最大的政治优势，也是中国共产党领导中国特色新型智库建设的绝对优势。智库需要走出"象牙塔"，"接地气"，深入人民群众生活的每一寸土地、每一个角落，了解人民群众幸福美好生活的根本需要，从人民群众根本利益出发，积极开展调查研究；以人民群众生活中的现实问题为导向，从学术角度、理论高度分析人民群众的期望与诉求，生产出立足中国大地的智库产品，撰写民主、公正、科学、专业的决策咨询与研究报告等，从而加强党政机构与人民群众的联系。中国特色新型智库践行以人民幸福美好生活为中心的理念，维护社会公平正义，深入群众、依靠群众，成为连接人民群众与党政机构决策者的桥梁，着力为解决发展不平衡不充分问题、人民群众所急难愁盼的问题提供科学的解决方案，促使全体人民共同富裕的事业取得更大进展。

第七章
中国特色新型高校智库政策文本的量化研究

> 政策和策略是党的生命,各级领导同志务必充分注意,万万不可粗心大意。
>
> ——毛泽东

2012年,在中央经济工作会议上习近平总书记强调,"健全决策咨询机制,按照服务决策、适度超前的原则,建设高质量智库"。2013年4月,习近平总书记指示要加强中国特色新型智库的建设,将智库发展视为国家软实力的重要组成部分,智库建设从此被提到了国家战略的高度。2013年5月,教育部召开"繁荣发展高校哲学社会科学 推动中国特色新型智库建设"座谈会,时任国务院副总理刘延东在会上传达了习近平总书记的批示,强调高校要发挥独特的优势,为建设中国特色新型智库贡献力量。2014年2月,教育部印发《中国特色新型高校智库建设推进计划》的通知,此后各省(区、市)教育厅和各级各类高校纷纷出台关于特色新型高校智库建设的政策与方案。

中国高校智库政策复杂,拥有侧重于管理现代化和知识服务的政策体系。合理的政策结构应该是政策目标与政策手段的有机结合,高校智库政策依靠政策工具作用于政策影响对象——智库活动的场域背景,如此政策作用才能实现预期的目标。高校智库政策的现代化管理建设驱动与专业知识服务驱动交融形成政策群,是国家治理体系和治理能力现代化的必然要求,是引导和组织政府部门及其他社会机构直接或间接参与智库政策制定的重要媒介及运作模式。

一、高校智库与政策工具

(一)中国特色新型高校智库现状

2019年度《清华大学智库大数据报告》收录了1065家国内知名智库名录,其中军队智库2家,科研院所智库24家,党校行政学院智库54家,社科院类智库69家,企业、社会智库148家,党政部门智库157家,高校智库611家。高校智库的数量占绝对优势,体现出高校智库在中国智库体系中占据重要的位置。高校智库发展是智库政策发挥效能的重要体现,完善和健全的智库政策体系是中国高校智库建设的强力支撑。在关注中国高校智库理论研究和实践探索之时,我们还需要科学地运用政策工具中的多种技术、手段和方法来实现高校智库政策目标,并且明确高校智库的角色担当、功能定位、效能提升和外部参与,使智库政策在高校智库建设过程中发挥根本的作用。

高校智库已经成为学界、政界、媒体、资本和社会关注的热点话题。分析智库研究成果可知,西方学术界从政治学视角的宏观研究、决策过程视角的中观研究和知识运用视角的微观研究三个方面解释智库的内涵,通常认为高校智库接近于中观和微观研究意义上的智库[1]。当前中国高校智库研究的方法与动态体现在研究领域开拓、向知识生产模式转变、采用院校研究、注重应用研究、加强比较研究、成果发表转变六个方面[2]。高校智库研究聚焦于以下四个方面:高校智库基础理论研究领域,主要围绕高校智库的功能、特征以及运行机制等基础理论问题进行深入的探讨;新型高校智库的类型及其所涉领域的研究,主要包括双一流高校智库、一带一路智库、高校智库联盟等;国内外高校智库的比较研究,主要研究、分析、对比欧美高校智库的经验与模式;高校智库实践探索与建设路径研究,主要研究高校智库建设现状、存在困境、运行机制、团队培养等[3]。

---

[1] 全守杰、王运来:《高校智库的涵(含)义与特征》,载《现代教育管理》,2016年第1期,第38~42页。

[2] 于丰园、于群英:《中国高校智库研究进展及启示——基于文献计量分析》,载《情报杂志》,2017年第1期,第72~76页。

[3] 孙瑞英、马晓伟:《面向高校智库研究的多层次作者、主题与文本内容的演化分析》,载《情报科学》,2020年第3期,第167~176页。

(二)政策工具

国外学者在20世纪80年代开始运用政策工具对政策绩效进行评价[①],国内学者随后开始重视政策研究,研究政策的主要方法之一就是对政策文本进行量化分析。在中国知网高级检索篇名栏中输入"政策工具"进行检索发现,自2010年以来的每年度的"政策工具"文献数均超过100条,2018年度、2019年度更是超过200条。这些数据说明各个领域的学者以自身专业领域为基础对政策工具开展定量研究,如对高校协同创新中心政策[②]、科技金融发展政策[③]、新能源发展政策[④]、"互联网+医疗健康"政策[⑤]、教师政策[⑥]等的特征及规律进行研究。

综上所述,国内高校智库是研究热点,政策工具分析方法是政策研究量化分析的重要方法。可见,"高校智库政策"是值得学界关注与探索的。虽然中国高校智库研究成果数量较多且质量较高,但从政策工具视角对国内高校智库政策进行量化研究的成果并不多见。为了弥补高校智库政策量化研究的不足,本研究运用政策工具,借鉴智库研究成果,基于政策工具理论和内容分析法构建研究框架,收集2013年至2019年发布的60多份中央、地方以及有关高校颁布的智库政策文件,从中选取24份政策文件样本,运用内容分析方法和maxqda软件,对高校智库政策进行全面和系统的分析。以量化分析智库政策文件中政策工具的选择和应用的科学性,并找出存在的主要问题,为优化高校智库政策工具选择提供合理有效的建议。

---

① 熊小刚:《政策工具视角下中国"双创"政策内容分析及优化建议》,载《软科学》,2018年第12期,第19~23页。

② 朱健、何慧:《地方高校协同创新中心政策文本研究——基于政策工具与创新价值链二维视角》,载《高教探索》,2020年第4期,第30~35,61页。

③ 黄新平、黄萃、苏竣:《基于政策工具的我国科技金融发展政策文本量化研究》,载《情报杂志》,2020年第1期,第130~137页。

④ 曹丽媛、王伟:《我国新能源发展政策工具创新研究》,载《华北电力大学学报(社会科学版)》,2018年第6期,第7~13页。

⑤ 孙昌赫等:《基于政策工具的我国"互联网+医疗健康"政策内容分析》,载《中国卫生经济》,2020年第1期,第13~17页。

⑥ 于丰园、陈江岚:《教师政策话语体系与工具选择的价值逻辑》,载《教育研究与实验》,2021年第6期,第76~79页。

二、分析框架

本研究选择了两个维度,即政策工具与政策作用场域,构建出中国高校智库政策的分析框架,对高校智库政策进行量化研究和质性诠释。

(一)政策工具——X 维度

各类政策体系的交互、协同、创新,政策工具的支撑、搭配、互补是实现智库科学、专业、具有前瞻性地"参政、议政"的根本方法。本研究在国内外相关研究基础之上,采用 Rothwell 和 Zegveld 提出的政策工具研究方法,依据国内学者运用较多的分类标准,以需求型、供给型和环境型三个政策类型为标准划分智库政策工具[1],较为清晰地展示了政策工具在政策制定过程中的积极作用和深远影响。对高校智库发展起到直接拉动作用的是需求型政策工具,而起到推动作用的是供给型政策工具,环境型政策工具则间接影响智库的发展。

供给型政策工具是指政府机构支持高校智库的基础建设、人才培养、资金投入、技术支持和公共服务等举措。供给型政策工具直接引导和推动高校智库参与政府决策,帮助高校智库生产新思想和新知识,体现了"自上而下"的政府主导的特点。

环境型政策工具是指政府部门努力营造健康的环境而对高校智库建设系统的全要素产生有利的影响,间接影响智库的知识管理、知识服务、知识共享和知识流动,激励高校智库积极开展服务政府的思维创新活动的举措。目标规划、法规管制、税收优惠、金融支持和策略性措施为环境型政策工具的五个组成部分。

需求型政策工具是指政府部门在高校智库建设和发展过程中,解决可能存在的障碍和减少不确定性,从而为高校智库的参政、议政提供帮助和支持的举措。需求型政策工具主要通过知识市场和部门协同等措施取得良好的效果,可细分为政府采购、直接委托、科研合作、海外交流等类型。

---

[1] Rothwell R, Zegveld W. An Assessment of Government Innovation Policies[J]. *Review of Policy Research*, 1984(3): 436~444.

(二)政策作用场域——Y维度

政策工具所关心的机构的组织文化限制了政策工具的选择,与相关机构的联系、问题所在的背景、政策工具的应用和行为主体的范围也会影响工具的选择①。所以,高校智库政策制定主体在制定政策时,需要着重考虑其作用对象、方式和过程等的内在发展规律,这样才能使政策工具有效地揭露高校智库政策运行方面的问题,使政策作用场域的变化映射在这种内在的发展规律的表现上。所以,反映内在规律的高校智库活动圈层成为政策有效性分析的重要维度之一。

在各级各类政府、企事业等社会组织机构科学决策的背景下,中国高校智库政策重点在于推动各类高校智库的创建、管理等,旨在建设高水平的高校智库。关于高校智库活动类型的论述在学界有多种观点,有学者指出基金、政府、媒体、学术共同体分别代表着"资金""政策""传播""知识"四个智库主要活动场域,与智库发生着"资金流""政治流""信息流""知识流"输入输出的关系,智库与这些组织机构场域错综复杂地交织在一起②。智库的价值就在于它们的国际影响力、学术影响力、社会影响力和决策影响力,所以有学者认为,智库活动带来的影响由内而外地起作用③。基于前述论文,结合中国高校智库活动场域现状分析,根据高校智库发展内涵、特征及其作用层面,本研究将高校智库政策作用场域划分为决策层、学术界、媒体界、资本层、国际化五个主要层面。

(三)二维分析框架的构建

将X轴的智库政策工具、Y轴的高校智库政策作用场域进行二维结合,进而构建政策工具视角下的中国高校智库政策分析框架(图7-1)。

---

① [加]豪利特等:《公共政策研究:政策循环与政策子系统》,庞诗等译,北京:生活·读书·新知三联书店,2006年,第229页。

② "中国智库透明度研究"课题组:《中国智库透明度报告》,载《智库理论与实践》,2017年第1期,第63~82页。

③ 钱再见、高晓霞:《中国特色新型智库影响力的生成逻辑、作用机制与提升路径——基于多维理论视角的学理分析》,载《智库理论与实践》,2019年第3期,第1~10,16页。

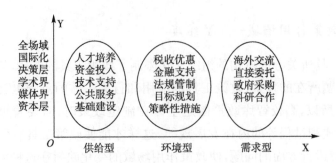

图7-1 中国高校智库政策分析框架

三、政策文本的选择及编码

(一)高校智库政策样本

本书全面系统地采集了各级各类政府与高校发布的关于智库发展的正式文件。一是通过访问发布中国高校智库政策的政府网站,如国务院、教育部,逐条细读信息公开栏中的政策文件,采集得到关于中国高校智库发展的政策文本;二是以"智库""中国特色新型智库"等为关键词,检索北大法宝数据库、中国知网、政策文件库等网站,采集有关高校智库的政策文本信息。

鉴于收集的政策文本数量多、内容繁杂,为确保政策文本具有政策代表性和研究准确性,本书遵照以下原则对所收集的数据进行筛选和整理:一是以2013年11月党的十八届三中全会提出"加强中国特色新型智库建设"为政策时间起点,收集各级各类政府部门颁布的促进中国高校智库发展的政策文本;二是由中央、省级、地级党政机关和高校发布的政策;三是政策文本的具体内容要与高校智库的建设、发展有着密切的关系,直接包含或体现促进高校智库发展的意图、举措、方法等;四是政策主要包括通知、规划、办法、方案、意见、公告等体现政策意图的文件,高校智库的评价标准、领导批复、工作报告、会议通知等非正式文件则不计入。经过筛选,我们最终选取了与"智库"相关的各个层面的文本24份(表7-1)。

表 7-1 中国高校智库政策文本一览

序号	政策主体	发布单位	政策名称	发布时间
1	政府	中共上海市教育卫生工作委员会、上海市教育委员会	《关于加强上海高校新型智库建设的指导意见》	2013年11月13日
2		教育部	《中国特色新型高校智库建设推进计划》	2014年2月10日
3		云南省教育厅	《云南高校新型智库建设实施方案（试行）》	2014年9月15日
4		天津市教育委员会	《天津市高校智库决策咨询研究成果资助办法(试行)》	2014年11月17日
5		中共中央办公厅、国务院办公厅	《关于加强中国特色新型智库建设的意见》	2015年1月20日
6		广东省教育厅	《广东省特色新型高校智库建设实施方案》	2015年5月27日
7		吉林省教育厅	《吉林省高校新型智库建设实施方案》	2016年11月8日
8		浙江省教育厅	《浙江省新型高校智库申报认定工作的通知》	2016年10月12日
9		福建省教育厅	《关于做好2018年高校特色新型智库立项建设工作的通知》	2018年4月23日
10		上海市教育卫生工作委员会	《上海高校智库内涵建设计划实施方案》	2018年7月10日
11		宁夏回族自治区教育厅	《宁夏新型高校智库建设管理办法（试行）》	2018年7月10日
12		辽宁省教育厅	《辽宁省高等学校新型智库建设实施方案(试行)》	2018年9月27日
13		陕西省教育厅	《陕西高校新型智库管理办法》	2018年10月9日
14		河南省教育厅	《关于成立河南省高校智库联盟的通知》	2019年1月8日

续表

序号	政策主体	发布单位	政策名称	发布时间
15	高校	天津师范大学	《关于加强新型智库建设工作的意见》	2014年10月17日
16		内蒙古民族大学	《关于加强新型智库建设的实施方案》	2015年2月8日
17		杭州师范大学	《人文社会科学振兴计划"智库建设"项目实施方案》	2015年5月29日
18		贵州大学	《贵州大学新型智库建设实施方案》	2017年3月7日
19		高校高端智库联盟	《高校高端智库联盟公约》	2017年9月20日
20		上海师范大学	《新型智库建设与管理办法》	2017年6月
21		湖南师范大学	《关于进一步加强新型智库建设的实施意见(试行)》	2018年4月13日
22		桂林电子科技大学	《人文社会科学特色新型智库建设方案(试行)》	2018年9月27日
23		江南大学	《江南大学关于加强新型高校智库建设的意见》	2019年3月21日
24		天水师范学院	《天水师范学院新型智库建设实施方案》	2019年12月4日

(二)单元编码

根据文件名,我们将24份政策文本施以分类编号,将基本分析单元定为政策文本中的某一具体条款,通过质性数据分析软件maxqda,根据本文X-Y二维分析框架,遵守"政策编号—章节序号—条款序列"的标准予以单条编码分类,形成高校智库政策文本内容分析单元编码表(表7-2)。在此需强调的是,如果一项政策条款没有明确指明其措施归属于政策活动场域的某个层面,那么就用"全场域"对其进行编码。

表 7-2　高校智库政策文本内容分析单元编码

序号	政策名称	内容分析单元	编码	政策工具	作用活动场域
1	《加强上海高校新型智库建设的指导意见》	建设高水平国际化学术交流与合作平台	1—2—2	海外交流	国际化
...	...	...	...	...	...
4	《关于加强中国特色新型智库建设的意见》	高度重视智库建设	4—6—23	策略性措施	决策层
...	...	...	...	...	...
24	《关于加强新型高校智库建设的意见》	经费保障,加大投入力度	24—5—3	资金投入	资本层

四、政策文本量化分析

（一）高校智库政策分类统计分析

对政策文本形式进行统计分析可知,24 份政策文本样本呈现出多样化的特点(表 7-3)。引导政策实施的意见、方案、通知、公约文本占样本总量的 75.0%,体现出我国为促进高校智库发展而颁布的政策多数为自上而下的指引性、战略性政策。而以办法、计划等形式出台的可操作的政策数量相对较少,在政策文本总量中占比仅为 25.0%,与引导型政策和扶助型政策的数量相差甚远。在此需要强调的是,以法律形式发布的高校智库政策还未出现。对占比数据进行对比分析可知,当前高校智库政策执行力度和法制水平还有待加大与提高,高校智库政策在执行层面和法律层面的应用需要加强。

表 7-3　政策文本形式统计

方案	办法	意见	通知	计划	公约
9	5	5	3	1	1

（二）基本政策工具维度分析

根据表 7-4 统计出的高校智库基本政策工具维度结果可见,环境型政策工具(238 条)约占使用总数的 44.7%、供给型政策工具(217 条)约占比 40.8%、需求型政策工具(77 条)约占比 14.5%。供给型政策工具的频数最大,说明从中央到地方的各级政府高度重视和直接推动智库发展,为智库发展提供较多的公共服务与人才培养等方面的条件;环境型政策工具使用频率较高,说明中央到地方的各级政府比较重视环境智库发展的影响,为智库发展提供策略性举措和法规管制等方面的支持。表 7-4 反映出供给、环境与需求型政策工具在使用程度上差异显著,基本上反映了我国政府主导的"自上而下"的政策制定强效供给的特征。

表 7-4 政策工具分布统计

类型	名称	条数	占比
环境型	法规管制	132	44.7%
	策略性措施	73	
	目标规划	29	
	税收优惠	3	
	金融支持	1	
供给型	公共服务	64	40.8%
	人才培养	47	
	资金投入	40	
	基础建设	39	
	技术支持	27	
需求型	海外交流	37	14.5%
	科研合作	36	
	直接委托	3	
	政府采购	1	

如图 7-2 所示,法规管制(132 项,55.5%)在环境型政策工具中使用频率最高,并且是在所有政策工具中占比最大的一类;其次是策略性措施(73 项,30.7%),详细分析后发现运用较多的法规管制、策略性措施之类的政策工具主要集中在意见类、办法类、方案类、通知类文本中。而目标规划、税收优惠和金融支持等政策工具使用较少,分别为 29 项(12.2%)、3 项(1.3%)与 1 项(0.4%)。

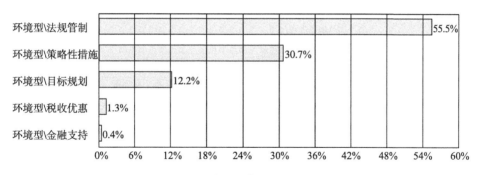

图 7-2 环境型政策工具比例结构

由图 7-3 可见,公共服务(64 项,29.5%)在供给型政策工具中使用频率最高,其次是人才培养(47 项,21.7%)、资金投入(40 项,18.4%)、基础建设(39 项,18.0%)、技术支持(27 项,12.4%)。这说明高校智库政策在选择供给型政策工具时倾向于采用公共服务、人才培养等直接推动智库发展的策略,通过提供服务、人力等方面的支持为智库建设提供动力。但是在资金投入、基础建设和技术支持等方面,政府投入的较少,这在一定程度上制约了高校智库的发展。

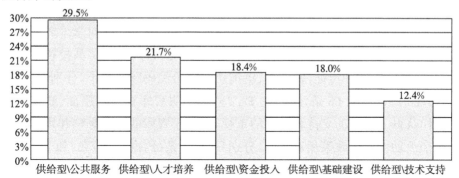

图 7-3 供给型政策工具比例结构

如图 7-4 所示,海外交流(37 项,48.1%)和科研合作(36 项,46.8%)在需求型政策工具中使用频率较高,这说明政府对于高校智库的国际学术交流十分重视;而直接委托(3 项,3.9%)的数据真实地反映出高校智库和政府决策层之间缺少直接沟通与交流的平台;政府采购(1 项,1.3%)使用频率较低,这说明当前政府机构对运用知识市场推动高校智库发展的认识存在一定的局限性。

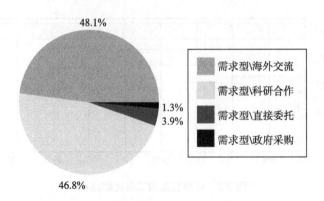

图 7-4 需求型政策工具比例结构

(三)政策作用场域维度分析

影响力是高校智库价值和生命力所在,高校智库在不同圈层里的活跃程度反映其在某一圈层中的影响力,高校智库的活动场域因此成为智库政策重点关注的对象。根据统计结果可知,高校智库政策兼顾供给层面、环境层面和需求层面的同时,还涉及政策活动场域的 6 个层面(图 7-5)。196 条(约占比 36.8%)的政策工具编码为"全场域",说明当前中国高校智库政策部分存在指向不明和模糊不清的问题。在有明确指向的编码中,针对学术界的活动而制定的编码的频数最高,为 142 条(约占比 26.7%),体现了高校智库学术性、专业性的内涵和特征;资本层、决策层的政策编码频数居中,分别有 68 条(约占比 12.8%)和 66 条(约占比 12.4%),说明智库在资本层面、政治层面的运作获得了财政的支持和政府的重视等;关于智库的国际影响和媒体影响这两个活动场域的政策相对较少,分别只有 41 条(约占比 7.7%)和 19 条(约占比 3.6%),反映出国内智库国际化受重视程度有限,而且智库与媒体界互动交流的政策支持也很有限。

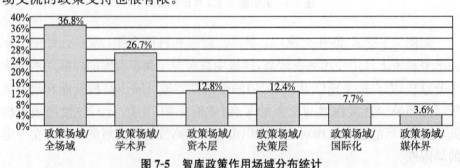

图 7-5 智库政策作用场域分布统计

从 X-Y 维度交叉分析解读智库政策,得出基本政策工具与政策影响场域的二维分布情况。根据统计数据可知,为促进高校智库的发展,根据智库政策作用场域的对象、组织政府和高校采用了多样化的政策工具,但是每个场域使用的基本政策工具类型具有一定的差异性。其中作用于媒体界场域的政策工具以供给型政策工具数量居多,环境型政策工具数量居中,而需求型政策工具极少;在国际化场域中,采用最多的是需求型政策工具,其次是环境型政策工具,最少的为供给型政策工具;作用于学术界、资本层场域的政策工具相似,都以供给型政策工具居多,需求型政策工具较少,最少的是环境型政策工具;作用于决策层场域的政策工具,排在首位的是环境型政策工具,紧随其后的是供给型政策工具,最少的是需求型政策工具。对高校智库影响场域的政策作用占比结果进行分析,我们可能会发现高校智库在发展过程中存在国际影响力与媒体影响力较弱的情况。这说明国内高校智库政策需要对智库的对外交流机制和舆情引导机制进行调整,需要政府环境型政策工具的支持——给高校智库参与海外交流、与媒体合作提供更多的税收优惠、金融支持等优待;对于供给型政策工具,高校智库则需要政府给予相应的公共服务、技术支持、资金投入、人才培养等方面的优待,以扩大高校智库的国际影响力和媒体影响力。

五、结论与建议

(一)研究结论

1. 高校智库政策工具结构不合理,存在挤出效应和过溢风险

表 7-4 统计数据结果显示,高校智库政策工具有环境型政策工具使用过度、供给型政策工具使用次之、需求型政策工具使用相对少的特点,即智库政策工具存在明显的结构性失衡问题。另外,这三种基本政策工具类型也存在内部结构缺失和失衡的问题:一是策略性措施在环境型政策工具四个维度中使用最多,其次是法规管制,而促进智库吸引金融支持和政府税收优惠的政策工具很少使用,这种完全失衡的结构表现出"重规范、少优惠"的内部结构绝对差异的特征;二是供给型政策工具倾向于公共服务、人才培养、资金投入、基础建设工具的使用,而较少使用技术支持工具,说明智库政策工具内部使用结构存在一定的差异;三是需求型政策工具与其他两种工具相比,其使用数量显得严重不足,其中政府采购和直接委托工具的使用存在较大的缺失与不足,政府

采购和直接委托等需求型政策工具的缺乏,使其对高校智库建设的"拉动"作用力度较小。

2. 体现部门意志的政策工具较多,具有法律效力的政策工具偏少

从高校智库政策文本类型的数据分析结果来看,为加快高校智库的建设,中央和地方各级政府部门、有关高校纷纷出台了办法、意见、方案等政策文本。这些政策中的大多数法律效力并不高,法律、法规、条例类的文本尚未出现。政府部门和高校在制定智库政策时重视法规管制、策略性措施的作用,但是法规管制措施多数只是要求智库遵守宪法和法律,而没有论及可以促进智库发展的具体法律条文。这反映了政府部门和高校重视策略性措施、管理规章、管理制度等体现行政性、制度性的政策工具的运用,相对忽视了法律性政策工具的运用;反映了中国高校智库建设步伐和发展速度较快,但与智库相关的法律法规建设并没有跟上智库建设的步伐。或者说现有的高校智库政策工具体系中缺少专门立法类的政策工具。这导致当前的政策工具的法律性和权威性较弱,其对高校智库发展的整体调控能力偏弱。

3. 完善高校智库政策体系,要求建立与之配套的机制

智库通常被界定为一种非营利性的组织机构,这在政策体系上要求建立与之对应的配套机制,以保障高校智库的知识生产、知识创新等,协调高校智库与决策层、学术界、资本层、媒体界和国际化活动圈层的关系。根据对政策作用场域与基本政策工具的 X-Y 维度交叉统计数据的分析可知,合理运用"海外交流"需求型政策工具可加大高校智库国际化的力度,更加广泛地运用"政府采购"需求型政策工具则可以有效地削减政府在人才培养、技术支持和资金投入等方面的支出及预算。根据前述分析可知,高校智库政策工具中的税收优惠、金融支持、资金投入等方面的编码数较少,占比偏低,未能形成稳定的智库建设所需的投资融资渠道,高校智库的资金来源仍然是财政拨款、课题经费或专项支出等,这些因素影响社会和企业投入高校智库建设与发展的积极性①。因此,我们需要进一步加强高校智库发展中税收优惠、金融支持和资金投入等政策工具的运用,引导社会、企业和个体主动参与高校智库建设,形成合力,有效推进高校智库全面发展。

---

① 周鸿敏、于丰园:《中国高校智库政策文本的三维研究——外部结构、工具选择与作用场域》,载《中国高校科技》,2022 年第 6 期,第 37~42 页。

(二)政策建议

1. 优化环境型政策工具的结构

当前,国内高校智库的生存环境变得更为复杂,高校智库发展过于依靠几种政策工具的运用,因而无法应对此种情形,这要求有关政府部门、高校在智库政策上具备科学的宏观调控能力。当前高校智库开展资政议政等活动时面临两个主要的问题:一是提高知识生产效率,二是增强知识创新能力。高校智库可依靠法规管制、策略性措施等见效快、目的性强的政策工具来促进建设,但在指令形式下被动地参与建设的高校智库难以获得知识生产和知识创新可持续发展的动力。因此,在高校智库知识生产和知识创新环节中,政府部门和高校应根据知识市场的要求适当减少法规管制、策略性措施等工具的使用频数,利用知识市场的调节作用给予高校智库建设金融支持、税收优惠支持,满足智库在知识创新和知识生产活动中的资金需求。

2. 重视需求型政策工具的拉动作用

重视需求型政策工具的拉动作用要求政府部门提高对高校智库研究报告、调研成果和学术创新等知识产品的采购频数,增加直接委托等政策工具的使用频数,通过知识市场的资源配置,建立智库成果的转化和应用机制,鼓励智库学者投入政府治理体系的现代化建设之中。高校智库要重视海外交流政策工具的使用,建立互惠互利的智库知识共享平台和知识流通体系,加快国内智库与国际智库接轨步伐,促使国内智库学习国外高端智库先进的管理技术、社会服务和知识创新经验等。因此,在使用需求型政策工具的过程中,政府部门需要增加海外交流等政策工具的使用频数,鼓励高校智库向海外智库派遣高级访问学者,与海外智库协同建立思想创新工作坊等,合理地应用政策工具探索高校智库与国际智库协同发展的制度化路径,进而解决高校智库知识创新能力和服务动力偏弱的问题,并帮助高校智库向世界贡献中国方案和中国智慧。

3. 完善高校智库政策体系,全面扩大智库影响力

在国家治理体系和治理能力现代化的背景下,我们需要进一步完善高校智库政策体系。首先,高校智库政策的制定者要打好政策工具使用的组合拳,调整与协调好三类政策工具的使用频数,协调好智库政策作用场域之间的关系;强化高校智库的参政议政能力,明确高校智库知识生产的主体地位,打造学术影响与决策影响等融合的高校智库发展生态系统,实现有中国特色的智库的发展。其次，政策工具要具备法制因素，加强智库发展的立法工作，帮助高校智库建设步入法治轨道，运用法律手段提高高校智库、政府、社会组织、海外机构等相关主体行为的社会影响力，提升政策工具的操作效力。正如前述，我们目前还没有出台有关高校智库发展的正式的法律文本，因而当务之急是出台与高校智库政策相关的法律法规，为高校智库参政议政、生产知识等提供法律保障。最后，面对互联网融媒体时代发展带来的机遇和挑战，高校智库政策工具的应用要与其影响场域中的媒体界紧密结合，支持高校智库发挥引领社会舆情、积极参与国际性议题等方面的作用，增加对高校智库运用互联网、大数据等信息技术的支持，加强高校智库与各级各类媒体互动平台和沟通渠道的建设，出台更多的新科技政策，帮助智库进行形态与内容的更新，提升高校智库思想传播的能力与效果。

第八章
中国特色新型高校智库的国际化

教育要面向现代化,面向世界,面向未来。

——邓小平

作为国家治理体系的重要组成部分、国家软实力的重要载体,中国特色新型高校智库在对外交流等国际事务中起着多方面的作用。作为中国特色新型高校智库的涉外交流与对外价值的重要体现,智库国际化要求智库能够开展国际关系重大战略、规划和理论方面的研究,以国际政治、经济、文化关系以及战争与和平等问题为导向,为党政机构对外决策提供咨询服务,为公众理解国际关系提供舆论引导,通过学术论坛、传播技术等帮助国外受众理解新时代中国特色社会主义的建设理念、方针政策,在维护国家利益、扩大国际影响力方面贡献高校的智慧。

对高校智库的国际化进行客观分析、评价与总结,是高校智库为党和政府制定与国际关系有关的政策提供咨询服务的理论及实践的统一。梳理、评析中国特色新型高校智库国际化的必要性与可行性,将为我国智库国际化体系构建提供理论依据与实践经验,为今后高校智库扩大全球影响力,更好地服务政府的对外决策提供学术支撑。

一、中国特色新型高校智库国际化的必要性

(一)提升智库影响力

1. 智库影响力

智库影响力是专家们成功地向相关政策制定者传递其想法或引发他们关注政策相关信息的思考或操作①。朱旭峰指出,"思想库影响力与社会结构存在强对应关系。思想库影响力贯穿政策过程的始终,同时其影响力也涉及政策过程的各个参与者"。② 智库在现代社会系统中具有丰富的话语资源和极强的话语塑造能力,智库话语体系是文化、价值观、商品等对外输出的反映,在国家对外传播过程中具有独特且重要的影响。提升智库影响力与中国特色新型高校智库建设有着密切和必然的联系,高校智库建设之路就是其提升影响力的历程。制约智库影响力的主要因素有决策咨询制度、决策者和决策机构、政策类型、智库专家和智库机构、智库产品、传播渠道等,所以提升智库影响力的路径在于:不断完善决策咨询制度以实现咨询需求的充分释放;不断提高思想产品质量,打造智库核心竞争力;不断增强传播能力,促进智库思想产品的转化应用③。智库在政策制定的过程中主要有政府决策者政策理念的来源、政府政策方案执行的评估者、政策议案的评论者、政府从中选拔高级官员和专家的人才库、新闻媒体资料引述的权威来源五种身份④。

早期智库研究者认为我们无法科学地测量智库的影响力,然而随着现代统计方法和大数据技术的应用,当前智库研究者已能够运用实证分析方法测量和分析智库的影响力。例如,采集智库及其专家研究成果的引用率、曝光率等数据,分析智库影响力和排名等⑤;S. Trimbath 在《智库:热与不热》一文

---

① [美]里奇(Rich, A.):《智库、公共政策和专家治策的政治学》,潘羽辉等译,上海:上海社会科学院出版社,2010年,第78~91页。
② 朱旭峰:《中国思想库:政策过程中的影响力研究》,北京:清华大学出版社,2009年,第77页。
③ 柏必成:《咨询需求、思想产品与传播能力:智库影响力的一个分析框架》,载《学习论坛》,2015年第9期,第50~55页。
④ WEAVER R K. The Changing World of Think Tanks[J]. *Political Science and Politics*, 1989(22):563~578.
⑤ 金芳等:《西方学者论智库》,上海:上海社会科学院出版社,2010年,第13~27,89~93页。

中分析了12家经济政策智库和171位智库学者从1997年至2005年的新闻曝光度[①];D. Stone运用案例分析法,采用政策过程理论,比较分析英美两国智库发挥影响力的不同机制和途径[②];里奇发现媒体报道频数多的智库与决策者、政策制定者认定的具有影响力的智库之间存在一定的关系[③];埃布尔森则从美国和加拿大两国智库影响政策制定的机遇、制约因素、相关条件等方面出发探讨智库公众影响力与知名度的相关性[④];戴安娜·斯通率先研究智库影响力及其作用实现方式,采用数据统计、案例分析等研究方法论述知识流在教育政策研究中的重要作用[⑤];于丰园运用链接分析法与灰色关联分析法对中国和欧洲高端智库网站的形式、资源等进行比较,指出高端智库网站建设中的更新网页设计理念、重视外文网页、注重时效性、提供个性化服务与增加共享平台等措施可以提升智库的影响力和国际化程度[⑥]。

2. 中国智库影响力评价

上海社会科学院智库研究中心《2015年中国智库报告——影响力排名与政策建议》指出,活跃智库为具有比较固定的组织方式与运行方式,能够比较广泛和深入地参与公共政策过程,与决策层、媒体、学界保持良好互动关系,并享有一定国际或国内影响力的智库(存续时间在3年以上)。报告采用问卷调查和专家评议相结合的方法,为被调查的智库作主观排序的评价指标包括决策影响力、学术影响力、社会影响力、国际影响力、智库的成长能力等。智库发挥影响力的空间层次依次为决策层—精英层—大众层,智库的核心能力建设得完善与否决定智库发挥多大的影响力。

南京大学中国智库研究与评价中心、《光明日报》智库研究与发布中心联

---

① Trimbath S. Think Tanks: Who's Hot and Who's Not [J]. *The International Economy*, 2005,14(5):10~47.

② Stone D. Capturing the Political Imagination: Think Tanks and the Policy Process [M]. London:Frank Cass,2005:5~6.

③ [美]里奇(Rich, A.):《智库、公共政策和专家治策的政治学》,潘羽辉等译,上海:上海社会科学院出版社,2010年,第78~91页。

④ [加]埃布尔森:《智库能发挥作用吗?——公共政策研究机构影响力之评估》,扈喜林译著,上海:上海社会科学院出版社,2010年,第62~71页。

⑤ Stone D. Capturing the Political Imagination: Think Tanks and the Policy Process [M]. London:Frank Cass,2005:92.

⑥ 于丰园:《中国和欧洲高端智库网站特色比较研究》,载《情报杂志》,2019年第6期,第182~186,158页。

合课题组发表了中国智库索引(CTTI)来源智库 MRPA 测评报告,CTTI 以 489 家首批来源智库为研究对象,结合收录的数据类型、颗粒度和获得性,设计测评指标体系。MRPA 测评体系借鉴麦甘项目组资源"投入-产出"的逻辑框架,把智库影响力实现过程解析为资源投入、产出的过程。资源投入以管理架构和运行机制为支撑,故智库治理结构为第一个评价指标,以衡量管理机制的完善程度;智库资源因其占有量影响其投入而成为第二个评价指标;对智库资源的产出数量和质量的测评可以分为成果和活动两类,所以智库成果和智库活动是测评体系的另外两大指标。

(二)智库国际化的实践需要

1. 西方智库的国际化

早期的西方智库是以"研究小组"的形式将政府官员与学者联系在一起的一种组织形式,为政府实践经验和学界理论探索提供正式沟通与交流的平台。冷战之初,西方国家的经济发展、非殖民化运动、超级大国竞争等形势促进世界各地智库的发展,即智库在政府的资助下与政府保持紧密的联系,并逐渐成为政府对外交流的延伸机构。随着全球化的推进、世界各地相互依赖关系的加强,西方智库国际化的重要标志出现,即跨国智库机构出现——在世界各国开设智库办事处,研究全球公共卫生、国际经济贸易、网络安全、气候变化等国际性事务与问题。① 西方智库跨越国界,形成知识网络与认知社区,进而影响全球政策。

当前,我国智库国际化程度相较于西方智库还比较落后,因此我们要加快推进我国智库国际化建设,鼓励与重视用思想和知识来增强国力,以保证国家在全球竞争中处于不败之地。在国际竞争不断加剧的情形下,高校智库不仅应对公共领域政策展开研究,还应该根据专业属性,开展全球事务研究。高校智库应站在全球的高度上,制定本国对外战略规划,将国家利益链条纵深遍布世界各地,高校智库的国际化理念、人才、资金与研究领域等的发展是大势所趋。

2. 全球化使然

当前全球性政策议题涉及的内容十分庞杂,关乎人类族群的生存与发

---

① 王杉:《探究西方智库的过去、现在和未来》,载《决策探索(上)》,2019 年第 7 期,第 62~63 页。

展,世界各国只有共同行动才能实现最终目标。因此,作为全球治理体系决策支持系统的重要组成部分的智库,需要坚持全球化理念。随着数字化和全球化的深入发展,国家之间的政治、经济、文化、科技等方面的联系更加紧密,一国的政策议题往往对其他国家做决策产生影响。

中国特色新型高校智库的国际化在促进全球化方面有着三大作用:一是帮助中国政策圈了解全球意识形态,二是基于全球意识形态共识为中国的政策制定服务,三是调整全球意识形态共识以适应中国国情①。因此,中国特色新型高校智库需从中国实际需求出发,对更大范围内的国际舆论和决策者产生影响,深度参与全球治理,准确把握国际关系,整合国际资源,为人类未来的发展提供有建设性的思想与有价值的知识。

3. 夺取国际话语权

中国特色新型高校智库建设的步伐逐渐稳健,许多智库专家和学者不断地深入研究高校智库建设的国际影响力,在对外交往时讲述、讲好中国故事。当前全球处于百年未有之大变局中,中国面临的外部环境更加复杂,这意味着中国特色新型高校智库国际化建设越发关键,高校智库不断地提高国际传播的频度、提升广泛性与有效性是智库建设发展的实践需要②。虽然中国高校智库建设的步伐较快,但在国际上中国高校智库的发声很少。这是因为与西方国家智库的发展历史相比,国内高校智库建设起步较晚,其管理体制和运行机制还需要进一步完善,如此才能完全发挥智库"资政启民"的功能,然后走向国际并讲好中国故事、发表中国观点,以实现其"公共外交"的功能。中国特色新型高校智库在国际化的路上还需解决一个重要的问题,那就是进一步建设与完善国内的"思想市场"并深化"知识市场"对外开放的程度,使中国特色新型高校智库拥有足够的底气和动力走出国门,积极参与国际事务,通过发表和传播自己的观点,与西方国家智库在国际思想和知识市场上开展公平竞争,以夺取国际话语权③。

---

① [英]简·海沃德、王欣仪:《中国新型智库的兴起与中国的国际化》,载《国外社会科学》,2018年第3期,第157~159页。
② 王文:《"智库国际化"专栏按语》,载《智库理论与实践》,2021年第2期,第1页。
③ 栾瑞英:《〈智库是怎样炼成的? 国外智库国际化案例研究〉评析》,载《智库理论与实践》,2017年第2期,第97~101页。

二、中国特色新型高校智库国际化的可行性

（一）政策引领

1. 习近平总书记的重视与党中央智库政策的引领

习近平总书记在国事活动中多次强调加强智库外交,加强智库国际交流与合作,重视智库交往与政党、政府等组织机构的交往,指出智库是国与国之间人文交流合作的重要渠道[①]。习近平总书记强调我国尤其缺乏具有较大影响力与国际知名度的高质量智库,提出要重点建设一批具有较大影响力的高端智库,特别强调要推进智库国际化,赋予智库国际化新内涵。2015年1月,中共中央办公厅、国务院办公厅印发《关于加强中国特色新型智库建设的意见》,提出"重点建设一批具有较大影响力和国际知名度的高端智库,造就一支坚持正确政治方向、德才兼备、富于创新精神的公共政策研究和决策咨询队伍,建立一套治理完善、充满活力、监管有力的智库管理和运行机制,充分发挥中国特色新型智库资政建言、理论创新、舆论引导、社会服务、公共外交等重要功能",其中与国际知名度和公共外交功能相关的论述对高校智库国际化起着重要的指引作用。

2. 教育部及地方政府对高校智库的政策支持

2014年2月,教育部印发《中国特色新型高校智库建设推进计划》的通知,对高校智库国际化的理念、建设、人才、交流提出要求。首先,文件指出高校智库要有"走出去"的国际化理念,"以高校哲学社会科学'走出去'计划为依托,扩大高校智库国际学术话语权和影响力。完善结构布局,创新组织形式,重点建设一批全球和区域问题研究基地。推动高校智库与国外一流智库建立实质性合作关系,建立海外中国学术中心,支持高端智库参与和设立国际学术组织、举办创办高端国际学术会议"。其次,教育部要求高校加强智库建设的国际化,明确提出要"加强高等学校软科学研究基地建设。以综合性大学现有的高水平战略研究机构为基础,培育一批面向国家和国际重大科技战略问题的国家级智库"。再次,教育部要求高校智库人才培养实现国际化,提出"推动智库人才交流。与有关部门密切配合,有计划地推荐高校智库核

---

① 李国强、李初:《加快中国智库国际化建设是一项重要而紧迫的任务》,载《智库理论与实践》,2021年第2期,第2~7,32页。

心专家到政府部门和国际组织挂职任职"。最后,教育部要求高校智库在共享与交流知识时能够做到国际化,指出"建设中外高校智库交流平台。围绕国际国内重大热点问题,支持高校与国外高水平智库开展合作研究,举办高层智库论坛,打造高端引领、集中发布、影响广泛的高校智库成果发布品牌,发挥高校智库引导舆论、公共外交的重要作用"。

地方党政机构也纷纷出台相关的智库政策,推动高校智库建设的国际化。例如,2013年11月,中共上海市教育卫生工作委员会、上海市教育委员会印发《关于加强上海高校新型智库建设的指导意见》,要求"建设高水平国际化学术交流与合作平台。加快推进高校智库平台国际化进程,形成上海高校与国际顶尖智库、著名高校国际合作交流的新平台,加强在全球战略层面上的对话,全面提升高等教育的国际化水平","完善讲好'中国故事'、树立'中国形象'的成果传播推广机制,使之成为提升国际话语权和国际影响力的有生力量","举办'中国高校智库论坛'。围绕国际国内重大热点问题,举行中国高校智库年度高峰论坛;建立《中国高校智库发展报告》发布制度;定期举行战略对话会、政策设计工作坊、时政讲坛等活动,并与论坛年会的分论坛、产品展示交流会、政策俱乐部等对接,打造高端引领、集中发布、影响广泛的高校智库成果发布平台,着力打造全年常态化运作的论坛品牌,将高校智库的研究成果和政策解读推介给政府、公众、青年学生和国际社会。探索建立与政策制定者、媒体和国际社会的沟通渠道,建立信息快速通报和发布机制,发挥高校智库引导舆论、公共外交的重要作用,扩大高校智库的社会影响力,打造上海高校智库品牌"。

3. 高校高端智库建设的政策导向

在习近平总书记关于中国特色新型智库重要论述的指导下,在推进中国特色新型高校智库建设的实践要求下,2017年9月,在教育部的指导下,31所高端高校智库成立高校高端智库联盟,并宣读《高校高端智库联盟公约》。公约对首批31个成员的国际化提出具体要求,指出建设方向,指出高校高端智库要"坚持中国道路,增强国际影响。围绕我国和世界发展面临的重大问题,积极主动参与构建具有中国特色的学科体系、学术体系和话语体系,着力提出体现中国立场、中国智慧、中国价值的理念、主张、方案,持续打造易于为国际社会所理解和接受的新概念、新范畴、新表述,扩大联盟的学术影响力和国际影响力,增强学界和公众的道路自信、理论自信、制度自信、文化自信"。要求"集聚具有较大影响力和国际知名度的高端智库……充分发挥各智库的研究专长以及所在高校学科、人才和国际交流合作方面的优势"，要求"打造高校高端智库共享平台，注重加强沟通、汇集信息、交流经验、成果互动、协同攻关、思路分享，推动形成'高校智库群—国内智库圈—国际智库网'三重联动体系"。

(二) 资金扶助

1. 知识市场化

智库国际化离不开知识市场化，获得更多资金扶持的智库能更快地走向国际思想市场。西方智库知识市场的运作可以帮助维护知识生产的独立性，西方智库认为，有着多元化的筹措资金渠道与保证智库运营的财政储备，通过基金会捐赠、金融投资等财务运作方式增加智库服务的价值，使智库能够可持续地发展。智库将具有一般商品属性的知识服务（产品）投入知识交易市场，使知识服务产品拥有明确的使用价值与需求者，进而使其具备竞争性和可交易性；智库知识服务（产品）具有知识产品的特征与自身的独特性，如智库产品的政策性、外部性与"影子"功能等属性。智库服务的市场应用特征使政府的行为具有很强的必要性和正当性。作为非营利性的社会组织，智库往往通过外部机构获得资源，其收入来源包括政府资助、私人捐赠和收费，其中政府资助是非营利性的社会组织的主要资金来源。市场机制在购买智库服务的行为中，通过规则、价格和竞争三个要素发挥杠杆作用，以实现政策研究资源与力量的优化配置。因此，智库国际化的一项重要任务就是通过多元化的路径募集资金，中国特色新型高校智库也可打造一个以政府资助为主、其他资助为辅的"金融池"，以帮助自己获得运作资金。

2. 知识服务的收益与价值

中央全面深化改革领导小组在2014年10月的第六次会议上审议通过《关于加强中国特色新型智库建设的意见》，指出要"探索建立政府主导、社会力量参与的决策咨询服务供给体系……研究制定政府向智库购买决策咨询服务的指导意见"，并提出"凡属智库提供的咨询报告、政策方案、规划设计、调研数据等，均可纳入政府采购范围和政府购买服务指导性目录"。财政部、民政部等多部门联合印发《政府购买服务管理办法（暂行）》，更加明确地指出，课题研究、政策（立法）调研草拟论证、战略和政策研究、社会调查、咨询等服务事项应纳入政府购买服务指导目录。

这些国家政策的出台，显示了党和政府对各类智库发挥决策作用的深切期盼,也让各类智库明确自己为党和政府提供决策咨询服务的方式和途径。政府购买新型智库服务的模式有定向委托模式、体制内吸模式、市场竞争模式、依附竞争模式,其中定向委托模式和体制内吸模式占比较大。政府购买新型智库服务的推进策略包括智库要明晰自身的发展定位,提升研究质量和影响力;市场要充分发挥市场机制的作用,引入第三方评估主体;政府要营建良序竞争环境,完善购买服务供给制度①。

3. 资金筹措现状

上海社会科学院智库研究中心出台的《2017年中国智库报告》表示,从目前的发展现状看,(向智库招标和采购服务)这条途径仍然处于不畅通、不合理、不公平的状态,亟待有所改变。我们通过对目前政府购买智库项目的制度安排进行系统考察发现,政府购买智库项目的具体实施细则和购买程序还有待完善。当前除去政府给予高校智库建设财政资金资助之外,国内外社会各界的资金投入也是高校智库建设资金的来源之一,其中国际性的基金或者社团投资资金十分有限。

高校智库作为事业单位,其筹资融资能力有限,且难以面向社会收取费用,政府财政补贴单一的资金来源使我国高校智库在国际舞台上难以与其他独立的智库持续合作。全球贸易日渐衰退,世界各国经济发展速度明显放缓,更使得高校智库难以争取国外资金的支持。可见,中国高校智库需要更加完善的经费筹措制度,保障高校智库及其学者能够得到足够的运营资源来开展研究。在以国家政府财政支持为主的前提下,高校智库还可以建立更加多元化的资金筹集渠道,吸收国外各基金会的关注,吸引全球大型企业的定点投入,吸引社会民间资金的资助等;也可以为知识市场提供知识服务而获得酬劳,只有这样高校智库学者才可免受外界干扰、以问题为中心、立足专业视角、独立自主地开展公共领域的政策研究②。

(三)人才支持

1. 合理配置全球智库国际化人才资源

智库国际化对智库人才提出了更高的要求,即智库人才需要具备专业领

---

① 任恒:《政府向新型智库购买决策咨询服务:模式、困境及其对策》,载《情报杂志》,2018年第7期,第31~37,106页。
② 于丰园:《黄山市特色新型智库建设的对策研究》,载《智库理论与实践》,2021年第3期,第93~99页。

域内的政策知识、管理技能、实践经验与跨学科背景,具备研究、合作、服务、应变与洞察等能力。智库专家和学者是复合型的多元化人才,具有人类命运共同体的价值观,管理效率、薪酬待遇、劳动分工等科学运行的机制也为智库人才队伍建设提供了保障。智库国际化的发展需要智库人才具备全球视野的同时,还能立足国情开展研究,并具备国内外公共领域政策议题设置的能力,进而掌握国际化知识,具备国际竞争能力,促使国际新格局形成①。

全球人口流动性增强,世界人才也随之在各地散布开来,这为智库的国际化提供了高质量的人才资源。西方智库国际化的人才队伍体系有针对性地引进区域国别研究领域的专家、跨学科领域的学者、跨界精英等高水平的管理与研究人才。例如,美国布朗教育政策中心集聚"思维缜密,而且富有创新性和创造力,能巧妙地把思想和现实世界的问题结合起来"的教育界的翘楚,通过群体与成员的相互协作,形成人才的整体竞争力②。当前智库国际化人才队伍建设的目标是形成具有全球竞争力的人才制度体系,不断吸引全球各地的优秀学生以及国际人才参与智库的工作,以保证智库面向全球公共领域,为智库全球化的知识服务打造新格局和制定新战略。

2. 打破高校智库国际化人才资源的瓶颈

当前中国特色新型智库建设取得较好成绩,智库数量位居全球第二,但是高端智库的数量与发展水平没有达到与中国国力相匹配的程度。《2020年全球智库报告》索引收录的前95家高校智库名录显示,中国高校智库总数在全球范围内排名第3,共有6家智库入选,其名次分别为9,13,14,35,58,79;收录了美国高校智库的29家中有7家(1,5,10,12,16,17,19)排名前20,可见中国高校智库国际影响力远不如美国。究其原因,一是《全球智库报告》索引依赖专家主观评价的方式有失公允,二是中国高校智库缺乏国际性智库人才。当前我国智库人才建设理念没有跟上全球化的发展态势与人类命运共同体的发展理念,没有培养出大量高质量、高水平的具有国际影响力的智库人才,智库研究人员的知识生产能力与水平仅能满足国内公共领域政策制定的部分需要,在国际舞台上具有影响力的知识产品与思想创新较少。可

---

① 叶京、陈梦玫:《新型智库发展趋势下智库人才队伍建设的对策研究》,载《社科纵横》,2020年第9期,第119~123页。

② 宣葵葵:《智库的教育政策影响力分析——以美国布鲁金斯学会布朗教育政策中心为例》,载《高教发展与评估》,2016年第3期,第32~37,101~102页。

见，中国特色新型智库的人才队伍建设要有制度创新，要在人才引进方面开通绿色通道，吸引政府官员、商界精英、媒体工作者、高校师生等人才组成多元复合化的智库人才梯队，同时吸收外籍专家学者、官员等国际化智库人才加入，从而获取具有全球智库管理经验、知识背景和国际影响力的高端人才。智库国际化的人才市场只有遵循社会主义市场经济规律，才能开创更独立、更灵活、更新颖的人才管理和使用模式。

（四）技术推动

1. 科学技术发展的推动

在全球化的背景下，新一轮科学技术革命和产业变革快速发展，正推动全球经济结构、国际分工、产业结构等方面进行全面革新，全球价值链、创新链、供应链、产业链等开始全面重组。面对科技进步下的世界经济发展的复杂性与不确定性，高校智库如何运用新技术构建新发展格局，推动中国同其他国家在政治、经济与文化等方面协同发展，是高校智库面临的新挑战。网络技术、大数据应用、人工智能、量子科技与传播技术的快速发展和广泛使用，对全球经济、政治和社会产生深远影响。国内外智库纷纷运用现代科学技术建立多层次、立体式、全方位、多元化的传播平台，形成竞争与合作并存、对外输出文化与对内引进文化并行的宣传渠道。在国家博弈之下，国与国之间难免在各自的核心利益与价值导向方面存在差异，冲突和摩擦也不可避免。可见，新兴技术发展带来进步的同时也会导致风险和社会伦理等问题，这要求智库以负责任的态度与其他智库密切合作、共享知识，从而实现全球可持续发展与人类命运共同体共同追求的目标。

2. 合理应用科学技术

在技术辅助下，智库对外传播具有覆盖全球、传输快捷的特点，尤其是在文化传播数字化、网络化后，知识共享与交流变得十分快捷，跨文化传播的内容不再以文字为主，而是以图片、视频、音频等多媒体形态呈现，且越来越智能化。全球高端智库充分运用新媒体和互联网等传播技术，建构基于互联网、直播网、电视网、通信网等可以触及全球各个角落的全媒体传播体系，从根本上打破传统的"以传播者为中心"的线性、单向的传播方式，在传播者和受众之间形成双向、自由、平等的沟通渠道，为向全球网络用户推广其思想、观点和知识成果提供更便捷的方式，实现影响的最大化。互联网技术的快速发展，使西方高端智库通过以 Facebook、YouTube、Twitter、LinkedIn、

Google+、TikTok、微信等为代表的国际社交媒体来吸引全球范围内的受众,通过活跃度高的网络用户和新兴媒体技术扩大自身的国际影响力。而且随着传播技术的发展,智库可以精选传播内容、增强传播效果来保证智库知识产品的传播时效、覆盖广度、信息到达率和显著度、受众互动参与质量等,展现智库知识生产的作用力、吸引力、感染力与影响力。借助于新媒体传播技术,智库专家可在降低传播成本的同时,吸引更多国家的受众与潜在的知识需求方,从而增强其国际影响力。

三、国内外智库国际化的经验

(一)美国高校智库的国际化

美国高校智库对于美国的全球战略规划制定、外交政策制定、对外经济贸易关系发展、公共卫生体系完善、区域文化融合等起重要作用。美国高校智库的国际化之路根据智库的定位而有所不同。例如,国际化是约翰·霍普金斯大学布隆伯格公共卫生学院的理念之一,其在创建之初就走上了多元化、国际化的发展道路。1918 年,布隆伯格公共卫生学院共招收 16 位学生,其中就有 3 位学生来自巴西和特立尼达岛。布隆伯格公共卫生学院的国际化具有多种形式,1947 年,弗雷德·索珀领导巴西使用滴滴涕成功灭蚊;1961 年,泰勒在印度旁遮普省北部地区对计划生育、妇幼保健、腹泻病、营养等公共卫生问题开展研究和评估实验。布隆伯格公共卫生学院已成为医学领域高度国际化的高端智库,截至 2020 年,其拥有的 2693 名学生来自全球 85 个国家和地区,研究范围涉及 67 个国家和地区,累计国际合作全球项目 205 项。布隆伯格公共卫生学院的高度国际化使其享有极大的影响力和极高的知名度[①]。

(二)英国高校智库的国际化

伦敦大学教育学院(Institute of Education, IOE)是一家教育政策领域的智库,是一所以学校整体为单位的高校教育智库,在开展科研和教学活动、提供社会服务和政策交流等方面为依附型高校智库的建设树立了典范。IOE

---

① 杨再峰、潘燕婷:《国际一流卫生智库发展及启示——以约翰·霍普金斯大学布隆伯格公共卫生学院为例》,载《中国医学伦理学》,2020 年第 12 期,第 1433~1438 页。

的运作包括传播教育知识、培养务实人才、提供决策咨询和服务公共社会四条路径。IOE运作的资源来源于专业理论研究、科研财政经费、信息数据资源、媒体推广平台等。IOE的实践在于在城市中心扎根,推动伦敦教育发展,提升国际教育咨询影响力等,IOE成为全球教育智库典范,为我国高校教育智库建设提供经验①。

(三)国内高校智库的国际化

对于国外高校智库的实践经验、运行机制、基础理论的研究是中国学术界当前一大研究热点,这些研究为中国高校智库建设提供了一定的理论依据,传递了一些可靠的历史经验和一些可行的建议。但由于国情不同,国外高校智库与中国特色新型高校智库存在很多差异。在理解、解释与应用国外高校智库的历史经验和基础理论的同时,中国高校智库应立足自身的历史,全面、系统地解读国外高校智库的理论和经验,进一步拓展中国特色新型高校智库研究的广度与深度。

例如,中国人民大学重阳金融研究院(以下简称"人大重阳")十分重视成为全球治理体系的重要组成部分,是首个参与承办G20峰会官方分论坛的中国智库。2013年8月,人大重阳承办"大金融、大合作、大治理"国际智库研讨会,会上通过全球首份G20智库共同声明,为第8次G20峰会各参会国家的领导人提供有关全球经济治理新框架的智库共识。此后人大重阳每年都积极投入G20峰会筹备工作,在2014年9月建立全球首个G20智库年会机制,为首脑峰会出谋划策,并先后出版了大量与G20全球治理有关的中外文著作,全球各大媒体争相报道人大重阳的事迹。这标志着中国智库在国际知识竞争中的大崛起②。

---

① 郭婧:《英国高校教育智库运作模式及资源保障研究——以伦敦大学教育学院为例》,载《中国高教研究》,2014年第9期,第71~76页。
② 张梦晨、武音璇:《论中国特色新型智库的国际影响力:历史、现状与未来》,载《智库理论与实践》,2021年第2期,第15~23页。

四、中国特色新型高校智库国际化的发展趋势

(一)重视高校智库的国际化布局

1. 坚持党政机构的领导

中国特色新型高校智库为党委和政府的决策提供知识服务,在中国对外开放的过程中有着重要作用。这要求党委和政府机构在对外交流与活动中应重视高校智库的国际化布局,提高高校智库不断推动和参与对外传播的自觉性。第一,党委和政府机构应与高校智库保持联系,将高校智库看作对外决策咨询的知识资源,充分发挥高校智库对外传播功能,挖掘高校智库的服务潜力;第二,高校智库在国际化的过程中应该主动参与党委和政府机构对外工作,努力打破学术研究的限定,自觉地培养应对全球媒体、推广价值观念等方面的传播能力,勇于担负在国际舞台上对外交流的使命。针对智库建设国际化的要求,党政机构要有领导意识、大局意识,整合所辖高校智库、党政智库、社会科学院智库、社会智库等众多智库的人才资源、资金资源等,不断地促使高校智库勇于并且能够走上国际舞台,更好地服务于党政机构对外政策战略规划的制定与决策咨询。

2. 加强与西方国家高端智库的协同创新

高校智库需要"走出去",在坚持开放思维、树立国际视野、以我为主、为我所用的前提下,加强同西方国家高端智库的合作交流与协同创新,做到知己知彼,推动中国文化走向全球,完美地实现智库"公共外交"的功能。西方国家高端智库应对全球化的一个重要作用就是为本国争取国际话语权,这是每个国家发展的根本要求之一。西方国家高端智库十分重视研究视角、研究方法与研究领域的国际化,在经费投入、课题立项、基金资助上优先考虑那些具有国际视野和全球意识的研究项目,试图通过占领学术前沿高地的方式来引起国际社会的重视,以结交国外政治精英、传播价值观念的方式广泛参与并介入全球公共事务,进而掌握全球公共领域议题设置与舆论引导的主动权,将本国利益链条纵深遍布全球各个角落。西方国家高端智库还十分重视国外研究附属机构的设置,它们纷纷在其他国家设立智库附属机构,加大对所在区域或国家的研究力度与影响,保证服务对象和机构设置的国际化。

正如美国清华-布鲁金斯学会公共政策研究中心、清华-卡内基全球政策研究中心、莫斯科卡内基中心等智库国际化的成功案例,它们不断地为国际

组织提供知识产品,在推动解决全球性与区域性公共领域问题中发挥重要作用,不断提升智库的传播效用与国际影响力。中国特色新型高校智库应该立足国内公共政策研究领域,不断提高自身国际交往能力与知识交流水平,抓住时机走向国际,与有深厚研究功力和共同研究领域的高校同行智库持续交往,在海外成立智库分中心或者设置研究工作坊等附属机构,为未来高校智库国际化、常态化交流夯实基础。

(二)重视国际传播人才的培养

1. 培养拥有国际传播技能的智库人才

人才是中国特色新型高校智库国际化的核心要素,智库人才要拥有语言能力、多元思维、传播意识、交流技能等。这与对一般专业型研究学者的要求有所区别,智库在传播中国文化、讲好中国故事方面更加要求智库学者科学有效地发声。培养高校智库国际传播人才要求智库学者提高语言方面的能力。智库学者只有拥有较好的语言技能,才能帮助双方交流知识与文化,才能提高信息传递的针对性,保证双方在沟通交流中避免因语言差异而产生误解。在全球化的背景下,英语是高校智库学者必须掌握的语种,同时随着国家对外政策的推行,高校智库要有目的地培养区域性语种智库人才。只有掌握多语种、小语种人才队伍的壮大,其才能了解甚至掌握各区域国别的政策走向。

2. 健全智库国际传播人才流通机制

高校智库培养的是具有国际视野和全球格局的人才,这些人才能参与国际事务,成为国际潮流的引领者和国际规则的制定者。中国特色新型高校智库专家需借助于媒体技术、网络技术在全球平台上讲述中国文化与中国故事,介绍与传播中国特色社会主义建设理论和经验,争取成为全球主流媒体的信息源,成为影响全球政策的意见领袖。培养中国特色新型高校智库国际传播人才还要求打破现有的高校管理体制与人事机制等多种因素的桎梏,建立健全人才流通机制,加大与全球政界、学界、商界、媒体界精英的交流力度,建立全球范围内的"旋转门"人才流通体系,建立与智库国际化建设相配套的科学评价体系,重点提高智库学者与工作人员的国际语言交流、专业知识、云端活动筹划、数据信息管理等方面的业务能力,建成一个畅通无阻的专业人才交流平台。

(三)重视传播技术的应用

1. 具有传播技术应用理念

随着云计算、人工智能、大数据、互联网等技术的快速发展和深刻变革,传播技术对中国特色新型高校智库的建设提出新的要求:高校智库应以传播技术、信息技术、数据分析等为基础,以知识生产与创新为支撑,充分运用现代化的传媒手段与路径,积极建设融媒体背景下高校智库知识生产与传播的新模式,着力打造世界一流的、具有国际国内"双影响力"的中国特色新型高校高端智库,以提供优质的高校智库网络媒体服务,提升高校智库的知识传播能力,发挥其引导社会舆论与提供信息技术支持等方面的功能[1]。中国特色新型高校智库在建设实践中意识到,高校智库国际化为智库能力提升提供了知识交流平台,促进智库积极投入区域或全球多边机制的交流,是壮大智库自身最有效、最直接的方法之一。

2. 打造先进的高校智库传播平台

中国特色新型高校智库的国际化趋势要求高校智库打造先进的传播平台。中国高校智库要充分挖掘自身的传播潜能,利用先进的科学技术建构全方位的传播平台。高校智库建设对外传播平台首先要求智库加强自身官方网站的建设,这是智库传播的主阵地,在网站建设中要完善多语种网站的布局,提升网站管理水平,提升网站使用舒适度,整合各类智库成果资源,最终将智库官方网站建设成为能够吸引国外受众从而影响国外舆论的重要渠道。智库官方网站平台,应包括博客、微博、公众号、小程序、期刊、学术著作、邮件推送等传播子平台,通过主平台与子平台的互动关联,形成多维的信息传播系统[2]。这对高校智库提出跟上传播技术发展步伐的要求,要求高校智库不断加强同媒体界的联系,特别是加强与国际媒体的联络和沟通,将高校智库的知识生产与创新推广至国际社会。

---

[1] 刘福才:《大学智库文化的特质及其培育》,载《教育研究》,2019年第2期,第94~103页。

[2] 于丰园:《基于链接分析法的中国教育智库网站影响力评价研究》,载《江西科技师范大学学报》,2019年第1期,第96~103页。

(四)提出全球议题,参与国际决策

1. 具备全球视野

中国特色新型高校智库的国际化发展趋势要求智库能够提出全球议题,基于全球化的发展状况问题和研究视野,立足国内决策咨询服务,应对碳中和、全球气候变化、数学技术、文化交流、贫困、环境等全球性公共领域问题,并通过双边、多边、区域合作解决问题。只要高校智库在国际化建设中增强国际性议题设置能力与主动性,使所提的议题能够获得国际舆论、国际决策者和全球受众的关注,高校智库就能够为中国夺取该领域的国际话语权。联合国教科文组织、世界银行和经济合作与发展组织等国际组织都有向会员国家提供政治、经济、文化与科技创新政策支持的作用,向其提供具有可行性的、跨国界的政策咨询服务。高校智库要积极参与国际组织的政策制定和决策咨询工作,掌握全球公共政策研究领域研究热点和舆情热点,让国际社会明白中国是全球治理体系的新兴力量和核心力量之一。

2. 服务全球性决策

中国特色新型高校智库的国际化不仅体现在研究议题的选取和设置上,而且体现在其活动半径上。中国特色新型高校智库首先为党委和政府提供咨询服务,这种"国家观念"是智库的本质属性。但是在全球化的背景下,智库的内涵不断地扩充,全球性的组织不断地拥有更强的制定全球性政策的能力与影响力,所以西方国家的高端智库不仅活跃在本国决策市场上,而且全力影响国际决策市场,通过与各国智库协同合作,借助于国际组织平台向国际决策者提供咨询服务。可见,中国特色新型高校智库可以通过研究项目的形式承接国际组织或其他国家的决策课题,也可以通过援助的方式间接地为国际组织或其他国家决策咨询系统建立或决策能力提升提供服务等。高校智库通过给国际组织或其他国家的决策者、学者、企业家等带来潜移默化的影响,从而不断提升自身的国际影响力。

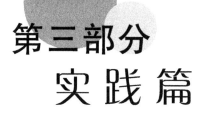

第三部分
实践篇

第九章
为全球智库评价服务的 TTCSP
——宾夕法尼亚大学智库与公民社会项目

> 智库必须牢记:在转型时期的十字路口,不适应时代转型的智库将会消亡。智库需要持续地调整方向,才能得以生存和走向繁荣。
>
> ——詹姆斯·G.麦甘

---

20 世纪 80 年代全球化浪潮出现,伴随着全球、地区和各国治理体系与治理能力现代化的需要,智库的研究和评价成为智库建设与发展的重要环节,宾夕法尼亚大学智库与公民社会项目(think tanks and civil societies program,TTCSP)就此应运而生,成为世界一流和全球最有影响力的"智库之镜"。作为最早对全球智库系统展开研究并进行整体评价的高校智库,TTCSP 为全球智库评价体系提供了具有针对性的知识产品与知识服务,这是 TTCSP 与其他高校智库的本质差别所在。TTCSP 的知识产品与知识服务主要建立在信息化和大数据等技术创新支持的基础之上,其通过严谨的数据采集、分析与研究建立了全球智库数据库,发布年度全球智库评价报告,撰写多本专著与多篇学术论文,论证智库在世界前所未有的变局下的重要地位与作用。TTCSP 以完善的组织协调处理与全球政界、政策研究机构、媒体界等的关系,合作举办全球和区域的智库论坛与峰会,促进全球智库之间共享与交流知识,为全球智库体系的建设和发展提供组织协调与科学评价等方面的支持。

一、TTCSP 概况

(一)TTCSP 的成立与发展

TTCSP 归属宾夕法尼亚大学兰黛研究所(Lauder Institute),这是伦纳德·兰黛和罗纳德·兰黛兄弟为纪念他们的父亲约瑟夫·兰黛,在 1983 年创立的管理与国际研究学院,该学院为在全球化背景下成长的年轻人提供全面综合且有竞争力的商业教育。TTCSP 始创于 1989 年,主要负责对全球智库进行评价,分析公共政策研究机构的功能特征与职责变迁等工作,业务涉及全球 179 个国家的 6500 个智库,被称为"智库的智库"。自成立起,TTCSP 的使命就是"Helping to bridge the gap between knowledge and policy"(致力于弥合知识与政策之间的鸿沟),建立全球化治理、国际和平与安全、全球环境、国际经济、全球扶贫、信息技术、医疗卫生保健等公共政策领域政策研究机构的国际化网络和智库数据库,帮助改进公共决策,同时加强世界各地的社会组织与民间机构的合作和交流。

TTCSP 与来自全球智库的实践者和一流高校的顶尖学者进行知识共享及交流,基于项目进行多种合作,受到各国政府、学术界、媒体界、社会公共机构、私人捐助基金等领域共 1900 个智库及其专家的帮助。2007 年,TTCSP 开始制定并推出全球智库指数,此后其智库年度评价成为世界智库权威的评价报告。TTCSP 的目标在于建立可持续发展的国家级的高端智库伙伴关系,组织与动员智库开展高质量的全球公共政策研究;在公共利益方面成为社会精英、广大民众意识与行动的引导者,帮助人们认识到智库对世界各国政府的公共决策的重要作用,从而提高智库的绩效和知名度。TTCSP 共为 81 个国家和地区提供智库建设方案与技术援助,为全球智库体系提供了一份科学、可行与适用的智库年度报告。

(二)TTCSP 的目标

TTCSP 与全球高端智库、决策者、社会精英、民间组织、知识社区等合作交流,收集全球高端智库和政策团体的相关数据,开展研究并将研究结果公布于众,以扩大其影响力;为全球各类智库制定战略规划,提高智库研究能力,以保证智库更好地为决策者和公众服务。

TTCSP 的具体目标主要为:一是制定智库发展战略,提高智库在解读、制定、评价公共政策方面的能力与绩效，成为决策者、社会精英、民间组织之间沟通的桥梁；二是构建一个全球高端智库平台，促进各国高端智库知识共享与创新合作，协助智库之间转移信息和迁移公共政策；三是在已有区域网络的基础上建立全球政策网络，促进各国智库开展公共政策问题的合作研究及建设性对话；四是提升监测和传播技术水平，促进各国智库及其他知识生产机构公共政策领域内的知识共享与合作交流；五是推动智库、决策者、媒体界、资本层、社会公众之间跨领域、跨学科、跨界的全球对话，分析智库在维护公共利益时的关键作用，研究智库可持续发展的方法、路径与模式。

（三）TTCSP 的领军人物

TTCSP 前任主任是詹姆斯·G. 麦甘（James G. McGann）博士，他是智库研究与评价领域的领军人物，麦甘博士主要研究公共政策研究机构的演进、本质与发展，其因在智库的使命、结构和模式研究方面的创新突破而获得了优秀的业绩。作为全球年度智库索引的创始人和刊物的主编，麦甘博士总共撰写了 15 本关于智库的书籍；麦甘博士是兰黛研究所资深讲师、费城对外政策研究所高级研究员，曾经担任 TTCSP 项目的助理主任，世界银行、联合国、亚洲开发银行、美国国际开发署的顾问，是索罗斯、洛克菲勒、麦克阿瑟和盖茨基金会的顾问，与多国政府机构、民间组织、公共政策研究机构保持着密切的联系。麦甘博士还担任过维拉诺瓦大学政治学专业的助理教授，教授国际关系、国际组织和国际法等课程。麦甘博士的工作经历有助于他明了智库在决策中的作用及核心影响要素，他十分重视中国智库的发展，曾多次与中国智库开展合作交流，支持中国智库的建设与发展，在北京、上海等地举办过中英文《全球智库报告》发布会。

令人惋惜的是，麦甘博士于 2021 年因病去世，随后 TTCSP 的网站停止运营，意味着该项目"曲终人亡"。

二、TTCSP 为全球智库提供知识交流平台

TTCSP 秉持服务全球智库规划与发展的理念，为各国、各区域以及全球智库提供如议事厅和峰会等的智库知识交流平台。这些平台虽然可以为智库的发展提供一定的技术、资料与议题等方面的支持，但考虑到 TTCSP 的财政情况而难以向其提供资金等方面的承诺或帮助。

（一）全球智库议事厅

2020年,在TTCSP的组织领导下,全球智库聚集起来成立了议事厅式的智库联盟,这与传统智库联盟有着本质区别。面对疫情,各国纷纷出台相关的公共卫生政策,全球智库议事厅则成功地构建了一个促进知识创新和知识增殖的知识共享网络平台。虽然这个平台是虚拟的,但其成为推动全球智库可持续发展的重要平台。全球智库议事厅着重讨论世界各国的政治、经济、文化、军事、公共卫生等领域的问题与危机,并为解决这些问题和危机提供科学的策略,即为应对各种问题和危机提供专业的智库研究报告等知识产品。

2020年,全球智库议事厅主要开展了三次活动:首届全球智库议事厅重点探讨了全球智库如何应对年初开始在全球蔓延的COVID-19公共危机问题;第二届全球智库议事厅延续首届会议的主题精神,主张"团结一致,拯救生命和生计";第三届全球智库议事厅举行了有公共卫生和国际经济领域思想领导人参与的会议。

（二）智库峰会

TTCSP协同全球智库、基金会等组织举办非洲、欧洲、拉丁美洲、中东和北非、中欧和东欧、北美等级别的智库峰会,同时举办有关中国和印度的年度智库论坛。

1. 全球智库峰会

全球智库峰会是由TTCSP组织发起的世界高端智库论坛,自2014年起,共举办了7次,其中6次为实体论坛,1次为网络虚拟论坛。TTCSP确立峰会的主题,促进全球智库间的团结与合作,获得了全球各地智库的大力支持。

历年来,全球智库峰会的主题分别为"国家、区域与全球视野下的智库、公共政策与治理(2014年)""世界变局下的智库——区域与全球视野(2015年)""全球化的困境及其应对(2016年)""亚洲与世界可持续发展的平衡(2017年)""跨越乱世的桥梁(2018年)""全球动荡和转型的管理(2019年)"。2021年1月28日(美国东部时间),TTCSP通过网络公共虚拟论坛举办全球智库峰会,这是全球智库在世界125个城市通过网络论坛同时进行的峰会,会议主题为"智库及其政策报告在危机时期的重要性"。

2. 欧洲智库峰会

21世纪是欧洲经济转型、政治动荡等形势日益复杂的关键时期,在这种背景下,各国政府治理体系公共政策制定的服务需求越来越多。自2012年起,TTCSP共举办5次欧洲智库峰会(表9-1),旨在认清智库在全球、国家或欧洲治理中对公共政策的影响及其在决策过程中的作用。欧洲智库峰会为各国智库代表提供各种知识服务,包括小组讨论、专题介绍和圆桌会议等。这中间点对点的交流可以帮助智库之间实现持久的知识和行动经验的共享,对欧洲区域的政治、经济、外交等方面的政策问题开展深度探讨。

表9-1 欧洲智库峰会一览

时间	主题	地点
2012年11月20日	经济危机与政治瘫痪时期的智库	美国驻罗马大使馆
2014年3月11—12日	走出危机:未来之路的智库	西班牙巴塞罗那
2015年10月3日	欧洲的目标:增长与安全	意大利米兰
2017年3月2—3日	塑造欧洲未来的智库	英国伦敦
2019年4月10—12日	智库:弥合思想、政策创新和行动	西班牙马德里

欧洲智库面临的主要问题是智库作为创新、思想和实践的催化剂的作用是否已经过时了呢?答案是否定的。虽然政策制定者面临一系列不确定的情况,政策问题受到各国政治、经济、文化的多重限制和影响,但智库跨学科的专业特征以及问题导向的政策研究能力能够帮助决策者和民众应对全球性的危机、问题与挑战。

3. 非洲智库峰会

撒哈拉以南非洲正处于经济快速发展、人口数量快速增长的阶段,但是又存在着发展动力不足、就业不足、公共服务能力薄弱等问题,亟待智库为其发展提供问题解决之道。可惜的是,与非洲人口和面积所占比例相比,非洲智库数量在全球智库数量中所占比例最小。非洲各国政府政策的制定大多依赖于西方高端智库,而绕开非洲自己的智库。此外,非洲智库还存在缺乏财政支持、机构研究能力薄弱、人员培训缺乏、关键政策领域智库专家不足、专业知识略显薄弱等问题。要想有所改变,非洲智库必须抓住非洲崛起和转型的有利时机,通过非洲智库峰会等平台,积极地参与解决非洲大陆转型时与政策和体制等现实问题有关的政治实践,通过多方的协同创新实现智库的发展,进而推动非洲发展进步。

自 2014 年以来，TTCSP 携手非洲智库共同举办了 5 次峰会（表 9-2），主要讨论非洲智库的组织结构、现实问题带来的挑战，分析非洲智库的可持续发展、价值实现及影响力提升等问题，给出知识共享、运用网络技术、广纳资源、建立合作伙伴关系、提高研究能力等方面的建议。峰会帮助非洲智库加强彼此间的交流、理解与合作，进一步加强智库与决策者之间的联系，确立非洲智库在解决非洲大陆转型中的现实问题的重要地位。

表 9-2 非洲智库峰会一览

时间	主题	地点
2020 年 2 月 26—28 日	重新定位非洲智库以发展伙伴关系	南非开普敦
2018 年 5 月 9—11 日	洞察非洲智库面临的当代挑战	摩洛哥拉巴特
2017 年 11 月 3—4 日	迎接未来的非洲智库	美国华盛顿特区
2015 年 4 月 6—8 日	非洲智库的崛起：解决现实问题的实践	埃塞俄比亚亚的斯亚贝巴
2014 年 2 月 3—5 日	智库与非洲转型	南非比勒陀利亚

4. 北美智库峰会

历届北美智库峰会均指出，随着中国的崛起、俄罗斯的复兴、中东冲突的加剧等全球局势变化，北美国家的政治、军事、经济……在网络安全、通信等信息技术革新下出现新的变化。历年来北美智库峰会的主题是"弥补思想、政策创新和实践的鸿沟（2019 年）""数字化时代的知识、政策与善治（2018 年）""智库与政治，创新思维的力量（2017 年）""智库、政治、公共利益与公众监督（2016 年）"。

鉴于当前人们开展思想交流、共享知识的方式发生了根本性的变化，纸质文本包括报纸的读者急剧减少，而网站图文、表和视频等成为公众获取信息的重要媒介。政党控制新兴媒体，导致民众倾向于选择自己相信的信息渠道来获取信息，因此对于北美智库而言，需要拒绝那种带有明显的政党倾向和政治色彩的对外展示。北美智库专家、媒体资深人士达成共识，认为智库领域需要技术创新；提高智库的声誉和影响力的关键在于多样性和包容性；面对"虚假新闻"的挑战以及民众越发对智库研究、智库专家不信任的趋势，国家、区域之间需要加强智库的对话与合作。

5. 中东和北非智库峰会

2013 年，时值中东和北非处于政局动荡的危急时刻，首届中东和北非智库峰会在土耳其伊斯坦布尔举办。此次峰会的主题为"抓住机遇，促进制度创新",指出智库需要快速抓住这个独特的机遇,主动对接各国政府,想方设法地将它们的专业知识融入各国新一轮的政策制定、机构改革和制度完善的政治进程之中。2017年,第二届中东和北非智库峰会的主题是"智库的政治作用:长期冲突和持续不稳定下的思考和建议,以塑造中东和北非未来"。自2013年以来,该地区局势不稳定导致第二届峰会推迟举办,但是这并没有削弱或打击各智库参会的愿望和热情。与会者相互接触、相互学习、相互分享,认为中东和北非地区智库面临的一个简单的事实就是,中东和北非地区及各国的问题并非孤立存在的而是相互影响与牵连的。2018年,中东和北非第三届智库峰会成功举办,与会者公开讨论的话题主要是"在经济萧条时期,最为紧迫的事情是抓住时机,促使地区权力发生改变",与会主题为"制度创新和迎接新时代"。

6. 拉美智库峰会

拉美智库的兴起和发展成为推动拉美地区社会行为、组织运动和意识形态等发展的催化剂,使决策者认识到以政策为导向、面向民众阐明政策的智库研究的重要性。在时局动荡、经济持续下滑、社会不平等加剧之时,智库对拉丁美洲的发展起着重要作用。2013年,首届拉美智库峰会在巴西里约热内卢顺利召开,与会者讨论的议题包括:政治与经济、区域一体化与合作、外交政策、贫困问题、拉美智库的地区作用及其未来等。2014年,拉美智库峰会主要讨论了智库资金及其筹措、建立保护智库研究人员的机制、人才竞争和政党关系等问题,寻找新的途径以缩小智库研究范围,从而满足决策者的政策制定需求。拉美智库峰会近年的主题分别是"全球视野中的拉丁美洲(2015年)""智库5.0:创造拉丁美洲未来的新思想(2016年)""智库的作用:区域视野中的全球挑战(2017年)""跨越乱世的桥梁(2018年)"。这些主题均强调智库需要筹集资金、招贤纳士、应用新技术和知识生产创新才能应对日益增加的民众的不满情绪和监督的需求。

7. 亚太智库峰会

当前,亚太智库专家和亚太地区决策者面临来自各个方面的挑战,亚太智库高管讨论的是亚太地区当前最为紧迫的、最为敏感的、最关键的政策问题,以及其对智库专业性发起的挑战,指出智库应该抓住机遇,紧跟各国的方针路线、战略规划等关键政策步伐以应对此类挑战。2019年11月10—12日在泰国曼谷召开的亚太智库峰会的主题是"管理转型、贸易与动荡中的智库的作用",会议指出智库需要在复杂和动荡的环境中保持与决策者之间的亲密伙伴关系,以问题为导向提出解决方案,并掌握亚太地区各个领域的发展态势。

(三)特别主题峰会

TTCSP 特别主题峰会一是关注新技术如人工智能(AI)对智库、公共政策与国家治理的影响,二是关注女性在智库与决策过程中的地位提升等议题。

2019年2月20—21日,人工智能智库峰会在美国加利福尼亚州帕洛阿尔托召开,指出第四次工业革命的游戏规则与过去工业革命的有着根本性的变化;人工智能是带来全球大规模创造性和创新性变化的最强力量,能够提升"进化"的速度,提高生产效率,加快商业、政治和社会中信息与政策流动的速度。

2021年3月25日举办的"智库与决策中的女性"峰会的主题为"打破象牙塔中的天花板:女性在智库与政策咨询中的作用",其目的是使人们深刻地认识到女性在全球智库中的地位、作用和重要性,讨论女性在智库机构中面临的困难、挑战和机遇。全球智库峰会规划委员会有来自全球80多家智库的100多名女性管理人员和研究人员,她们为解决全球性的问题和危机提供了优秀的政策建议与报告。

三、全球智库之镜

TTCSP 拥有高质量的智库产品,包括全球智库报告、全球智库峰会简报、专著、学术论文等。这些知识产品聚焦于如何开展智库评价工作,以及智库如何参与并开展公共政策研究、分析工作。这些知识产品成为全球智库体系建设与发展的一面明镜。

(一)全球智库报告

全球智库报告是 TTCSP 引以为傲的产品,自2008年以来每年发布一次,全球智库报告在宾夕法尼亚大学学术交流网站上下载的频率最高。

1. 全球智库报告的意义

全球智库报告收录了世界高端智库的研究成果。2006年,TTCSP 开发并推出全球智库报告的试点项目,采集、识别与确定在公共政策研究领域具有卓越表现的世界高端智库及其成果。2008年,全球智库报告在全球首次发布,至 2020 年共发布了 13 份。全球智库报告旨在建立全球政策研究机构的地区和国际网络,促进各国决策的科学性与民主性。TTCSP 与来自全球的智库和高校的资深专家、高级管理人员合作,对世界高端智库进行排名,确定各类智库的知名度和影响力。

TTCSP 每年都会竭尽全力地工作,确保智库排名公开、客观、包容和严谨。但 TTCSP 的评价指标不可能完全消除偏见,因为在评价的过程中,咨询者的意识形态、个人偏好、地区文化和组织纪律等因素会影响排名结果。需要强调的是,某个智库即使出现在报告的索引中也不一定表示 TTCSP 认可与支持该机构及其出版物或项目;同样的,某个智库没有被索引收录也不一定意味着其质量、成绩不够优秀。

2. 全球智库索引程序

在对全球高端智库进行提名与遴选之前,TTCSP 就开展了有针对性的、广泛的研究,不断更新与验证 TTCSP 全球智库数据库。每年度有 60 余名 TTCSP 的工作人员用一个多月的时长,收集并核实所有已知智库的资料。所有智库都有参与同行专家提名和遴选的资格,这一过程不存在收取任何费用等方面的问题。在启动提名和遴选程序之前的一个月内,TTCSP 向数据库中的 5 万多个组织和个人发送邮件,告知他们将要启动 GGTTI(global go to think tank index)工作。为促进智库专家参与提名和遴选工作并提出建议,TTCSP 通常会向前几年的专家小组成员发出邀请,请他们对前一年度排名标准的有效性、影响力、提名和遴选过程再次进行评估。这项工作包括准备工作、第一轮正式提名、第二轮同行专家排名、第三轮专家小组遴选智库、成果发布五个环节。

3. 智库评价指标体系

智库可以采用多种指标来开展评价工作,包括运用增加分析和研究的方法来证实智库对社会公众与决策层的贡献及影响。TTCSP 构建的智库评价指标如下。

资源指标:招聘和留住资深专家与研究人员的能力;财政支持的水平、质量和稳定性;与决策者和其他政策精英接触的能力及路径;严谨、及时、科学的学术研究能力;筹措资金的能力;网络的质量和信誉;与决策层、学术界和媒体界的伙伴关系。

效用指标:在国内的媒体和政策圈层是否有着政策"导向"的声誉;媒体曝光率、引证频率、网络点击率;出席立法机构和行政机构发言的数量与质量;与官员或政府部门/机构的简报、正式任命、咨询等的有关度;出售的书籍;报告分发范围;研究成果在学术和通俗出版刊物中的被引频次;参与学术研讨会的数量与质量等。

产出指标:智库产品的数量和质量;提出政策建议和想法的数量及质量;发行出版物(书籍、期刊文章、政策简报等)的数量;新闻采访;组织学术研讨会、简报会、论坛等;被提名为政治顾问或授予政府职位的工作人员情况。

影响指标:决策者和社会公众组织审议或采纳的建议;政策议题的核心地位;为政党、候选人等提供咨询服务;所受的奖励;学术期刊、公众证词、政策辩论、决策咨询、媒体发声等;邮件与网站;成功挑战政治传统、官僚机构程序标准以及民选官员的智慧。

除了上述的定量评价指标之外,智库影响力的评价指标还包括非政府组织、政府成员和决策者,可以了解他们在多大程度上采用了智库的研究成果。通过调查、访谈、问卷和座谈会等方式,我们可以获得与这种参与度有关的结果。运用结果映射——从评价活动程序或产品转而关注行为和关系(结果)的变化,如果"改变与智库直接合作的人、团体和组织的行为、关系、行动等"则可以视其产生了积极的影响。这种定性评价也是十分必要的,因为其可以帮助人们认识到即使智库的政策建议没有直接转化为实际政策,然而其也对公共政策产生了一定的影响。所以,这种定性评价可以转化为量化形式的评价,并以数字排名形式体现出来,并与基线数据进行比较,提升今后监测和评价的有效性、科学性。

上述四个指标在时间上具备一定的承接性,帮助建构智库在政策制定过程中发挥其影响力的知识图谱。但是 TTCSP 评价指标体系也存在一些缺陷,如报告只是罗列了评价指标的具体内容与分类,这些指标的权重缺乏科学论证,以致最后列出的各种类型的智库排名指数是缺少分值的数量结果。虽然这些参与评价的智库或已知晓智库排名,却难以找到自身与全球同类智库之间的联系和区别、优势和不足。可见,TTCSP 全球智库报告中的评价指标缺乏一定的操作性,排名结果缺乏一定的指导性。当然 TTCSP 的评价指标体系构建的理论框架,还是为全球智库影响力评价指标体系的创新提供了理论参考①。

---

① 栾瑞英、初景利:《4 种智库影响力评价指标体系评介与比较》,载《图书情报工作》,2017 年第 22 期,第 27~35 页。

(二)著作

TTCSP关于智库领域的著作,给全球智库体系建设提供了理论支撑,为推进全球智库的实践活动作出很多贡献。这些著作主要包括《全球智库:政策网络与治理》《智库和公民社会:思想和行动的催化剂》《智库、政治与公共政策的比较》《智库:政策网络与治理》《智库对社会发展政策的影响》《安全决策专业知识:智库的实践与责任》《公共政策制定手册》《智库和可持续发展目标》《第五阶层》等。这些著作对全球智库体系有着极大的影响力,如《全球智库:政策网络与治理》清晰全面地描述了智库在全球治理过程中的拓展路径,探讨智库和政策网络建设的起源、发展和多样性,讨论全球智库过去和现在所面临的问题,并考虑未来智库面临的挑战和发展。TTCSP的著作试图确定现有全球智库具有代表性的案例,推断当前智库研究的趋势,为人们理解智库对决策者的影响提供理论支持;明确智库和政策网络在公民社会中的作用,分析智库和政策网络面临的机遇及挑战;寻求智库和政策网络建设的改进建议,以便它们能够继续为全球公共政策作贡献,成为推动全球公民参与治理的催化剂。

(三)学术论文

TTCSP立足公共政策研究以及对智库可持续发展的研究,发表了多篇关于智库的知识生产、知识服务与知识管理等方面的学术论文,为全球智库的基础研究提供新视角、新方法,深受智库研究学者的好评。近20年间,麦甘博士领衔的TTCSP团队发表的论文主要关注美国智库的历史与格局、智库与政策的关系、智库的管理。这些学术论文分析智库是如何将学术知识转化为"谋略、规划与政策"的实践行动的,分析美国智库的现状及其格局是如何对美国公共政策制定产生影响的;从资金筹措、招贤纳士、知识共享等方面强调智库管理的变革,以适应未来社会对智库的需求;在全球智库如何为世界各国的政策提供服务方面提出可行的、科学的建议,为智库的可持续发展提供具有前瞻性的预测服务等。

四、TTCSP 给我们的启示

（一）智库评价的重要性

TTCSP 指出在全球危机时刻，全球智库要在开展高质量政策研究的基础上，不断地对社会民众的行动和政治精英的意见产生影响。每一次危机都是智库扩大影响力的一个契机，是智库展示专业知识生产能力的舞台，让社会重新认识知识领导力的作用。智库将凭借自身的影响力号召民间组织、个人之间开展合作并付诸行动。

当前关于智库的评价处于方兴未艾的阶段，科学的智库评价体系有助于智库制定建设规划，有效配置各类资源，提高智库知识生产能力，催生智库行业自觉性，在全球建立一个公正、全面、客观的科学评价体系。科学的智库评价体系能增加社会公众对智库的认知、信任与理解，形成信息与知识共享，在完善组织管理的同时推动智库良性运作。科学的智库评价体系有助于智库探讨怎样帮助决策者和民众深刻认识到问题危机下的政策的价值，使智库更具智慧，更加优秀，更为快捷，更能创新。

（二）智库的主动创新性

智库要成为知识理念和政策实施（想法和行动）的催化剂，而不能等到政治变革尘埃落定后才去行动，要化被动为主动，针对政治时局根本性的变化，进行科学、有效、高质量的运作，通过知识创新加强与决策者之间的联系，以确保对政策制定产生持续影响，使自己尽快融入新的政治体系之中。为了保持影响力以及与各界的联系，智库需要具备更高的知识生产和创新能力，建立更加灵活的交流机制，在科学评价的前提下建立更加严谨的问责制度。

智库兼具创新和行动两个特征，行动特征体现在智库与公众的关系上，智库通过向公众传播高质量的信息、引导舆论而让公众清晰地认识到智库的运作模式。跨学科的知识生产可以用于解决全球日益复杂的问题，因此，智库、新闻媒体、受众之间必须建立相互信任的关系。智库应为发言人构建宽松和受尊重的对话平台，并考虑他们各自在市场中的竞争优势与利益，应具备战略远见，以应对公共政策领域的问题与挑战。

（三）智库的多元化

由于世界各国的政治、经济、文化等存在差异，因而全球智库没有必要完全一致，反而应具有多元化的特征。在对智库的界定中，世界各国的智库都有各自的逻辑起点，有的从政府关系出发，有的强调智库运营模式，有的重点分析智库运作资金来源，有的则突出智库知识生产能力与成果等。多元化的智库合作有着巨大的潜能与力量，智库之间的伙伴关系也有助于拓宽研究广度，促进思想的多元化，帮助智库获得更多的资源等。多元化在智库发展中具有重要作用，因而智库的组织结构需要考虑性别、年龄、伦理、政治和宗教等方面的多样性，建议智库招聘女性等其他群体人员以扩大影响力。

推动智库多元化有三点举措：一是大力培养智库青年人才，青年人的成长对于建立一个领导能力多元化的智库来说至关重要；二是加强智库伙伴关系的建设，智库需要考虑和权衡与何者何时形成何种伙伴关系；三是保持智库的多样性，智库在全球快速变化的同时需要提升适应能力，对全球政治、经济等的发展进行宏观谋划。

（四）智库融资的可持续性

拥有可持续的资金支持是智库拥有政策远景目标的前提。智库应该雄心勃勃地、大胆地打破公众思想观点的边界，通过质量控制、资金预算和产品营销等运作模式，来吸引资助者。智库要与资助者建立密切的关系，在资金使用方面做好计划并构建资金监控体系，以保障资助者的投资质量而使双方都受益。持续和透明的投资可保障智库的可持续发展，而目标明确的政策远景研究则能够吸引更多的长期融资，帮助智库提升研究人员的专业能力，促进智库建设。

世界各国政府应确保智库拥有合作运营的法律框架，确定法律程序支持人们向智库捐款。开发新资源和制定新战略可帮助智库筹措资金，政府、社会组织与私人资助是智库传统的资金来源，现在智库则需要探索与改变资金来源，以帮助智库实现其理念、研究和运作。

（五）智库运作的独立性

智库要么是解决问题的重要因素，要么就是问题本身的重要成因，所以对于智库来说，知识产品的质量与智库机构的独立性十分重要。智库面临需要不断满足公众需求的挑战,同时要应对来自决策层、媒体界、商业界等众多组织或个体的审查与监督。对此智库需要采取相关的策略和行动,以保证其研究结果或政策建议的完整性。社会对于社会智库的质疑源于对智库专业知识的不理解,对权力、金钱或资本的不信任,这要求智库能够证实或者证明其独立性。事实上,智库会在公众、决策者、媒体等的质疑中不断获益,他们的监督将促使智库保障知识生产的质量、机构运营的独立性与体系的完整性,促使智库与公众相互信任,从而提升智库的信誉度。

智库如何保持独立性是很多智库专家关注的重点,他们认为基于科学研究而发展的智库拥有一定的价值观,与他们所依附的特定政治背景下组建的政党政治保持一致路线。智库的知识产品不可以没有价值,价值无涉只是一个愿望,做到价值中立最好的办法就是公开智库的价值观。智库可以面向社会公众坦诚地公开自己的政策主张,并打消社会公众对它们依赖于决策者与资助者等的质疑。智库组织在与决策层、捐赠者等保持伙伴关系的同时,还要接受社会公众的监督。另外,智库的研究质量与智库的组织完整性是两码事,高质量的研究报告无法弥补智库组织完整性的缺失,这要求智库给出专业标准或研究规范。

(六)智库的技术变革

数字化时代技术的变革给政治领域带来了冲击和影响,智库应该紧随数字技术的前进步伐来开发自身的创新潜力,提升信息技术方面的能力。智库需要运用数字技术加强网站建设,通过网络技术打击虚假新闻,掌握全球的局势,为预测世界政治和经济等领域未来的发展提供科学的、精确的数据,帮助决策者制定解决问题的战略和制度以推动全球社会安全体系的发展。

智库充分利用技术加强政策研究来吸引决策者的关注。新兴媒体技术的发展以全新的、普及化的方式创造海量的信息并分享知识,这会导致媒体缺乏监控,民众过滤信息的能力变弱。智库在面对信息选择、快速传播、注意力持续时间较短的情况时,需要运用新媒体、社交网络等平台来保持智库对各类人群的吸引力与影响力。新技术工具超越以营销为目的的认识,提升智库知识产品质量,保证智库参与各类平台的有效性,使智库能与决策者和民众在关键政策问题上保持一致的立场。

(七)智库的人才活力

人才是智库建设的重要资源,运用有效的机制吸引、培养研究公共政策的精英参与智库工作是智库保持活力的关键。例如,TTCSP强调年轻学者的培养,制订结构化的智库人才培养实习计划,培养本地员工、国际交流学生,帮助他们学习政策分析、政策研究与政策建议方面的专业知识及专业技能,与世界一流高校共同加强对智库专业人才的教育。TTCSP还指出招募和留住资深专家及高级管理人员是智库充满活力的前提,是智库知识管理的重要环节。TTCSP认为,智库要为专家提供良好的生态、文化环境,营造吸引人才的文化氛围,为其提供丰厚的物质待遇也是必不可少的。

智库人才培养要求智库拓宽组织内部人才发展的空间,为员工提供专业培训以增加员工的工作经验,促进智库人才的流动,招募那些成绩突出的智库专家和工作人员;让智库专家与年轻学者建立伙伴关系(导师制),以促进年轻学者在智库组织内部的专业成长;制定招贤纳士的政策,在人员管理的实践中运用多种政策工具激励智库学者和员工努力工作。

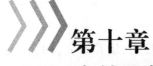

第十章
为俄罗斯外交政策服务的 MGIMO
——莫斯科国立国际关系学院

> 历史的道路不是涅瓦大街上的人行道,它完全是在田野中前进的,有时穿过尘埃,有时穿过泥泞,有时横渡沼泽,有时行经丛林。
> ——车尔尼雪夫斯基

当前俄罗斯有各种各样的智库,它们紧密联系国内民众,极力争取总统府与政府部门的关注,积极参与俄罗斯国家治理和全球治理,为构建新的全球秩序和国际关系提供服务,莫斯科国立国际关系学院(Moscow State Institute of International Relations,MGIMO)就是其中的佼佼者。MGIMO 成立于 1944 年,是一家世界知名、极具影响力的外交政策领域的高端智库。联合国委托宾夕法尼亚大学进行的 2020 年调查项目(TTCSP)显示,MGIMO 在全球最佳大学智库中排名第八。作为一流大学的 MGIMO,其智库水平远超那些规模较小、功能单一的智库:能够通过多种途径参与全球治理体系并加强与国际社会的联系;MGIMO 的专家学者积极地开展智库研究,为其全球治理活动提供支撑;在国际上积极宣传俄罗斯的国际关系观、国家政策立场及其政治制度,并与其他国家智库建立关系,以帮助俄罗斯政府实现特定的外交政策目标。

MGIMO 拥有莫斯科、莫斯科地区和塔什干(乌兹别克斯坦)三个校区,在瑞士日内瓦有一个法律研究教育中心,在西班牙马贝拉有一个国际关系和商业管理学的教育基地。MGIMO 的图书馆拥有 62 种语言的 100 多万册图书和期刊,以及 222 万多本电子书和电子期刊。MGIMO 图书馆的藏品可以追溯到1815年MGIMO的前身之一——拉扎列夫东方语言学院的藏书，MGIMO从该学院获得极其丰富的档案资料。

一、MGIMO的定位

（一）MGIMO的目标规划与机构设置

作为学术中心与智库，MGIMO的使命就是提升其在俄罗斯国内及在全球范围内的影响力。MGIMO的学科的主要目标包括：首先，建设成为"新一代"的世界一流大学，为国际关系、公司管理、教育和科学研究等公共领域学科的发展制定战略规划；其次，在与欧亚大陆、中东等地区的社会经济、法律和语言研究的比较中占据领先地位，力争在国际基础与应用研究领域独树一帜；成为独立国家联合体、上海合作组织、金砖国家、欧亚经济联盟和集体安全条约组织等多边机构大学网络的重要枢纽；构建终身学习体系，提升知识生产与创新的国际竞争力，成为全球广泛认可的研究生教育中心；构建俄罗斯大学标准体系，服务全球智库治理体系，为全球智库发展提供理论创新与最佳实践，为俄罗斯高等教育的发展提供学术引导和研究环境；作为世界一流的学术外交大学，通过专家咨询和监督建立双边、多边倡议机制，成为俄罗斯外交政策制定体系中的重要环节；在国际舞台上为俄罗斯争取长期利益，提供有效的全球治理机制方案，成为俄罗斯和国外外交政策实施体系中的重要节点。

MGIMO具有强烈的国际认同感、创新精神和全球化目标，从一所"外交学校"逐渐演变成为一所世界公认的、充满活力的一流的学术外交大学。MGIMO下辖国际关系学院、国际法学院、国际经济关系学院、国际新闻学院、国际工商管理学院、应用经济与商业学院、政治与治理学院、国际能源政策和外交研究所、语言学与跨文化交流学院、金融经济学院、欧洲研究所、政府与国际事务学院、商业与国际能力学院13所学院与研究机构，以应对来自全球高等教育和国际治理体系的挑战，获得了全球一流大学和高端智库的认可与赞同。MGIMO还专门设置了一个为俄罗斯外交部和其他直属机构起草、分析报告的核心部门，即莫斯科国立国际关系学院国际研究所（IMI）[①]。

---

① ［俄］伊戈尔·奥库涅夫：《俄罗斯外交政策智库：趋势与障碍》，张欢欢、王文正译，载《俄罗斯学刊》，2019年第5期，第131～136页。

（二）人才培养国际化

国际化是 MGIMO 人才培养的重点与特色，MGIMO 成为学习外交事务和对俄罗斯感兴趣的国际生的大本营。当前 MGIMO 大约有来自 74 个国家的 8000 名学生，国际学生占学生总数的近 20%。

MGIMO 位于俄罗斯首都莫斯科，拥有优秀的文化和丰富的历史珍宝，以及充满活力、令人眼花缭乱的城市生活。MGIMO 在 QS 大学评级系统 (QS stars rating system) 中被评为"五星"荣誉，当前全球只有 62 所大学获得 QS "五星"，它是俄罗斯、中欧和东欧、中亚等地区的国家中第一家获此殊荣的大学。另外，MGIMO 在与就业机构的关系、毕业生就业率等方面的表现尤为出色。

MGIMO 是第一所完全融入博洛尼亚进程的俄罗斯大学，逐渐成为全球学生的俄罗斯之家，学校培养的学生在全球多个国家的公共和私营领域部门担任要职且前途广大。MGIMO 与欧洲、亚洲、美洲和非洲的顶尖大学有着密切的联系，其不断扩大伙伴关系网络，合作培养出具有全球化视野的国际学生。国际学生在 MGIMO 就读时可近距离感受当代俄罗斯活力，深受俄罗斯史诗般文化的影响。MGIMO 与多个国家的 200 多所大学和机构合作办学，提供以英语授课为主的课程，提供双学位课程等。MGIMO 每年举办丘尔金-莫斯科 (C-MIMUN) 国际模拟联合国大会，接待来自世界各地的近千名学生，这是模拟联合国开展的最经典、最权威的活动之一。MGIMO 还模拟 G20、金砖国家、欧盟和欧佩克等国际组织开展活动。

MGIMO 为来自全球的国际留学生提供免费的课程资源，帮助学生提升学术研究能力和获得国际就业岗位。通过构建外交、公共行政、商业、经济等领域的活动场景，为国际学生提供认识当下世界政治、经济、文化与外交等的资料。MGIMO 为国际学生提供了多达 53 种语言授课的课程，课程数量在全球高校中排名第一。

MGIMO 兼备古典大学最佳教学模式与现代高校最优学术研究方式的优点，并将两者有机地结合起来。通过教学与科研活动，学生可以接触各类教员，进行思想碰撞与知识交流等。MGIMO 现有 1100 多名教员，其中有 20 名俄罗斯科学院院士，110 名教授和 400 名博士。

MGIMO 在大学评级中排名一直靠前，其在全球智库评价中也是如此。在宾夕法尼亚大学发表的《全球智库报告》中，MGIMO 成为全球治理体系研究方面的翘楚,在最具影响力的公共政策研究智库中排名第33位,在中东欧高端智库中排名第16位,在一流大学智库中排名第8位。在俄罗斯外交部的支持下,MGIMO举办各类学术论坛,讨论和分析当前国际事务,成为一个极具影响力的公共外交政策研究领域的高端智库,为全球治理体系的研究作出巨大贡献。

(三)管理机构

1. 学校领导

MGIMO由阿纳托利·托尔库诺夫(Anatoly Torkunov)教授领导,他在1992年后先后任MGIMO东方研究系主任、对外关系学院院长和副院长、国际关系学院院长、第一副校长与校长。MGIMO现有11位副校长,协助校长管理学校的教学、科研与社会服务等方面的事务。

2. 校董会

MGIMO校董会现由俄罗斯外交部长谢尔盖·拉夫罗夫(Sergey Lavrov)任董事会主席,董事会主席团有莫斯科地区州长Andry Vorobyov、塔斯社第一副社长Mikhail Gusman、莫斯科市政府部长Alexey Nemeryuk、MGIMO世界文学与文化系主任Yury Simonov、俄罗斯国家石油管道运输公司(Transneft)管理委员会主席Nikolay Tokarev、MGIMO第一副校长与国际法学院院长Gennady Tolstopyatenko、俄罗斯联邦科学教育文化委员会第一副主席Iliyas Umakhanov、国家杜马生态自然资源和环境保护委员会第一副主席Viacheslav Fetisov、俄罗斯国家技术集团(Rostec)首席执行官Sergey Chemezov、世界历史研究所学术主管与俄罗斯科学院院士Alexander Chubariyan等11位成员,下辖由37位来自政界、学界、商界、媒体界等机构的管理人员组成的理事会(表10-1)。

表10-1 校董会及理事会结构　　　　　　　　单位:人

机构	政界	学界	商界	媒体界	其他
校董会	5	3	2	1	—
理事会	11	1	22	1	2

二、MGIMO 的历史进程

(一)MGIMO 的创建(1944—1949)

1944年10月14日,苏联政府的一项特别法令指出,在莫斯科罗蒙诺索夫国立大学国际关系学院的基础上成立 MGIMO,首任校长是苏联著名经济学家、莫斯科国立大学前校长伊万·乌达尔佐夫。MGIMO 从建立之初就是一所类型特殊的高等学校,在培养政治精英的过程中,始终保持着学术自由、鼓励学生独立思考等传统。

(二)MGIMO 的成长(1950—1980)

20世纪50年代初期,MGIMO 由历史与国际关系学院、国际法学院和国际经济关系学院三个学院组成。1955年,莫斯科东方研究所并入 MGIMO。随后 MGIMO 教授语言和国别研究课程的范围逐渐扩大,包括中国、印度、伊朗、土耳其、阿富汗和中东其他国家的语言及国别研究课程。1958年,MGIMO 成立了一所外贸学院,这所学院成为国际关系教育和专业领域的佼佼者。1967年,在教育研究机构的基础上新闻学院成立。

(三)MGIMO 的变革(1981—2000)

20世纪80年代后期,深刻的社会变革对 MGIMO 产生重大影响,使其成为一个致力于改革开放的学术机构。1989年,MGIMO 以商业的形式招收学生,开始吸收来自西方国家的学生。1991年,在谢尔盖·拉夫罗夫的领导下,MGIMO 校友会成立。

1992年,MGIMO 成立国际工商管理学院,反映了俄罗斯经济正经历重大的变化。1994年,MGIMO 与国际接轨成立国际行政学院,为俄罗斯国家和公共行政领域研究及人才培养提供服务。同年,国际关系学院设立了政治系,政治系于1998年发展成为独立的政治学学院。

(四)MGIMO 的繁荣(2000—)

MGIMO 进一步加强改革以提升教育质量,开办了新的学院和设置了硕士项目,扩大与国外大学合作的规模。2000年,MGIMO 成立能源政策与外交研究所、应用经济与商业学院两个教育研究机构。2005年,俄罗斯-欧盟峰会通过决议,决定在 MGIMO 的基础上成立欧洲研究所,开设欧洲政治、经济和法律领域的硕士培训项目,旨在为俄罗斯和欧盟官员提供多方面的知识和与能力培养相关的服务,以促进俄罗斯与欧盟之间的关系。

2006 年,MGIMO 董事会成立,谢尔盖·拉夫罗夫担任董事会主席,校董会成员包括俄罗斯高级官员和知名公众人物,以及俄罗斯与外国商界、慈善团体的领导者,如宜家公司的创始人英格瓦·坎普拉德和"费林制药"公司的董事会主席弗雷德里克·鲍尔森。2007 年,MGIMO 董事会成立了俄罗斯第一个大学捐赠基金会,旨在为 MGIMO 可持续发展提供财务方面的支持。

2011 年,俄罗斯管理与全球事务学院(School of Governance and Global Affairs)成立第一个以英语培训为主的国际生本科专业。2016 年,MGIMO 根据 2014—2020 年战略发展计划,建成 MGIMO 大学奥廷佐沃分校。

三、MGIMO 的全球影响力

(一)授予多国著名人士荣誉学位

为提升 MGIMO 智库的全球影响力,为全球治理体系服务,MGIMO 授予在国际关系和外交政策领域表现优异的外国政治家、公共领域研究专家、外交官和学者共 71 人荣誉博士学位。这其中包括塞尔维亚总统亚历山大·武契奇、菲律宾前总统罗德里戈·杜特尔特、法国前总统尼古拉·萨科齐、芬兰前总统马尔蒂·阿赫蒂萨里、欧盟委员会前主席罗马诺·普罗迪、谷歌公司副总裁文顿·瑟夫等。

(二)质量上乘的合作办学

MGIMO 通过合作办学提升全球影响力,制定发展双边和多边国际关系的学校政策,以促进全球教育和科学的交流。MGIMO 与多个国家的多所大学、外交学院、研究所和研究中心等开展合作,签订合作协议,帮助 MGIMO 的教学和研究达到全球一流大学的标准。合作办学的主要内容包括符合博洛尼亚进程的相互学士和硕士学位教育项目,与法国、意大利、德国、挪威等国的大学合作开发双学位硕士课程。与全球著名高校交流是 MGIMO 课程的重要组成部分,每年有 100 多名国际交换学生会进入 MGIMO 参加一个学期或整个学年的学习。根据专业划分,国际学生可以选择上用俄语授课的各种课程,可定期参加高级俄语课程以提高语言和知识水平。

(三)卓越的校友与慷慨捐赠

MGIMO校友遍布全球各地,多人成为多国商业、外交和法律领袖,其中一些卓越的人才甚至成为外交部长、政府首脑。MGIMO的校友会成立于1991年,旨在支持和加强毕业生之间的友好交流,维系校友与MGIMO之间的紧密联系,维系MGIMO优良的传统、高学术水平和全球影响力。当前校友会由数千名毕业生组成,包括公职人员、政界人士、公民活动人士、文化体育专业人士、商人和年轻学者。MGIMO校友积极支持母校发展,不定期发起捐赠和慈善活动,为母校的发展作出巨大贡献。

MGIMO基金会成立于2007年,是俄罗斯规模较大的大学基金会之一。基金会的目标是为MGIMO的可持续发展积累资金,并为学校当前的优先事项提供项目融资。董事会主席阿纳托利·托尔库诺夫,MGIMO的毕业生弗拉基米尔·波塔宁、艾莉舍尔·乌斯马诺夫和帕托赫·乔迪耶夫为基金会运作提供了初始资金。捐助基金的合作伙伴包括MGIMO校友和有兴趣与该大学合作的公司,如宜家公司、科迪华农业科技有限公司等大型公司。至今MGIMO收到捐赠的资金总计17亿卢布,2008—2019年,基金会向学校转移支付了8.63亿卢布。MGIMO基金会成为学校正在进行的项目的"增长点",为需要资金的项目吸引资金,近年来基金会为各类项目和活动筹集的资金超过10亿卢布。

基金会已成为大学与商界之间有效沟通的纽带。作为回报,赞助商和合作伙伴可参加信息支持、活动定位、MGIMO校友和合作伙伴之间的广告宣传、为公司培养未来员工的项目培训、MGIMO商学院开发等国际课程,以及开展合作研究等。

MGIMO有多种接受捐赠基金的渠道和途径,提供资金的组织机构与MGIMO的智库有着互为表里的关系,决定着MGIMO多元化智库的性质。MGIMO作为世界一流的大学智库,在多边关系中游刃有余,其以大学的身份挂靠俄罗斯外交部等政府机构,争取来自国内外各大企业的资助[①]。

---

① 张骏:《欧洲智库发展:新趋势与新特色》,载《云南行政学院学报》,2018年第5期,第148~155页。

四、MGIMO 的内核 IMI——国际关系研究所

(一)IMI 的成立

MGIMO 的研究领域主要是国际关系,其核心机构为包括 11 个研究中心在内的国际关系研究所(Institute for International Studies,IMI)。MGIMO 于 1976 年 5 月成立应用政策研究中心,随后成立系统分析国际关系问题的研究实验室,并于 2009 年 5 月更名为国际关系研究所(表 10-2)。MGIMO 是一个具有俄罗斯独特知识传统的智库①,在国际关系领域中因知识创新与政策应用而誉满全球。其中,IMI 致力于协助俄罗斯外交机构作出科学的外交决策,将 MGIMO 打造成国际上最受尊重的国际关系智库中心平台。IMI 的具体工作包括开展基础学术研究、实施应用分析项目等,为外交政策倡议提供精湛的专业知识和科学的实证服务,在俄罗斯和外国排名较高的同行评议学术期刊上发表有关国际关系的文章,通过主流媒体与学者分享对国际关系发展的专业评估,持续地与各国国际关系专家进行知识交流和学术对话。

表 10-2　IMI 的演进历程一览

阶段	时间	中文简称	主任
1	1976—1978	问题研究实验室	Vladislav Tihomirov
1	1978—1990	问题研究实验室	Ivan Tûlin
2	1990—1998	国际研究中心	Mark Hrustalev
3	1998—2004	国际研究中心	Viktor Sergeev
4	2004—2009	国际研究科学协会	Aleksandr Orlov
5	2009—2018	国际关系研究所	Aleksandr Orlov
6	2018—	国际关系研究所	Andrej Sušencov

(二)IMI 的研究重点

IMI 与俄罗斯总统办公厅、联邦委员会、国家杜马、外交部、国防部等国

---

① Graef, Alexander. Foreign Policy Experts, Think Tanks and the Russian State: a Field Theoretical Approach. Diss. Universität St. Gallen, 2019:210~217.

内主要外交决策部门,以及联合国安理会、欧洲经济共同体、集体安全条约组织、东南亚国家联盟和上海合作组织等国际组织密切合作,将智库研究成果付诸外交实践场域。例如,IMI 东南亚国家联盟中心的任务是传播有关东南亚国家联盟-俄罗斯对话伙伴关系的信息,促进俄罗斯与东南亚国家联盟成员国之间在经济、文化、科学和教育等领域加强联系和交流;IMI 军事和政治研究中心研究国内与国际的军事趋势、军事装备、国防工业、军事合作及国家安全等方面的问题;IMI 中国综合研究和区域项目中心致力于开展对中国和中华文明的全面研究,包括对中国的内外政策、经济、历史、文化和意识形态等的研究,以及对 IMI 在区域内的各种互动形式进行研究;IMI 国际信息安全、科学和技术政策中心主要研究现代世界政治信息的安全,掌握全球信息安全演变趋势、特征和方向,并对其进行实时应用监测;IMI 数字经济和金融创新中心主要针对公共和私营部门,开发和使用区块链、人工智能、加密货币、机器人等新技术,在法律和经济层面进行全方位的研究。

(三)IMI 的发展与实践

MGIMO 在提供咨询或研究报告时,虽然会与俄外交部存在分歧和冲突,但其智库工作还是获得了外交部高级官员的支持而获得持续的发展,问题研究实验室的工作就印证了这点。1969 年,MGIMO 的学术事务副校长 Dmitrij Ermolenko 在担任外交部长顾问时推动了问题研究实验室的建设。Dmitrij Ermolenko 汲取美国智库开展公共政策研究的经验,建立了问题研究实验室,把控制论、数学和计算机建模等方法结合起来,通过定量分析、建模等为俄罗斯的外交政策和国际关系决策服务,形成一个能够识别、分析和规避治理过程中隐含的政治与经济等方面风险的复杂系统。例如,一是 1979 年伊朗革命之后,"问题研究实验室"运用这个复杂的系统分析巴列维国王镇压人民党(Tudeh Party)而导致有关政权崩溃的可能性;二是 1980 年,实验室应外交政策规划局的要求,开展分析,精准预测了在马德里举行的欧洲安全与合作会议的结果,此后这种预测分析工作因获得外交部高级官员的支持而持续至今。

1990 年,时任 MGIMO 副校长的 Tûlin 将"问题研究实验室"更名为"国际研究中心",Hrustalev 成为中心主任。在接下来的 10 年内,随着官方对政策规划和协调需求的减少,中心的工作逐步减少。2004 年,中心更名为国际研究科学协会,接手的 Orlov 在就任协会主席之前担任外交政策规划局副局长,而外交政策规划局是外交部与 MGIMO 的联络机构。Orlov 到来后,中心逐渐活跃起来,开始向外交部提供信息分析和研究报告。2009 年,国际研究科学协会更名为国际关系研究所(IMI),一举确立 IMI 在 MGIMO 智库中的核心地位。与早期的问题研究实验室相比,IMI 由多个研究中心和研究机构联盟合作组成,每个中心有 2~8 名研究人员,并由 1 个部门负责人负责管理事务。

IMI 章程规定,IMI 为外交部提供"咨询对策研究和专家智力支持"的服务。IMI 的专家可以根据外交部发布的年度研究主题清单,确定研究对象或自主拟定研究主题。与此同时,IMI 还为俄罗斯其他的政府机构提供相关领域的研究与分析服务,如 2009—2010 年为俄罗斯奥林匹克委员会编写了评估索契冬季奥运会安全形势的报告,2011 年受总统府外交政策局的委托编写中东地区发展规划等。

2018 年,IMI 制定五年发展规划,不断扩大动态研究网络与创建新的研究中心,立足对影响俄罗斯国家利益与世界最紧迫问题进行研究,争取增加在 Scopus 和科学网数据库中学术出版物的数量,并通过全球媒体渠道推广经过验证的国际关系领域的专业知识。从"问题研究实验室"到 IMI,它们在研究国际关系的理论问题方面传承与变革自身,对苏联时期马克思列宁主义国家意识形态的国际关系理论研究进行反思,学习与应用国际冲突管理和国际会议谈判方面的理论等,不断进行知识创新并超越当时意识形态框架而取得突破性的发展。

五、MGIMO 的智库服务

(一)积极参与全球治理

MGIMO 是俄罗斯国际研究科学协会的创始成员,其积极为俄罗斯政治科学协会、俄罗斯联合国协会、基金会和非政府组织等作贡献。20 世纪 90 年代,MGIMO 在俄罗斯国际关系领域的教育教学与学术研究中处于核心地位,影响莫斯科和圣彼得堡地区大学的国际关系研究,并将国际关系研究传播到其他地区。但是以 MGIMO 为首的俄罗斯国际关系研究机构难以摆脱马克思主义哲学的影响,就其研究的理论性方面而言与西方的完全不同。所以,MGIMO 需致力于消除理想主义与现实主义的分歧,立足俄罗斯大地去建构解释地缘政治模型①。例如 Д. А. 库兹涅佐夫认为跨区域主义是全球治理体系为扩大区域合作范围和增强跨区域行为主体影响力所作的结构性反应②，E. 科尔杜诺娃则指出金砖国家可被视作跨区域合作的典型而具有参与全球治理的大潜力③。

MGIMO 的智库研究为俄罗斯的总统府、联邦委员会和国家杜马、安全理事会和国防部、集体安全条约组织等机构作出巨大贡献。MGIMO 与政府和外国大学合作，定期举办一些重要的会议：俄罗斯政治科学大会、俄罗斯-东南亚国家联盟大学论坛、俄中年度会议、俄日年度会议、金砖国家论坛等。

MGIMO 积极参加各类全球治理机构的活动并为其提供知识服务，是国际研究协会、欧洲政治研究联盟、国际事务专业学院协会、欧洲国际教育协会、世界国际研究委员会、欧洲大学协会、国际拉丁美洲及加勒比研究国际联合会、促进和支持教育理事会等国际组织的重要成员。

(二)丰富的学术出版成果

MGIMO 大学出版社出版各种关于国际经济关系、政治学、国际法、工商管理、保险和俄罗斯语言研究的书籍。MGIMO 学者积极开展有针对性的智库研究，用心解决社会科学领域的诸多问题，每年出版 500 多部专著、手册等，发表 1000 多篇文章，体现了 MGIMO 智库研究多样性与国际化的主要特征。

MGIMO 拥有《MGIMO 国际关系评论》(*MGIMO Review of International Relations*)、《国际分析》(*International Analytics*)、《西语美洲论文》(*Iberoamerican Papers*)、《专业语言与沟通》(*Professional Discourse & Communication*)、《哲学宗教文化概念》(*Concept: philosophy, religion, culture*)、《数字法律期刊》(*Digital Law Journal*)、MGIMO 文献学(*Philology at MGIMO journal*)、《比较政治学》(*Comparative Politics*)、《国际趋势》(*International Trends*)、《MGIMO 杂志》(*MGIMO Journal*)、《治理与政治杂志》

---

① Katri Pynnöniemi atri Pynnöniemi. Russian Foreign Policy Think Tanks in 2002. Ulkopoliittinen Instituutti (UPI) Working Papers. 2003(38):6~7.

② [俄]Д. А. 库兹涅佐夫：《世界和地区大国对外政策中的跨区域主义：俄罗斯的视角》，马天骄译，载《俄罗斯学刊》，2020 年第 6 期，第 125~132 页。

③ [俄]E. 科尔杜诺娃：《金砖国家在全球治理中的作用》，汪隽译，载《俄罗斯文艺》，2014 年第 1 期，第 130~133 页。

(*Journal of Governance and Politics*)11 种期刊,其中《MGIMO 国际关系评论》等一些刊物被 Scopus 收录,一些期刊出版了俄语、英语、法语和西班牙语版。2005 年创办 *MGIMO Journal*,记录 MGIMO 在俄罗斯和国外的重大事件,包括对杰出校友和大学合作伙伴的采访。

(三)重视对中俄关系的研究

MGIMO 设置中国综合研究和区域项目中心(Centre for Comprehensive Chinese Studies and Regional Projects),主要的学术活动包括分析中国发展模式的优势和劣势,中国政治、经济和社会特征,如中华文明的历史基础与意识形态,以及中华文明对其他国家和区域的影响;中国民族、宗教政策;中国外交政策和国际战略,中国与世界大国和其他地区的关系,以及中国参与一体化、跨区域、跨秩序合作的进程;中国在实现国家区域发展规划方面的成功经验与失败教训;在中国发展模式中寻求地区主义、全球化和跨地区主义之间平衡的正确战略和实践;中国地区主义模式对世界体系架构的影响;全球秩序、中国模式的区域秩序和其他区域秩序的转型;欧亚和中国关键区域的关系;亚洲经济一体化的区域模式、安全问题、发展趋势;跨文明互动以及区域秩序的构建;欧亚大陆各国之间的冲突与合作,俄罗斯对欧亚各国的作用与影响,以及俄罗斯与中国的关系。

MGIMO 加强同中国高校及智库的交流,其合作对象有中国社会科学院俄罗斯东欧中亚研究所,外交学院,中国国际问题研究院,大连外国语大学,北京大学,北京外国语大学,北京第二外国语学院,北京交通大学,西北政法大学,香港大学,对外经济贸易大学,武汉大学,复旦大学,吉林大学,上海交通大学,上海外国语大学等。MGIMO 持续促进中俄高等教育、科学研究和智库方面的交流,加强中俄之间相互信任、相互理解,推进中俄紧密合作关系的发展。

MGIMO 专家和学者积极倡导俄罗斯与中国之间的全面合作,并且形成具有理论与实践基础的研究成果[1]。例如,MGIMO 院长 A. V. 托尔库诺夫与国际关系系主任 A. V. 卢金指出,美国前总统特朗普的亚太政策成为推进

---

[1] [俄]A. Д. 沃斯克列先斯基:《俄中合作的发展逻辑、前景和主要演进方向》,王志远译,载《俄罗斯学刊》,2019 年第 4 期,第 97~116 页。

中俄关系全面发展的一个新的契机①;安德鲁·考立克认为中俄战略伙伴关系是新兴多极世界秩序的核心,提出俄罗斯要不断扩大中俄贸易规模,在经济合作层面与中国相辅相成②;丽娜认为在"一带一路"倡议的基础上,中俄可携手维护中亚地区稳定③;维克多·米辛提出中俄新战备稳定框架理论,认为需要着力避免超级大国核战,同时必须考量当前全球政治与军事格局中的所有变量④。

六、MGIMO 的发展趋势

MGIMO 国际关系研究学者伊万·图林教授认为,以 MGIMO 为首的俄罗斯高校纷纷建立学术独立与政治中立的外交政策智库,但是这些智库的知识产品反映出俄罗斯国际关系与外交政策研究者还是保有传统学院式的知识惯性——注重理论而缺少对政策游说和公关的兴趣,其结果就是俄罗斯的政治精英在有关外交关系的决策过程中没有有效地得到相关智库的支持。这一点与西方相差甚远,西方智库已经成为西方政治生态的要素之一。俄罗斯国际关系领域的智库参与政治活动的能力有限,对决策的影响不大,MGIMO 也不例外。MGIMO 在智库建设与发展的过程中,需要正视当前的困难,采取以下两点举措,以进一步发展成为参与全球治理体系的高端智库。

(一)完善智库建设方面的立法

就当前俄罗斯智库建设的政策而言,很少有法律或法规涉及在对外关系政策制定中起着重要作用的智库。目前只有第 271 号总统法授权的外交部章程(1995 年 3 月 14 日,第 10 条)中宣称:"为制定俄罗斯联邦外交政策的具体建议,俄罗斯联邦外交部有权设立学术和专业性咨询机构。这些咨询机构的委员会组成及其规定由俄罗斯联邦外交部长核准,这些委员会的组织和技

---

① [俄]A. V. 托尔库诺夫,A. V. 卢金:《特朗普亚太政策推进中俄关系》,王晓博译,载《东北亚学刊》,2020 年第 3 期,第 33~47,147~148 页。
② [俄]安德鲁·考立克:《中俄战略伙伴关系是新兴多极世界秩序的核心》,张童童译,载《中国投资(中英文)》,2021 年 z9 期,第 18~21 页。
③ [俄]丽娜(ABRAMKINA MARINA):《"丝绸之路经济带":对中俄经济合作关系的挑战与展望》,上海外国语大学硕士论文,2018 年,第 11 页。
④ [俄]维克多·米辛:《世界多极竞争中的战略稳定新框架》,原玥译,载《国外社会科学前沿》,2021 年第 8 期,第 35~48 页。

术支持由俄罗斯联邦外交部提供。"①这一法规要求俄罗斯领域的外交部对国际关系智库有所投入,依据智库的专业知识制定外交政策,同时智库的活动获得外交部给予智库组织(包括财务)和技术上的支持。所以,以 MGIMO 为代表的国际关系专业智库明显地影响着俄罗斯的外交政策,也会与国外智库以及国际基金会等支持的独立智库产生竞争。

(二)扫除影响智库发展的障碍

当前包括 MGIMO 在内的俄罗斯智库发展遇到的障碍主要有如下三个②,对此俄罗斯政府、智库与民众采取多种方法以促进智库的健康成长。

一是俄罗斯的总体政治格局与外交政策的决策程序影响 MGIMO 的发展。俄罗斯的政治与外交决策等公共政策涉及俄罗斯民众的利益,为此相关智库发展需要一个信息公开、决策透明、程序公正与更加开放的有利于智库之间展开竞争的市场环境,以保证外交决策机构、资本市场、社会民众对 MGIMO 持有欢迎的态度,为 MGIMO 的健康发展提供养分。MGIMO 等智库参与决策工作可以消除俄罗斯外交部等对外决策机构在对外时只根据自身利益作出决策的弊端。智库将政党、资方和社会组织等各方利益与观点结合起来,形成政策议题而影响公共外交,结果必然导致外交部鼓励发展公共外交。

二是外交部等决策机构与 MGIMO 的合作障碍。由于政府决策机构与智库之间没有形成明确的合作形式,因此双方在政府采购、直接委托、科研合作、人才共享等正式与非正式合作的过程中,并不明确知晓如何开展这种合作,进而导致并不稳固的双方互信的出现,使国家政权和社会民众之间缺少对话。西方智库的实践经验可帮助解决这一问题,即加快建设咨询委员会、指导委员会、工作组等可以促进联合决策的渠道,使双方密切合作进而增强互信。同时,政府要加大对智库在特定研究领域工作的资助,为智库打造一

---

① [俄]伊戈尔·奥库涅夫:《俄罗斯外交政策智库:趋势与障碍》,张欢欢、王文正译,载《俄罗斯学刊》,2019 年第 5 期,第 131～136 页。
② Okunev, Igor; Graef, Alexander. Russian Think Tanks and Foreign Policy-Making [J]. *Russian Nnalytical Digest*, 2019(3):2～5.

个良性的知识交易市场,加强智库之间的竞争,以满足政策制定的需要①。MGIMO 清楚地认识到克服陈规陋习非一朝一夕之事,因此积极参与俄罗斯外交事务委员会的各项活动,增强外交部和 MGIMO 专家之间的互信与合作。

三是 MGIMO 等智库的内部组织结构和相关活动规划缺乏合理性。这一障碍的形成与智库的资金来源、人才队伍、对外合作等方面有关,因此 MGIMO 需要加强与媒体界的联系,认识到媒体报道、品牌推广等的作用,不断扩大其社会影响力。同时,加强与欧洲各国和其他国家高端智库的联系,建设国际范围内的智库专家网络,在知识生产上获得创新、独特、高级别的专业知识而誉满全球,进而扩大自身对于政府决策的影响力。MGIMO 需要认识到与西方智库可为政府提供相关文件相比,俄罗斯缺乏高质量的智库专家为政府起草和制定政策文件。为此,MGIMO 可在外交政策领域为俄罗斯政府提供如何撰写政策文件的培训课程,为外交部等决策机构提供人员培训服务。

随着时间的推移,MGIMO 在建设途中茁壮成长,不断地为俄罗斯外交决策提供高质量的科学咨询与发展规划服务,成为沟通政府机构、学术机构、社会民众的国际高端智库,为俄罗斯提供更好的外交政策分析与研究产品。相应地,俄罗斯政府应该营造一个促进思想多元化和公平竞争的环境,帮助智库提升其能力、影响力和竞争力,最终提升俄罗斯外交政策分析的科学性而实现质的突变。

---

① Alexander KORNILOV, Alexandra KONONOVA. The Russian Institute of Strategic Studies: The Organizational Dimension[J]. Bilge Strateji, Cilt 6, Say$_1$ 10, Bahar 2014, ss. 11~25.

第十一章
为项目驱动服务的 BPC
——里约热内卢天主教大学金砖国家政策中心

> 站在历史的十字路口,我们既要回望来时路,牢记金砖国家为什么出发;又要一起向未来,携手构建更加全面、紧密、务实、包容的高质量伙伴关系,共同开启金砖合作新征程。
>
> ——习近平

随着全球新兴市场的发展,2001年金砖国家(BRICS)这个新概念诞生。BRICS 最早由美国高盛集团前首席经济师吉姆·奥尼尔提出,原指巴西(Brazil)、俄罗斯(Russia)、印度(India)、中国(China)四国,2010年南非(South Africa)加入,五国国名英文首字母组成的 BRICS 与砖(brick)一词类似,故这五国被称为"金砖国家"①。2009年,金砖国家领导在俄罗斯叶卡捷琳堡举行首次会晤,随后建立金砖国家领导人年度会晤机制,为金砖国家的发展与合作提供动力和指引。金砖国家在经贸、金融、财政、教育、农业、科技、卫生、文化、旅游、禁毒、智库等数十个领域开展合作。

金砖国家领导人多次强调加强各国智库之间的交流与合作,尤其是习近平总书记在金砖国家峰会期间多次提及智库建设与合作。早在2012年3月,习近平总书记在金砖国家领导人会晤时提出将智库建设纳入会议议题范围,支持南非将智库理事会等列为会晤筹备重点。2021年9月9日,习近

---

① [美]丹尼尔·W.德雷兹内《思想产业:悲观主义者、党派分子及财阀如何改变思想市场》,李刚、邹婧雅、谢馥兰等译,南京:南京大学出版社,2019年,第178页。

平总书记在金砖国家领导人第十三次会晤上指出要坚持互利共赢,加强经济合作。

一、BPC 概况

为促进金砖国家智库之间的知识共享与交流,巴西里约热内卢天主教大学国际关系研究所成立金砖国家政策中心(BRICS Policy Center / Centro de Estudos e Pesquisas BRICS ,BPC),这是一个独立的、无党派倾向、非营利性的智库。BPC 通过研究和分析全球变化对金砖国家、全球南方等的影响,倡导增加权利、加强公共辩论和提供科学政策等,以减少全球不平等和不公平的现象。BPC 采用人员培训、标准研究、战略分析和舆论宣传等相结合的服务模式,为金砖国家的公共机构、立法者、社会公民和其他参与决策的利益相关者提供多种服务。

2011 年以来,BPC 一直被列入世界高端智库行列(表 11-1),为金砖国家的决策者、学术界和民间社会组织提供咨询与参考服务。BPC 鼓励研究机构之间加强合作和交流,并不断扩大其与巴西国内外智库和研究机构的协同合作。BPC 与 50 多家智库和研究机构签署合作协议,形成一个庞大的智库合作网络。BPC 还借助于里约热内卢天主教大学国际关系研究所充裕的人力资源、研究资源等,举办了国际关系多个领域的专题会议,使 BPC 成为巴西国际关系研究领域学者与全球治理体系机构的"黏合剂"。BPC 还与巴西政府有密切的合作交流,与巴西外交部、科技部、体育部、环境部等政府部门共享信息,开展科研合作,与巴西外交部附属的古斯芒基金会(Funag)和国际关系研究所(IPRI)形成常态化的合作与对话[①]。

表 11-1 2020 年度全球智库索引 BPC 排名一览

智库分类	中南美高端智库	全球经济智库	全球科技智库	全球社会智库	最佳传媒智库	最佳管理智库	最佳创新智库	最佳智库会议	最佳智库网络	最佳跨学科研究智库	全校智库
排名	10	87	61	61	74	33	16	20	19	19	7

BPC 的资金主要来自里约热内卢市政府的财政拨款、里约热内卢天主教大学的划拨经费、有关国际关系组织的项目支持等。BPC 的使命是为全

---

① 周志伟:《金砖国家政策中心:快速发展的巴西智库》,载《中国社会科学报》,2012-12-19,第 B05 版。

球治理体系内部变革及地方、国家和区域层面提供关键与核心的知识,为推动基于权利的发展和促进全球南方的平等作出贡献。

BPC 的智库产品包括学术论文、政策简报、标准评价、书籍和实践指导等,其中政策简报共 50 篇、学术论文 27 篇、书籍 33 篇、标准评价与实践指导共 53 篇。BPC 定期组织面向公众的座谈会、学术论坛和研讨会等,吸引来自巴西国内外的智库学者和决策者参加。

BPC 的研究项目由国际关系研究所学者负责,并得到学校的研究生(硕士和博士生)和实习生(本科生)的帮助。BPC 现有的学术团队与行政团队成员共 35 人,历年来的研究人员、访问学者与管理人员总计 78 人。

二、BPC 的项目驱动服务

BPC 的服务项目有六个:金砖国家城市发展规划、南方调解小组、国际合作与金融发展实验室、社会环境平台、治理创新与发展、中国专家小组。

(一)金砖国家城市发展规划

BPC 开设金砖国家城市发展规划研究项目,致力于解决金砖国家以及全球南方城市的发展问题。项目立足城市权利,视城市为公民和权利的结合体,寻求建设更公平、更公正和更安全的城市。项目旨在为理解当前城市发展,而建构一个总体框架,积极参与公共政策制定,为解决影响公民公共生活和城市常规发展的具体问题提供方法论方面的指导。项目组与多个城市的行政管理机构和行为主体合作,研究过程"和而不同",产出高质量的研究成果,为形成合作伙伴关系奠定坚实的基础。项目研究范围包括金砖国家城市、城市权利、招商引资、城市差异、城市治理、城市发展的可持续性等。

金砖国家城市发展规划研究作为 BPC 的第一批研究项目,主要涉足金砖国家城市概念与资源的比较研究。BPC 通过界定金砖国家城市的概念,期待找到某种方法,指导金砖国家城市发展,确定城市权利的议程和进程等。当前金砖国家最重要的城市和城市网络,通过两个截然不同的但同样重要的议程在社会和空间中发生转变;确认城市中的各种私人和公共场所具有吸引力的空间,将其出售给国家和国际投资组织。而城市权利的议程与城市化议程有所不同,这是一个寻求将城市转变为公民权力和权利的空间;这两个议程的界定可以帮助金砖国家城市管理者,认识与城市空间相关的一系列争议与问题,并为城市决策者提供报告,主要研究金砖国家城市发展过程理论和安全方面的问题。

(二)南方调解小组

2012年,BPC成立全球南方调解小组(The Global South Unit for Mediation,GSUM),这是一个集教学、学习和研究于一体的平台。GSUM致力于生产和传播与世界和平相关的专业知识,包括全球和平,如国际谈判、调解与维和行动等方面的实践知识及冲突转化机制方面的理论知识。GSUM以全球南方为重点,开展一系列的研究项目、国际研讨会、专业培训等活动。近年来,GSUM通过知识创新和经验总结形成一系列的研究成果,成为促进对推动全球和平进程感兴趣的学者、外交官、行政官与非政府行为者等主体互动、沟通、交流的重要机构及平台。GSUM重要的合作伙伴有非洲建设性解决争端中心、比勒陀利亚非洲大学调解中心、国际冲突解决中心、拉丁美洲社会科学院(厄瓜多尔总部)、奥斯陆和平研究所(挪威)、比尔肯特大学(土耳其)、沙迦智慧之家、瑞士基金会等。GSUM的具体工作如下。

提供培训课程。GSUM极力为全球南方国家有关人士提供系列培训课程,主要包括以下两个方面的课程。一是国际调解冬季学校课程,2012年、2015年、2016年GSUM开办三次冬季课程,组织为期两周的国际调解培训课程强化班,为学员提供全面深入且内容丰富的学习和培训课程,重点关注与全球南方密切相关的问题。二是国际关系研究所"冲突解决和国际调解"课程,由研究生院和外交学院对巴西外交官进行专业培训,2015年、2017年培训课的内容主要涉及冲突转化与冲突解决、国际调解与国际和平建设等。

生产知识。GSUM在项目活动中积极进行知识生产,产出一系列的教材、政策简报、论文,主要成果如表11-2所示,为全球南方国家决策机构与智库提供专业的、有针对性的、有前瞻性的智库产品。

表11-2 GSUM研究成果一览

类别	主题
教材	国际调解成功、失败和经验教训的要素及反思
	全球南方调解
	国际调解的行动者与进程
	冲突解决和调解的研究与实践
	调解与联合国系统

续表

类别	主题
政策简报	与非常规武装团体的调解:拉丁美洲的经验
	桥梁修补:美国和古巴尚未完成的事业
	架构人权和冲突解决的桥梁:拉丁美洲的经验
	国际和平调解与性别:弥合分歧
	能源环境与不平等发展:气候变化辩论中的金砖国家
	委内瑞拉的调解案例
	中东的战争、和平与调解
	公民参与和平建设的创新:解决冲突的必要性
论文	非过渡时期的真相与正义倡议:拉丁美洲的经验
	区域组织与内部冲突:阿拉伯联盟与阿拉伯之春
	文化、性别和调解:挑战与经验教训
	内战中国际调解的本质:复杂管理的挑战

开展研讨。GSUM召集南方国家智库学者、决策者举办学术研讨会,探讨全球南方国家的和平与发展问题,主要研讨会如下。

2017年8月8日,BPC召开"第1225号决议:巴西妇女、和平与安全议程"的圆桌会议,活动由GSUM主办,合作方为Igarapé研究所,学术界、政府官员和社会组织聚集,以动态的方式讨论第1225号决议在巴西的执行情况。

2017年11月28日下午,"中国崛起与非洲和拉丁美洲国家能力发展"研讨会在BPC图书馆举办,Claudia Fuentes教授主持会议。研讨会指出中国现在是全球发展的主要参与者,其通过投资、贸易、贷款等向他国提供援助,在世界大部分地区极具影响力,南方国家有必要了解中国发展模式的成功之处。

GSUM与联合国驻哥伦比亚特派员Bia Albernaz举办了"和平进程观察"研讨会,介绍Bia Albernaz在刚果民主共和国、肯尼亚和南苏丹经济发展、人道主义等领域的工作,分享其作为联合国设立的新核查机制成员在解决冲突方面的个人经验,以及汇报其监测哥伦比亚和平进程推进的情况,这次报告对于从事人道主义领域职业的人来说具有一定的实践意义。

(三)国际合作与金融发展实验室

金砖国家政策中心提出加强金融与国际发展合作的倡议,成立国际金融与发展合作实验室(The Laboratory of Financing and International Cooperation for Development,LFICD),总结全球合作融资的实践经验。进入21世纪,中国、印度、巴西等新兴经济体在与西方国家在国际关系规范和实践的多元化领域中竞争及合作的过程中不断提升影响力。LACID通过实验室分析全球治理体系与秩序的变化对金融和国际发展合作的作用,认为全球南方国家应就加强合作提供反思性建议,寻找影响全球南方国家发展的变量,为国际重大发展政策议题的提出与制定提供理论支撑。

1. 促进国际发展合作的对话

国际发展合作对话活动由LACID发起,多个国家和国际合作伙伴共同参与此项活动。LACID的主要目标有两个,一是促进政府、国际组织、民间社会组织、智库和学术界等利益相关者就促进南南合作及三边合作等政策问题开展对话,二是加强南南合作、三边合作与落实2030年可持续发展议程决议等。LACID的主要活动如下。

2017年,LACID与巴西合作署合作开展第一次国际发展合作对话。此次对话获得首尔政策研究中心、英国国际发展部(DFID)、巴西国家科学技术发展委员会(CNP)等机构的支持。

2018年,LACID与巴西合作署、南方智库网(NEST)等合作伙伴开展国际发展合作对话,对话的主题包括三边合作、2030年可持续发展议程和《巴黎协定》,鼓励私营机构参与2030年可持续发展议程,确保在南南合作过程中不让任何国家掉队等。

2019年,因新型冠状病毒感染疫情蔓延,LACID将对话推迟。此次对话的主题原为变革性实践使发展合作目标与国际目标保持一致、如何评估伙伴关系、开展基于1993年2月在坎帕拉通过的人权宣言的行动促进地区良好的伙伴关系建立等。

2. 加强新开发银行的保障项目

中国、俄罗斯、巴西、印度和南非等经济体的经济快速增长,提升了金砖国家的竞争力和国际投资吸引力,为此金砖国家需要制定扩大海外投资的发展规划。当前新经济和新金融为金砖国家投资提供了机会,但是其还需要关注社会环境风险和国家治理等带来的挑战。社会环境风险与投资决策有着密切的联系,金融机构、私有银行等对社会环境产生积极或消极的影响,因此金砖国家需要对新兴国际金融机构以及其他发展融资机构进入社会环境的方式开展标准化的调查。对此LACID与Mott基金会合作启动"加强新开发银行的保障"项目,调查分析新兴国际金融机构在推动社会环境保护机制转变中的作用,以及它们对发展融资机制的总体影响。

经过LACID学者的努力,"加强新开发银行的保障"项目生产出一批高质量的智库产品,包括中阿合作论坛的金砖国家新开发银行、中国国家开发银行、南非开发银行、中拉论坛、新多边开发银行、俄罗斯发展和对外经济事务银行、中国-葡语国家经贸合作论坛(澳门)、亚洲基础设施投资银行(亚投行)、中非合作论坛等有关的政策报告,发布《金砖国家开发新银行:南南合作的新工具》政策简报。

3. 拉丁美洲和加勒比发展金融项目

LACID指出,基础设施投资是2008年金融危机消失的关键影响因素,是刺激经济发展的重要因素。在Mott基金会的资助下,LACID启动拉丁美洲和加勒比发展金融项目,分析发展融资的实际状况及其对地区社会环境保障的影响。项目内容主要包括:建立中国与拉丁美洲和加勒比地区的资金流动信息数据库,整合公共数据,不断监测与评估中国在拉丁美洲和加勒比持续投资的额度;监测亚马孙地区国家(巴西、委内瑞拉、哥伦比亚、秘鲁、厄瓜多尔和玻利维亚)的金融体系,分析国家金融体系对社会环境保障的有效性;监测巴西公共与私人融资工具的使用情况,确定亚马孙地区国家当前运营的融资工具(混合金融、贸易援助、商业支持计划、挑战基金等),以及分析这些工具的主要问题与影响。

4. 现代奴隶制研究中心项目

LACID成立现代奴隶制研究中心的背景是,当前全球仍有4000万现代奴隶,虽然各国均制定了反奴隶制的有关政策,但这些政策的效果在一系列场域、背景和特殊环境中已被证实不尽如人意。该中心通过地区合作伙伴关系开展调查研究,探索打击现代奴隶制的有效途径,提出通过完善当前的公共政策,确定有精准打击目标的科学建议。现代奴隶制研究中心成为在全球知识、社会、经济和政治领域讨论如此敏感议题的重要平台,这是全球社会科学的一大壮举。中心拥有一支由社会组织者、地方政治精英和全球学者组建的跨学科团队,在团队积极进取与不懈努力下,中心持续地为受害者和被压迫者发声,认为需要采取多种方法进行分析和调查,才能实现消除现代奴隶制的目标。

现代奴隶制研究中心成立全球城市无奴隶制项目,旨在打击现代奴隶制。从巴西里约热内卢、英国诺丁汉、泰国曼谷到莫桑比克马普托,这些城市的管理者之间交流知识,有助于促进在全球范围内合作反对奴隶制。中心还建立了一个由地方政府机构和社会机构构成的网络,对倡导和研究根除现代奴隶制的学者开放,呼吁政策制定者、智库学者、执法机构和非政府组织关注现代奴隶制,为消除现代奴隶制和相关犯罪问题而加强多边合作提供可行的对策,通过国际合作达成共识,以确保打击现代奴隶制的有效性。中心学者发表《里约热内卢劳工剥削和现代奴隶制的社会决定因素:莫罗·达·普罗维登西亚案例》报告,从公共政策、历史、文化和社会经济的维度揭示里约热内卢贫民窟问题产生的根源。

(四)社会环境平台

BPC开发社会环境平台,为金砖国家致力于研究全球气候变化、发展模式、社会公平(不平等)、开发银行及保障等的智库机构和学者提供一个知识共享、交流的对话平台与创新空间。平台的知识产品包括政策简报、学术著作、论文等,平台创建的《社会环境雷达》期刊重点刊发与金砖国家社会环境相关的文章、新闻等。

1. 平台项目

BPC社会环境平台设立中心气候数据库项目,负责监测和共享与气候相关性的数据,分析巴西国家拨款的状况,分析各国关于气候变化领域的公共政策和国家立法等信息,为巴西能源、农业、森林、运输等政府部门提供数据信息服务。

BPC与德国波茨坦高等可持续发展研究所(IASS)合作组建多极治理研究项目小组,旨在为气候与能源领域的全球治理绘制数据图。多极治理项目的主要工作是采集全球气候与能源领域的数据,收集介入该领域的私营企业与开发项目的信息,重点分析《联合国气候变化框架公约》下设的私营部门气候行动区虚拟平台注册的对象,在此基础上绘制能源和气候地图,收集各家公司的总部及其在全球各地的项目的有关信息。

2. 平台活动

BPC的社会环境平台开展和参与一系列的智库活动,包括联合国气候行动峰会、第四届联合国环境大会、"巴西的妥协和展望"圆桌会议、"金砖国家在新环境治理中的作用"研讨会等。BPC 还发布了《生物多样性公约》《巴西投资协议和社会环境保护模式》简报、《国际可持续发展的气候与金融》等智库报告。在平台活动的基础上,BPC 学者 Beatriz Rodrigues Bessa Mattos 发表了《能源转型之路:气候多极治理中的私营部门的利益与作用》的论文。

(五)治理创新与发展

BPC 下设治理创新的发展规划(innovation and Governance of development program,PIGD)平台,开展一系列的跨区域研究,考察科学技术发展在全球治理体系中对产生、复制和减少不对称现象的作用。在所研究的领域中,人们重点关注的问题是全球经济中的识别和测绘技术、新技术和全球经济价值结构的关系、金融化的进程在创新和生产活动中的地位及其动态作用、世界科技能力的区域演变、全球南方国家科技发展的结构性障碍、国家科技创新政策及其效果的比较,以及有关全球治理的论坛、制度、机构和倡议对科技发展与传播的定位、监管等。

PIGD 平台的专家学者通过生产政策简报、论文、专著、调查报告等一系列的知识产品(表 11-3)的方式,为金砖国家的社会、教育、军事、经济、政治等的发展与创新提供严谨科学的咨询建议。

表 11-3　PIGD 研究成果一览

类别	主题
政策简报	新兴国家行业创新体系
	特梅尔的紧缩政策和巴西创新的未来
	印度国家创新体系的演变及其现状
	金砖国家面对不平等的挑战
	南南技术转让的标准和金砖国家公共政策的实施与评估
	促进金砖国家发展的科技合作
政策简报	金砖国家的发展与不平等、通信与信息技术的应用
	能源矩阵和不平等发展:气候变化辨认中的金砖国家
	知识时代的不均衡发展:金砖国家参与知识产权和研发投资的演变
	知识时代的发展:金砖国家参与全球科技生产的演变(1996—2010)
	巴西、印度和国际专利议程
	全球经济发展的不平衡和结构的变化:1900—2008 年金砖国家 GDP 的演变

续表

类别	主题
论文	印度政府主导应对能源挑战
	金砖国家的社会创新和高等教育(1):背景概述
	金砖国家的社会创新和高等教育(2):一种多尺度治理的方法
	印度国家创新体系的演变及其现状
专著	社会创新与提高女性适应能力
	巴西和印度在知识产权领域的合作路径
调查报告	巴西、南非与 A-Darter 导弹:技术转让的南南经验

（六）中国专家小组

BPC 设置中国专家小组，采集、分析中国在巴西的投资以及中国与南美之间经济流动的系统化数据，旨在提高信息获取和信息发布的透明度，扩大知识共享与交流，推进多方交流与合作。根据中国专家小组统计，在巴西涉及投资的国有企业和私营公司有 63 家，包括国家电网、中国长江三峡集团、联想集团、比亚迪股份有限公司等。南美洲的经济流动只采集位于亚马孙和塞拉多保护区已经实施或正在实施的投资项目的有关数据，根据统计绘制出中国-巴西按行业划分的投资累计金额、中国-巴西年度投资金额折线图，涉及中国与南美国家之间的投资、合作及双边商业活动，中国专家小组也绘制出了中国对南美国家商业流动的影响力地图。

三、BPC 的功能与使命

（一）为金砖国家发展规划服务

BPC 的服务对象是"金砖国家"，BPC 致力成为金砖国家政治与学术二轨对话——智库峰会的重要参与者与支持者，定期参加金砖国家的重要国际会议。2011—2012 年，金砖国家可持续发展委员会对金砖国家进行监测和分析，为金砖国家参与"里约＋20"峰会提供指导。面对差异化、发展权和绿色经济给金砖国家发展带来的机遇与挑战，金砖国家在联合国可持续发展会议(里约＋20)中达成"绿色经济"的共识。BPC 对发达国家认为的"发展权"与"差异化责任"有利于可持续发展环境政策的实施提出疑问，对金砖国家采取的政策进行分析。在这种背景下,BPC 积极参与金砖国家智库的建设,并为金砖国家政策制定、倡议提出等提供智力支持。例如,BPC 与金砖国家工商理事会技能发展工作组巴西分会合作,收集、分析金砖国家主要行业技能差距数据,以便各国在面对工业 4.0 挑战之际,能够对金砖国家劳动力的未来发展进行战略规划。

(二)重视社交媒体与社会影响

BPC 积极地面向全球受众发声,通过各种社交媒体平台与渠道,公开讨论全球治理与金砖国家、南南可持续发展中的问题而促成各类倡议,并在这一过程中逐渐提升 BPC 的社会影响力。BPC 还十分重视运用网站平台、社交网络、传统媒体等,提升其社会影响力。例如,自 2011 年 9 月以来,BPC 每两个月或一个月发布一次《时事通讯》,至 2019 年共发布 50 期(表 11-4),帮助受众及时掌握金砖国家重要的资讯、BPC 的最新知识产品、BPC 的各类知识交流与共享等方面的信息。这种通讯报道简洁明了,为受众筛选 BPC 的研究动态、重要新闻机构的报道等有关信息,并对这些动态与报道给出精简的评论,以方便受众查阅、吸引受众参与、激发受众兴趣等。

表 11-4 《时事通讯》年度发布数量

年度	2011	2012	2013	2014	2015	2016	2017	2018	2019	合计
篇数	2	8	10	6	5	4	5	6	4	50

BPC 专家接受法国新闻社、环球新闻等主要媒体的采访报道等,面向全球受众介绍其所在领域最新的研究成果,以帮助全球民众了解金砖国家与全球其他南方国家关注的问题及解决倡议等。例如,2019 年 9 月 9 日,BPC 社会环境平台的莫林·桑托斯在 YouTube 频道上直播讨论"亚马孙森林砍伐:谁应该负责"的问题,以反对霸权主义和理解社会环境的重要性等。BPC 的路易斯·曼努埃尔·费尔南德斯教授在接受法国新闻社记者埃里森·杰克逊采访时发表了他对巴西与中国关系的建议,认为巴西政府的变化及巴西和美国的结盟使得巴西政府与中国出现紧张关系。BPC 的公开辩论、采访报道均被发布在 Facebook、Twitter 与油管等社交 YouTube 上,受众可自行选择查看。

(三)追求平等

BPC 秉持平等的理念,与乐施会合作,为消除金砖国家与其他南方国家的不平等现象而努力,其中 BPC 的城市权利项目就有如下四个追求平等的研究内容。

一是金砖国家城市。2012年,乐施会发布《安全公正的人类空间》,试图为全球繁荣提供一条可行的路径以减少不平等的现象,以公正和安全的方式在城市的空间和规模上寻求可持续发展。在此基础上,金砖国家城市项目与乐施会合作,借用乐施会的模型界定城市权利概念,以期助力于建成一个公正和安全的世界。

二是城市权利。《安全与公正世界中的城市权利:金砖国家案例》一书从理论和实践上指出城市权利概念作为公共领域政策设计依据的重要性,指出政策能够为城市营造公正、公平和安全的空间。

三是金砖国家与不平等的斗争。BPC 与乐施会合作编制《金砖国家和消除不平等的挑战》报告,对四个关键问题展开分析,以了解金砖国家的联合行动给世界带来的变化。报告建议加强金砖国家民间社会组织的合作以消除不平等的现象,通过开展可持续发展等关键议题的辩论,试图帮助金砖国家找到一条通往公平、民主世界的具体途径。BPC 与乐施会合作编写《不平等现象》一书,指出南非和巴西等国家社会经济不平等的现象与面临的关键挑战,为金砖国家公共政策的制定提供借鉴。

四是城市贫民窟的权利。金砖国家和全球其他南方国家因有着各自的特殊性而不尽相同,但是它们拥有一个共同的基本特征——都有贫民窟。里约热内卢、约翰内斯堡、孟买等城市的社会空间不平等的程度很高,其中贫民窟是这些城市不平等现象空间化长年累积的结果。贫民窟往往被边缘化和被形式化,里约热内卢的贫民窟甚至出现被军事化的情况。在海因里希·伯尔基金会的支持下,该项目持续研究里约热内卢等大都市的贫民窟,指出城市公共管理需要履行宪法义务,才能确保所有公民享有城市空间的权利。

(四)促进世界和平

BPC 下设的全球南方调解小组项目确立关于世界和平的五个研究主题,为推动世界和平提供相关智库产品。

1. 和平进程、国际调解、和平建设和冲突转型

BPC 对全球南方开展调查研究,尤其调查研究拉丁美洲在国际谈判和调解中的实践,分析其在国际调解领域中能力的建设和面临的挑战,肯定区域机构和联盟在促进和平方面的实践与作用,指出国际谈判桌上的议题应该包含和而不同的包容性方案议题；运用具体的国际冲突转化案例，如对拉丁美洲与全球和平进程的批判性分析，了解全球和平与冲突问题的解决情况。

2. 维和、维稳和平乱

BPC通过梳理全球南方的武装冲突，分析多国在政治危机背景下冲击和平的事件，分析多国在建设新进程中所采取的维和、维稳与平乱的机制，厘清暴力冲突模式、保护平民、人道主义、安全发展、军民关系等其他影响和平的模式，质疑国际公共空间的军事化和证券化，进一步探索国际安全、国家防务和公共安全之间的关系，对渗透在当代城市管理中的警务、维稳实践中出现的暴力、控制和治安的逻辑展开批判性思考。

3. 儿童/青年、和平与安全

BPC的研究指出，在20世纪90年代形成的人类安全、新战争和保护责任等研究领域中，儿童和青年是弱势群体，是国际重点保护的对象，然而将儿童和青年纳入政治体系的想法依旧被边缘化。为探索儿童/青年、暴力和安全之间的关系，人们需要更加关注对这一群体的研究，关注涉及儿童/青年权利、儿童/青年的军事化、儿童/青年参与和平进程等方面的问题，这些问题对于分析国际政治、安全与和平都是至关重要的。

4. 拉丁美洲的暴力、裁军和军备控制

这一主题论及武器的流动、控制及其在拉丁美洲的暴力模式、和平进程和公民权利保护中的作用。BPC研究在地方、区域和全球各个层面制定解除武装和军备控制机制对和平进程的影响，分析非国家军事人员的复员、解除武装和重返社会的路径；在讨论和平谈判议程与地区政治团体组建时，关注裁军和军备等具体内容，从而改变拥有武器的暴力组织的中心地位；提出关于军备控制的制度建设，以及关于和平与冲突的转变，探讨建立和平、维持和平、建设和平有关事宜。

5. 性别、和平与安全

BPC通过对当代关于性别与可持续和平发展的辩论，推动拉丁美洲"妇女、和平与安全"（WPS）议程的建设和实施，对该议程倡导的具有包容性和代表性的案例进行批判性反思，对实施联合国安全理事会第1225号决议以及拉丁美洲国家批准的行动计划进行分析，根据国家行动方案制订和实施的内容与过程，指出这些方案的局限性以及探讨有关促进可持续和平发展的经验及教训。

当前全球面临一些公共卫生与经济危机问题，全球政治、社会和经济充满着不确定性和复杂性。以 BPC 为首的拉美智库为金砖国家、拉美国家提供有针对性的建议与报告以应对危机。BPC 通过政策简报、调查报告、论文、专著等提供具有建设性的建议；运用新技术加强与全球智库及其他组织的合作，成为政策制定者和广大民众沟通的桥梁，以克服不确定性、复杂性而实现拉丁美洲的繁荣。BPC 等拉美智库针对当前的贸易关系、经济动荡、气候变化、大规模移民、腐败等传统和非传统问题，重视以事实、证据和信度为基础的研究，坚定地保持智库的影响力和政策研究的质量，以严谨的态度追求创新，以更加负责的态度专注于专业领域研究。

第十二章
对外讲好中国课程故事的 ICI
——华东师范大学课程与教学研究所

> 讲好中国故事,必须积极主动、久久为功。
>
> ——习近平

华东师范大学课程与教学研究所(The Institute of Curriculum & Instruction East China Normal University,以下简称"课程所"或 ICI)作为教育部首批高校高端智库,致力于对外讲好中国课程故事、传授中国教育经验,持续提升中国教育理论与实践在国际教育体系中的影响力。ICI 成立于 1999 年,是首批教育部人文社会科学重点研究基地,具备国际视野,具备提供专业服务、促进团队发展等功能。在 2010 年、2015 年全国高校人文社会科学重点研究基地的评估中,ICI 两次被评为"优秀"。2017 年,ICI 成为国家高校高端智库联盟首批成员之一,由教育部社会科学司直接领导。首任所长是全球著名的课程与教学论专家钟启泉教授(现任荣誉所长),现任所长由全球著名的课程与教学论专家崔允漷教授担任。

一、ICI 概况

(一)专业信念与国际化理念

ICI 秉持"为课程,为学生,为未来"的专业信念,坚持"探索课程理论,不断创新;服务课程决策,提供咨询;参与课程实践,共享智识"的学术使命,围绕中国基础教育课程大变革的重点难点问题,开展一系列卓有成效的研究。

ICI 一方面进行教育政策的理论研究,提供新的教育政策思维;另一方面关注教育实践,旨在解决现实中的各类教育问题,为基础教育改革提供具有可行性、预测性、民主性与科学性的政策方案和决策咨询。近年来 ICI 领衔起草的《国家基础教育课程改革纲要(试行)》和《中国教师教育课程标准(试行)》等重要政策性文本,为我国 21 世纪基础教育课程改革和教师教育课程改革作出杰出的贡献,被誉为课程与教学研究领域的"国家队"。

ICI 在国内具有较大的影响力,国际影响力也与日俱增。改革开放初期,中国的课程研究主要集中于"请进来",大量介绍国外先进的课程理论,现在这一阶段的任务已经完成。随着中国国际影响力的增强,ICI 开始思考"中国课程如何走出去"的问题。2017 年 7 月 9 日,ICI 所长崔允漷教授在《人民政协报》上发表了《关于"中国课程走出去"的思考》文章,指出 ICI 在寻求中国特色课程学术与实践创新的前提下,建构源于中华优秀传统文化的课程话语,成为推动课程与教学领域"中国经验、世界共享"国际化之路上的领头羊。ICI 唤醒国内教育智库"走出去"的意识,在国际教育领域内努力做好与别人讲什么故事,如何讲好别人听得懂、有意义的中国课程故事,利用好国际交流与国际传播渠道和形式,培育中国课程的国际市场需求等。

(二)ICI 的影响力

1. 智库排名

2017 年 9 月 20 日,高校高端智库联盟在北京宣告成立,ICI 成为国家高校高端智库联盟的首批成员之一,其以社会公众利益为研究导向、以基础教育政策分析与研究为基础、以影响政府基础教育决策为目的。2017 年度中国智库治理暨思想理论传播高峰论坛发布中国智库索引(CTTI)最新来源智库增补结果,ICI 成功入选 CTTI。2018 年 12 月,ICI 从 441 家高校智库中脱颖而出,成功入选 CTTI 高校智库百强榜,在文化与教育领域智库 PAI 测评中列第 5 位,且是课程研究领域唯一入选的智库。2020 年 12 月 19 日,南京大学和光明日报社联合主办 2020 新型智库治理暨思想理论传播论坛,发布 2020 中国智库索引(CTTI)来源智库年度成果评选结果,课程所《全球义务教育阶段学生课程表的调查报告》智库成果获得了年度精品成果奖。

2. 对国内基础教育政策的影响

ICI 对于国内基础教育政策的制定有着重要影响,ICI 基于项目研发为国家基础教育政策的制定提供知识服务的案例数量多且内容丰富。ICI 十分注重思想的普及,其既能当好党委和政府的"智囊团",又能当好公众思想的"引领者",对公众的教育政策观念起着价值引领的作用。这有助于形成一种广泛的社会影响力,将公众思想传递到决策层,达到资政的目的①。ICI的研究重点在于对策性,与一般的理论性研究不同,ICI的研究更多地对基础教育政策实践问题进行对策性研究,更加强调研究的时效性、可操作性和实用性。例如,2021年7月,中共中央办公厅、国务院办公厅印发《关于进一步减轻义务教育阶段学生作业负担和校外培训负担的意见》(简称"双减"政策),ICI团队随后迅速开展一系列的咨政建言、传播宣传、引领实践和反哺学术的智库工作,为"双减"政策的落地提供专业支持。2022年3月,教育部印发《义务教育课程方案和课程标准(2022年版)》,并随后在教育部官网发布ICI胡惠闵教授、徐晨盈博士对义务教育课程方案关于幼小衔接问题的重要性与可行性等的解读。

二、研究团队的国际化

(一)师资队伍现状

ICI工作人员主要由研究人员、行政人员组成,其中研究人员组成的研究团队是智库的灵魂。ICI教师、研究生、访问学者、博士后研究员等组建了庞大的研究团队群,包括课程改革与政策、教研员课程领导力发展、传统文化与道德课程、学校课程发展、中国课程经验国际化、国际课堂分析实验室等7个研究员团队。各研究团队以项目主持人为首席专家,成员均为国内外一流大学和研究机构的学者。ICI研究团队国际化建设的举措是积极引进国际化、多背景与高水平的科研人员,提升ICI研究团队人员学科背景的国际化与多样化水平。当前ICI有专职研究员21人、兼职研究员4人。他们大多数有着学科背景多样化与学习背景国际化的特点,其中拥有海外学习经历的有13人。他们在国际一流大学获得博士学位、成为高级访问学者等,不断地通过开展国际合作研究工作而在国际相关研究领域贡献自己的力量。

---

① 刘培蕾:《优秀教育智库的生成机制及其影响力塑造》,载《中国成人教育》,2018年第9期,第47~51页。

（二）引进与聘用世界一流智库专家

随着国际化建设进程的推进，ICI 积极引进国际一流大学智库专家学者。早在 2008 年 6 月，ICI 从美国引进杨向东博士，以加强智库的人才队伍建设。2018 年 2 月，鉴于 Deanna Kuhn 教授的杰出学术成就以及 ICI 的发展需要，ICI 正式向学校申请，聘请美国哥伦比亚大学 Deanna Kuhn 教授为华东师范大学荣誉教授。2020 年，ICI 推荐申报并通过学校评审程序，正式聘任全球课程与教学论领域著名学者、全球教育专业排名第一的伦敦大学教育学院邓宗怡教授为华东师范大学高端智库外国专家。

三、人才培养的国际化

（一）推动研究生培养模式创新

人才培养是 ICI 作为高校高端智库的重要职责之一，ICI 在硕士研究生、博士研究生的培养方案中增加国际化教育教学改革的内容，通过人才培养的国际化推进智库发展国际化。ICI 创建新的人才培养模式，承担着培养基础教育改革领域政策知识生产、知识应用高级人才的责任，加强与国际一流大学联合培养硕士研究生、博士研究生，成效显著。ICI 以人才培养的国际化为基点，建成人才培养、提供社会服务、学科教学与科学研究为一体的系统化、国际化发展体系。

ICI 人才培养的国际化包括以下两点举措：一是对标国际一流，以高水平、国际化、德才兼备为原则进行顶层设计，持续改进研究生培养的阶段性目标，提高研究生教育质量，通过举办各类国际性学术会议，与美国斯坦福大学教育学院等高校建立研究生互访机制，促进 ICI 研究生与世界一流大学、著名学者的知识交流与知识共享；二是狠抓课程建设，开发具有真实情境和任务设计的学术型研究生核心课程，邀请国际高水平专家为博士生讲授与研究方法有关的课程，要求研究生在学术生涯初期就能往严格的学术会议上投稿，结合各自的研究兴趣开展真实且完整的研究。

（二）鼓励研究生成果国际化

作为教育部首批高校高端智库之一，ICI 引导研究生参与国际性的学术会议，对研究生开展严格的学术培训，在研究生人才培养改革背景下推进其研究成果的国际化;帮助研究生在海外学术期刊上发文,培养具有国际竞争力的教育智库人才。例如,ICI引导研究生在美国教育研究协会(American Educational Research Association, AERA)年会上投稿,提升他们在国际平台上发表学术论文的能力与自信,进而增强ICI师生在国际教育学术领域的影响力。AERA选用ICI的论文量逐年增加,2019年共收录ICI 6位教师和3位博士的10篇论文,2020年共选用ICI 11位研究生的论文。ICI教师的积极引导与研究生的自主深度学习,使得研究生的优秀研究成果不断地在世界顶级刊物上发表,如2020年度ICI博士生董泽华在 *Psychology in the Schools*、博士生郭少阳在 *Applied Psychological Measurement* 等全球一流期刊上发表了论文。

(三)为研究生提供国际交流平台

为提高ICI硕士研究生、博士研究生的国际化知识水平与能力,ICI组织"国际学术周交流""欧美名校博士申请经验分享会""研究生工作坊"等活动,以学校信息化、跨学科、国际化为发展目标,为本硕博链条式发展、跨学科人才选拔、国际化人才培养提供交流平台。2017年7月,Sally Thomas教授开办了研究生工作坊,为ICI师生提供SSCI论文撰写与投稿方面的建议。ICI还鼓励学生积极参加国外高端学术论坛,在提升学生的学术研究能力的同时,将中国课程与教学领域的理论创新和实践经验分享给国外同行,加强国外教育智库专家对中国基础教育的认识与理解,解释中国科学应对自身教育领域的挑战时采取的措施对全球各国教育产生的影响。

(四)鼓励研究生赴海外留学、访学

ICI在培养具有国际视野、能够参与国际事务和竞争的高层次应用型人才上不断推进,采取一系列措施调动学生申请公派留学的积极性,引导学生与海外知名院校或科研机构建立长久稳定的合作关系。ICI鼓励研究生积极申报国家留学基金委的项目,并为项目申报提供有效的指导,竭力帮助研究生争取国家公派留学人员资格。例如,2014年,ICI与教学系(所)举办第14届上海国际课程论坛,邀请全球著名的教育专家作学术报告。会议期间,ICI为学生申报公派研究生项目提供帮助,多名学生在参会期间即获得了赴海外留学的邀请。在ICI研究生导师与学生的共同努力下,2017年共有7位博士研究生获得"国家建设高水平大学公派研究生项目(联合培养博士研究生)"资助,审核通过率达到100%。

四、知识生产与组织的国际化

ICI在知识生产过程中尤其重视问题导向,方法的使用据不完全统计,ICI的研究论文、项目与专著大都以问题为起点,开展调查、采集数据、收集事实与案例,根据材料分析问题,寻求解决问题的策略与可行性方案。数据显示,ICI教师知识生产成果丰富(表12-1),ICI为国内基础教育学术研究的核心力量。ICI参与国际项目研究,在国外一流期刊上发表论文,在国外高水平的出版社出版专著等。

表12-1 ICI教师知识生产成果一览

条目	师资(人数)	国内论文(篇)	专著、译著(部)	国外论文(篇)	项目(项)
数量	25	1062	172	135	176

(一)知识生产国际化

1. 获得国际项目的支持

ICI师生积极走出国门,加强与国外智库的联系及合作,获得国外智库项目的支持。例如,徐斌艳教授与洪堡大学Henze教授合作开展"中德高中毕业生数学学业能力比较"项目。2008年,徐斌艳教授作为中方学术代表应美国宾夕法尼亚大学邀请,参与"APEC经济圈数学与科学教师培养最佳实践模式比较研究"项目的策划及申报,该项目于2009年6月被批准为APEC教育部长会议项目。沈晓敏教授在2009年与日本的兵库教育大学签订了合作研究协议,确定参与该大学的一项名为"有关'传统与文化'的课程编制与教学实践之综合研究"的课题。ICI杨晓哲博士申报的"Swift编程课程在中国基础教育阶段的发展研究与实践探索"项目通过教育部审批,获得立项。

2. 积极参与国际期刊的工作

ICI鼓励教师积极参与国际期刊评审、评奖等,不断增加ICI参与全球教育学术期刊工作的机会,提升ICI主导国际学术期刊议题的设计能力,确保ICI在全球教育研究领域设置上占有主动地位。面对西方国家的教育改革问题,ICI应提出有关中国教育改革的实践、经验与成果,吸引全球基础教育领域的决策者、学者等的广泛关注,增加ICI的国际影响力和国际话语权,在全球教育学界树立"中国形象"、讲好"中国故事",形成有效的智库知识产品传播与推广机制。例如,陈霜叶教授是美国、欧洲、澳洲和中国香港四个国家及地区的国际期刊的编委会成员,为20多个重要的国内外学术期刊审稿,为5个重要的学术出版社评审书稿;吴刚平教授、杨晓哲副教授、杨向东教授、王哲副教授等多位ICI学者担任SSCI期刊的评审专家、审稿人等。

2017年,经教育部、国家新闻出版广电总局(即国家新闻出版署)批准,《华东师范大学教育评论》英文刊(*ECNU Review of Education*,简称ROE)正式创刊,成为国内高校主办的教育研究国际学术期刊,并于2018年4月在美国纽约发布,ICI力争将其办成国际一流期刊。2018年,《华东师范大学教育评论(英文)》被谷歌学术收录,2019年被瑞典DOAJ(开放存取期刊目录)、ERIC(美国教育资源信息中心)数据库收录,2020年被Scopus数据库正式收录。国际评审专家认为《华东师范大学教育评论(英文)》持续为国际学术界及相关学术领域专业读者提供高质量的知识产品,在一定程度上填补了该领域现有学术期刊无出版内容的空白。

3. 发表高质量的国际论文

论文成果的国际化一直是ICI当下以及未来学术发展的努力方向,在ICI研究员的努力下,ICI在此领域持续取得新突破与新进展。作为中国高校高端智库引领国家课程改革的"国家队",ICI一直坚持以全球视野推动中国课程发展。通过在国际高水平期刊上发表中国基础教育领域的学术论文,将中国的课程经验与世界共享,积极开展国际交流,生产国际化的知识产品,成为向世界传递最新、最具中国特色课程方案的"宣传站"。

数据显示,截至2021年,ICI研究团队在国际刊物上发表论文135篇,其中不少高质量的文章发表在国际一流刊物上而具有较大的国际影响力。例如,2012年12月,ICI黄小瑞博士作为通讯作者与宾夕法尼亚大学著名的发展心理学家陈欣银教授等专家合作撰写的题为 *Aggression, Peer Relationships and Depression in Chinese Children*:*A Multiwave Longitudinal Study* 的文章在国际心理学界顶尖学术刊物 *Journal of Child Psychology and Psychiatry*(该刊物2011年影响因子为4.281)上发表,这是"华东师范大学课程与教学研究所"的名字第一次出现在影响因子4以上的国际知名学术刊物上。2018年,ICI研究团队第一季度在国际顶尖SSCI期刊上发表4篇论文,第二季度发表5篇论文,即半年共发表9篇SSCI论文,实现了论文国际发表新突破。

4.《全球教育展望》刊发国外同行高水平文章

《全球教育展望》是由国家教育部主管、华东师范大学主办、ICI 承办的中文社会科学引文索引(CSSCI)和全国教育类核心期刊,专注于国际教育改革战略、课程理论与政策、教学理论与技术、考试与评价制度改革、教师教育改革五大领域,吸引国外教育领域知名学者的广泛关注。《全球教育展望》为国外知名学者开设特约稿与专家访谈栏目,不定期地刊发国外教育专家学者撰写的论文与访谈文章。通过约稿与专家访谈的方式,将美国、日本、德国、加拿大等国家教育领域内学术权威人士的研究成果翻译成中文刊发,帮助国内学者及时了解国外教育研究领域的学术前沿与教育实践动态等。同时,进一步增加国外同行对研究中国教育改革发展的兴趣,加强他们同国内教育智库专家学者的联系。以 2020 年为例,《全球教育展望》上共刊发国外专家论文 1 篇、国外专家访谈 4 篇(表12-2)。

表12-2　2020 年《全球教育展望》刊发国外学者论文与访谈情况一览

刊期	篇名	作者
2	《欧洲地区影子教育研究:发展态势、动因及政策启示》	马克·贝磊
9	《全球化背景下教师教育政策的发展趋势:伊恩·门特教授访谈》	邱超
10	《探索技术支持的创新驱动学习——访弗朗索瓦·塔迪教授》	张晓蕾、汪潇潇、徐芦平
11	《赫尔巴特研究的德国经验与启示——迪特里希·本纳(Dietrich Benner)教授访谈录》	林凌、彭韬
12	《教师评价:评什么和怎么评——访斯坦福大学李·舒尔曼教授》	周文叶

5. 重视译著、外文专著的出版

ICI 旨在为国际学术界提供一系列的学术论著,更全面、细致和深入地剖析中国课程改革的历史与过程、课程改革的特征与影响、课程改革对学校与整个教育生态的影响等;从中国校本课程开发、中国学校课程与教学调查报告等多个丰富多彩的内容维度出发,以新知识、新视野、新洞见,传播"中国课程话语"。ICI 秉持"中国经验,世界共享"的理念,邀请在国际舞台上具有重要影响的教育智库专家共话"中国课改"故事,策划国内首套专门以"中国课程改革与学校创新"为主题的书系——*Curriculum Reform and School Innovation in China*。本套书系由 ICI 所长崔允漷教授与美国 AERA 前主席、斯坦福大学荣誉教授 Lee Shulman 共同担任总主编,并由国际知名的施普林格出版集团(Springer Group)出版。ICI 和美国全国教育与经济研究中心(the National Center on Education and the Economy,NCEE)开展知识生产合作,由 NCEE 主席 Tucker 主编、ICI 柯政副教授翻译、华东师范大学出版社出版的《超越上海》一书荣登"2013 年最受教师欢迎的 100 本书"排行榜。

(二)加强与国外高端教育智库的合作

1. 成立国际校外教育研究中心

2019 年 5 月 29 日,ICI 依托国际校外教育研究奠基人马克·贝磊教授及其团队,成立国际校外教育研究中心(Centre for International Research in Supplementary Tutoring,CIRIST),这是全球第一家致力于国际校外教育研究的教育智库。中心通过传承和发扬校外教育领域的研究优势,立足国际校外教育的理论与实证研究,推动世界各国包括中国在内的校外教育规范管理及可持续发展。通过合作建设,中心拥有了校外教育领域文献资料最全面的文献资料库——存储着全球最全的校外教育实践与政策的实证研究数据,发挥教育智库的作用,为各国际组织、各国领导人或决策者及行业协会提供咨询服务。2021 年,张薇、马克·贝磊教授向教育部提交了关于全球校外培训的治理经验和发展态势的系列报告,汇集世界各国关于校外培训实证研究的海量数据,为"双减"工作献计献策。

2. 建立国际课堂分析实验室

2017 年 10 月,ICI 国际课堂分析实验室在肖思汉博士、崔允漷教授的主持下,与澳大利亚墨尔本大学国际课堂研究中心(ICCR)协同合作创新。国际课堂分析实验室确立"扎根中国课堂情境,聚焦于课堂话语与互动,落脚于深度学习与有效教学"的建设思路,通过项目运作的方式,以生产高质量的知识产品为目标,对课堂教学中的典型问题展开系统、深入、规范的实验研究,为高峰学科建设与 ICI 的国际化作出贡献。2017 年 12 月,国际课堂分析实验室与澳大利亚墨尔本大学国际课堂研究中心签订战略合作协议,启动"学生参与"(student engagement)项目,重点围绕"学生参与"这一课堂研究的核心问题展开一系列的合作研究。

3. 共建中-法科学及数学教育联合研究室

2013年，ICI联合法国里昂高等师范学院、法国教育研究院共同申报的"中-法科学及数学教育联合研究室(C2SE)"项目，成功入选"中法科学与社会联合研究院"(JoRISS)2013年度项目。C2SE中方主任由ICI裴新宁教授和徐斌艳教授担任，合作者还包括华东师范大学生命科学学院、理工学院等院系的专家。领域法方团队则汇集了来自以法国教育研究院为核心的全法不同高校的科学教育及数学教育领域的领军人物，瑞典的一些知名专家也加入了研究团队。本项目研究属于国际课程比较研究的组成部分，旨在为面向21世纪人才世界范围的STEM教育课程革新提供有用的研究模型和有价值的证据参考。

4. 其他合作

STEM教育：ICI立足后疫情时代的国际趋势，继"战'疫'中的课程思考"系列之后，与两个UNESCD中心（国际工程教育中心、联系学校国际网络中心）和清华大学（教育研究院和学堂在线）联合组织、发起的主题为"疫情中和疫情后，K-12阶段STEM教育的重塑：创造力、企业家精神和可持续性"的跨界国际论坛于2020年5月13日成功开讲。2020年11月，ICI与联合国教科文组织联系学校网络国际中心签署了合作协议，逐步深化ICI在国际教育决策上的专业影响力，推进中国与国际STEM教育的前沿研究和合作，促进全球大中小学和业界STEM教育实践的融合创新。

教材建设：针对当前国内外教材建设的新形势和在建设过程中遇到的各种理论与实践问题，ICI立足本土需求，大力拓展与国际顶尖教材研究机构的深度合作，致力于推进国际视野下的中国教材深化研究，扩大中国教材研究的国际影响力。2018年11月2日，德国国际教科书研究所（Georg Eckert Institute for International Textbook Research, GEI）与ICI展开对话，双方就ICI与GEI在教科书研究领域开展国际合作和交流进行了深入探讨，并正式签署两所的战略合作协议。双方将围绕教材研究、教材编写与管理人员培训、定期筹办学术研讨活动、国际重要国家教材政策与经验交流等内容展开深度合作，重点解决我国在教材研究与建设方面遇到的问题，形成并优化教材建设的理论与实践解决方案。

五、知识共享与交流的国际化

(一)举办国际学术论坛

ICI围绕国际国内基础教育重大热点问题,站在中国立场上确立会议主题,聚集国内外高校智库学者共同参与国际高端学术论坛活动,与全球课程学界的专家开展教育政策设计工作坊、教育战略对话会、教育时政讲坛等国际性学术活动。通过分析总结与会专家学者报告、座谈会等的内容,形成学术论坛的知识产品研究简报,与其他高校高端智库、政府教育管理部门、国际教育组织等对接,打造具有国际影响力和国内影响力常态化运作的高端智库学术论坛品牌。

通过召开国际学术会议,ICI及与会智库的研究成果成为全球与国内基础教育理论知识和全球与国内基础教育政策制定的中介,将智库的知识产品推荐给国际社会、青年学生、公众与政府。ICI对全球基础教育具有思想性、战略性的具体问题展开多学科的深入分析,聚焦于全球基础教育的热点问题、话题与新概念,在教育学科哲理层面进行科学提炼与辩证思考,面对西方世界对于中国教育发展的误解、质疑与困惑及时给出具有针对性的回应,通过和与会的世界基础教育学术领域内的著名学者进行思想碰撞,求同存异,并及时向他们传播中国特色新型基础教育改革发展的理念与方法。

迄今为止,在教育部、上海市与华东师范大学等的支持下,ICI举办了上海国际课程论坛、上海圆桌课程论坛、大夏讲坛、华夏课程论坛等一系列的国际高端学术论坛,加强对外知识共享与交流,发挥国内外教育领域政策交流与共享的重要作用,肩负着向世界解释和说明中国基础教育发展态势、影响全球基础教育政策的责任。

(二)国际学术交流互访

1. "走出去"

ICI的专家学者在国内教育领域的学术影响力也受到国外教育智库的重视,国外教育智库纷纷邀请他们参加国际性学术会议、论坛并作主题报告,ICI的专家充分利用机会与国外教育管理者、研究者与实践者开展面对面的交流,形成学术思想的深层碰撞。与此同时,ICI鼓励本所专家学者走出国门,积极参加国外学术论坛、研讨会,在国际教育学术舞台上讲述中国故事,介绍中国基础教育改革成果,帮助国际教育领域内的政策制定者、学术研究者、教育实践者等认识、理解中国教育发展成果,分享人类未来教育挑战的解决路径,针对全球教育面临的问题与困境提出可行的、科学的与有前瞻性的策略和共识。

ICI 网站主页数据显示,2011－2019 年,ICI 研究人员对外学术交流与互访的年度频次有起伏(表 12-3)。ICI 专家学者"走出去",讲述中国教育故事,介绍中国教育改革经验,在学科建设、文化交流、教育实践等方面形成一定的国际影响力。

表 12-3　ICI"走出去"交流年度频次一览

年度	2019	2018	2017	2016	2015	2014	2013	2012	2011
频次	3	6	2	9	5	5	3	7	9

2. "引进来"

ICI 积极邀请来自美国、欧盟、日本、俄罗斯、澳大利亚、新西兰、韩国、加拿大、智利、以色列等国家和地区的教育智库专家学者来中国进行学术交流与对话,就 21 世纪全球教育领域的进展与未来展开讨论,并向全球教育智库同行展示中国基础教育课程改革的成绩。受邀的智库专家学者在 ICI 主办的学术论坛、座谈会、工作坊等平台上,介绍他们关于教育理念、性质、内容、功能、评价等方面的研究成果,加深 ICI 师生对全球教育改革发展的认识、理解,帮助课程所师生进一步掌握全球教育研究领域的前沿学术问题。到访的智库专家学者为 ICI 师生分析全球化时代中国社会发展及教育改革的国际背景,探索符合中国国情及发展目标的教育理论与实践。来访的全球智库学者就与 ICI 建立长期合作问题展开深入的探讨,就全球基础教育中的共同问题和各自的教育改革重点交换各自的看法,并就定期召开学术会议、举办专题研修班,在中国宣传与推广各国教育智库专家的知识产品,以及借用国外学者所在的智库平台传播中国的课程改革经验与知识等方面达成了一系列共识和形成初步方案。

3. 与国际组织交流合作

参与国际组织的机构管理,与国际组织的交流与合作是 ICI 关于"中国经验,世界分享"的一个重要举措。ICI 积极参与国际组织机构的多项活动,通过参与组织管理、参加学术论坛与会议等形式,与来自世界各地的研究者及基础教育领域的专家就教育研究的新进展开展全面的、广泛的、深入的交流和对话,探索如何以教育科学的研究成果去推动全球教育政策和实践的变革。2017年10月23—25日,应OECD 2030教育项目组邀请,王涛博士代表崔允漷教授赴法国巴黎参加OECD 2030教育项目的第六届工作会议,讨论2030教育学习框架中知识、技能、态度和价值的内涵,对OECD原有核心素养框架作了进一步的扩展。国际组织对ICI的成绩和举措给予高度评价,认为ICI作为"中国课程改革的高端智库"在中国课程改革创新与对外传播中国教育经验方面作出了杰出的贡献。

第十三章
为美国区域国别政策服务的 FCCS
——哈佛大学费正清中国研究中心

> 中国是当今世界上最具活力变化最快的国家。哈佛大学费正清中国研究中心致力于推动有关中国各个方面的研究。
>
> ——柯伟林

美国哈佛大学一直位于世界大学排名前列,其名下拥有众多的高端智库,对全球的政治、经济、文化、军事与外交等领域的政策产生重要影响,费正清中国研究中心(Fairbank Center for China Studies,Harvard University,FCCS)就是其中之一。作为政府、商界、媒体与学界等大力扶持的区域国别研究智库的 FCCS,具备服务于美国政治、外交等领域政策制定与咨询等的功能。FCCS 前身为费正清东亚研究中心,1955 年在福特基金会和哈佛大学的资助下创建,由美国"中国研究"的泰斗费正清担任第一任主任(1955—1973 年)。2007 年,费正清东亚研究中心正式改为现名,如今成为美国乃至全球开展中国研究的高校高端智库。① 在宾夕法尼亚大学智库与公民社会项目发布的《2020 全球智库评价报告》中,FCCS 在全球最佳区域国别研究中心(高校智库)名录中排在第 12 位。

FCCS 见证美国"中国学"研究的诞生与兴盛,促进西方汉学研究的发展,加强世界人民对中国的理解和认识,促进东西方文明的进步与融合。当

---

① [美]薛龙:《哈佛大学费正清中心 50 年史:1955~2005》,路克利译,北京:新星出版社,2012 年,第 17 页。

前的数据显示,哈佛大学有超过300位的教师从事中国研究方面的工作,与128个机构有着密切联系,资助了68项学生活动,举办了160个公开讲座。其中,FCCS有59名教师与37家组织开展合作,8位研究人员曾组织7次代表团访问大中华区。

一、FCCS概况

(一)使命与担当

1. FCCS的使命

FCCS的使命是促进哈佛大学中国研究所有领域的学术有所进展,帮助美国的政界、商界、学界、媒体与社会公众了解中国。FCCS主要采用以下四种方式完成这一使命:一是开展中国学术研究活动,建成哈佛大学加强中国研究特别是跨学科中国研究的知识平台;二是资助师生进行中国研究与学习,为师生开展中国研究提供各方面的资助,为去中国游学的学生提供资助,为在校学生群体开展有关活动提供资助;三是强调中国学知识共享,与公众、企业、决策者和媒体等机构分享有关大中华区的信息与知识,保持与政策制定者、商界精英和媒体的知识交流;四是丰富中国学知识存储,建成收藏关于东亚及中国资料的一流图书馆,为学者和相关研究人员提供丰富的资源。

2. FCCS的责任担当

FCCS作为中国问题研究的高端智库,有着智库的作用,承担着智库的功能。其主要职责就是在中国研究中发展与运用新的数字技术,在中国与世界的关系研究领域鼓励创新,通过多方面合作扩大中心内部与外部的影响力。现任主任宋怡明(Michael A. Szonyi)的寄语基本概括出FCCS的责任担当,对FCCS的学术活动、推动中美关系、应对全球公共危机等提出要求。宋怡明指出FCCS在过去的岁月中取得了成功,能够匹配世界高端智库的称号,但是一系列的公共危机事件问题不断地改变着FCCS的活动。宋怡明提出要改变根深蒂固的偏见,FCCS还有很长的路要走,即"为变革而战,保持我们的韧性"。FCCS在复杂丰富的历程之中成为连接太平洋两岸的纽带,这种接触模式是一种积极主动的理解模式,使得FCCS能够有效地分析中国,细致入微地了解中国。正是这种理解,使得FCCS对工作充满信心,且担负起研究中国学各个领域的学术职责。

(二)历史沿革

1. FCCS 的创建

FCCS 早年是哈佛大学唯一一个关于亚洲的区域研究中心。1954 年,哈佛大学中国学教授费正清(John King Fairbank)与著名经济学家艾克斯坦(Alexander Eckstein)等学者提出设立关于中国研究和出版的项目。1955 年中国经济和政治研究项目启动,标志着 FCCS 的正式成立。1957—1961 年,FCCS 的前身东亚研究中心多次将资金用于资助对日本、越南、韩国、朝鲜等国家的研究,开展研讨会和出版学术成果。在东亚研究中心建设的基础上,1973 年赖世和研究所建立,1981 年韩国研究所建立,2007 年正式更名为费正清中国研究中心,展示了其在中国研究领域的领军作用与强大实力[①]。FCCS 的"费正清们"作为美国精英知识分子群体的代表,其一方面愿意将自己的知识应用于国家政策服务,另一方面利用自身的学者身份进行知识生产与创新去影响美国区域国别公共政策走向[②]。

2. 历任 FCCS 主任

自费正清创办 FCCS 至今的 60 多年间,FCCS 总共经历了 13 任主任的领导(不包含代理主任)(表 13-1),代理主任则包括帕金斯(1975—1976)、史华兹(1983—1984)、怀特(2007—2008)、欧立德(2010—2011)4 位学者。每一任主任都肩负着 FCCS 的历史使命与责任担当,秉持 FCCS 的中国问题研究的学术理念,坚持为美国政府、企业、媒体与社会公众服务,尤其是为建立友好的中美关系提供学理上的论证与实践上的可行性建议。每一位主任基于自身对于智库管理的理解与在智库管理方面的实践,在 FCCS 的建设和发展过程中形成各自任期的知识管理与服务模式。

表 13-1 FCCS 主任统计一览

排序	主任	任期
1	费正清	1955—1973

---

① [美]薛龙:《哈佛大学费正清中心 50 年史:1955～2005》,路克利译,北京:新星出版社,2012 年,第 22 页。
② 张杨:《冷战与亚洲中国学的初创——以费正清和亚洲基金会为个案的研究》,载《美国研究》,2018 年第 4 期,第 121～148,8 页。

续表

排序	主任	任期
2	傅高义	1973—1975
3	霍夫亨兹	1975—1979
4	孔飞力	1980—1986
5	马若德	1986—1992
6	华琛	1992—1995
7	傅高义	1995—1999
8	裴宜理	1999—2002
9	伊维德	2002—2005
10	马若德	2005—2006
11	柯伟林	2006—2013
12	欧立德	2013—2015
13	宋怡明	2013年至今

首任FCCS主任费正清具有美国"中国研究"学者与美国政府官员的双重身份,作为政治人物和学术智囊而对美国政府对华决策产生重要影响,被视为美国中美关系决策中的关键人物[①]。费正清毫不避讳地宣扬自己经世治国的主张,强调"研究应当具有实际效用""学者的责任不仅在于增加知识,而且在于教育公众,在于影响政策"[②]。他的这种强调学术研究与现实政治关系的观念是FCCS的重要理念,深刻地影响着FCCS的历任主任。FCCS的主任们不断加强FCCS的知识管理与服务创新,特别关注新技术对于研究领域、研究方法的挑战,使得FCCS成为影响中美关系的重要智库。

二、FCCS的资金管理

早期FCCS在维持中心日常学术研究与实践教学等方面存在巨大的资金缺口。为保证FCCS的可持续发展与壮大,以费正清为首的前几任FCCS主任视募集资金、管理与使用资金为主任的重要工作内容之一。

---

① [美]费正清:《费正清自传》,黎鸣等译,天津:天津人民出版社,1993年,第615期。
② 陶文钊:《费正清与美国的中国学》,载《历史研究》,1999年第1期,第147~161页。

(一)费正清筹集资金

费正清身为中心首任主任,十分重视中心的资金筹措工作。他不仅是一位优秀的汉学家,而且是一位具备"学术企业家"气质的募捐能手。费正清在开始中国研究的初期并没有雄厚的资助资金,但他着眼于中美关系发展的未来,通过不断与金融界和政府部门负责人沟通交流,用那些可能引起他们兴趣的中国课题来筹资。在长期不懈的努力下,费正清寻求各种基金会可能给予的任何支持,其中最早资助FCCS研究的是福特基金会。费正清为了成功募款,要求FCCS的所有教师发挥聪明才智,在研究主题的设置上争取获得各大基金会的资助。

费正清视赢得基金会慷慨赠予的成功为"基金会外交"①。在其担任主任期间,FCCS获得了来自多方的捐赠。1955年,费正清关于中国经济主题的研究引起了福特基金会的兴趣,为此捐赠27.8万美元。1957年,追加拨款30万美元(包括准备研究员基金、经济学家的语言培训、研究中国经济的终身教授职位等的费用)。1957年,在费正清的努力下,中心获得福特基金会的长期拨款以推动当代中国问题研究。合计起来,1955—1972年,FCCS共获得12笔来自福特基金会总数多达430万美元的捐赠。

1955年,费正清将近现代中国政治和政治思想研究项目、近现代中国经济主题研究项目结合起来,成功获得卡内基基金会20多万美元的资助,使得他能够开始组织人力开展中国政治领域的研究。1963—1964年,FCCS从美国国防部和空军那里获得大笔政府资金,国防部及空军要求FCCS能够满足美国制定战略防御政策的需要,即能够提供与中国重大事件有关的各类情报。费正清意识到,FCCS只有拥有长期发展的基金才能保证自身的生存和持续运作。

(二)后任FCCS主任的筹资

第3任FCCS主任是霍夫亨兹(1975—1979),其家庭有着深厚的政治与资本背景。每到休斯敦选举时期他都会放下哈佛的教学研究工作,去支持他的家庭持续地获得政治地位与职务。为了帮助FCCS筹资,霍夫亨兹设立企

---

① 黄涛:《论费正清筹款才能与美国现代中国学发展》,载《社会科学动态》,2019年第6期,第119~126页。

业会员项目,为融资付出"超越极限的"努力,竭尽全力游说有影响力、有地位的政界与商界支持者的赞助。第4任FCCS主任孔飞力将资金筹措当作一项重要工作,1982年到1986年卸任时FCCS就募集到了200万美元用作FCCS长期运营的基金。

1987年,第5任主任马若德创立费正清中心委员会,系统地开展资金筹措工作,并得到时任哈佛文理学院院长罗索斯基、公司高管斯通的支持,且专门为中心筹资工作的开展招聘了具有经营才能的斯塔德。他们以新的市场化的运营方式开展工作,加强FCCS与政界、商界、学界、国际外交界等精英人士的联系,并吸引他们加入委员会。委员会第一任主席是当时康宁玻璃公司的主席霍顿(也是哈佛董事会董事),成员包括卡特总统时期负责东亚事务的助理国务卿查德·霍尔布鲁克、前驻华大使恒安石、前国防部长罗伯特·麦克拉马拉、著名记者哈里森·E.索尔兹伯里(普利策奖得主),商界有柯立芝、王安、伊顿(著名的谢尔曼·思特灵律师事务所合伙人)、侯贞雄(中国台湾实业家和慈善家)、韦尔奇(雷诺兹-纳贝斯克执行官)。马若德1987年筹集到可直接使用的150万美元现金,1989年筹集到249万美元的用于长期运作的基金,1992年离任前筹集到325万美元。

(三)基金管理与使用

经过历任主任的资金筹措和财务经营,FCCS资金充足。FCCS主任和执行委员会等管理层认定中心已经获得保障自身长期持续发展的捐赠基金,基金管理的最佳途径就是将基金每年的利息收入用来支付中心的日常管理开支,本金则存在银行之中或者捆绑于数额巨大的哈佛大学捐赠基金,通过哈佛管理公司开展投资运作。例如,1996年,FCCS长期运作基金每年能获得46.6814万美元的收益,能够维持中心的正常运转;2005年,FCCS长期运作基金市值接近1700万美元,约占FCCS每年运营收入的一半[①]。

自FCCS建立以来,中心历任主任都十分重视美国中国学研究领域人才队伍建设与培养,募集到的基金通常用于对本科生、研究生、教员与非哈佛大学的中国学研究机构人员(博士后)的资助,用于FCCS的知识传承、知识存储、知识生产与创新、知识共享与交流等各个方面。FCCS为本科生、研究

---

① [美]薛龙:《哈佛大学费正清中心50年史:1955~2005》,路克利译,北京:新星出版社,2012年,第111页。

生、教员与相关研究人员提供必要的资源,以帮助他们开展有关中国的研究与学习。这些资源包括本科生与研究生的实习项目、奖学金、研究项目等,为师生提供丰富且独一无二的有关中国资料的图书馆藏,为全世界的"中国学"学者提供优质的刊物与文献,并且开设有关中国历史与文化的博物馆等。

三、FCCS 的知识管理

(一)知识传承——人才培养

1. 言传身教

FCCS 的教员多任职于东亚语言与文明系,在开展高深学术探索的同时,完成对学生的教学工作。例如,费正清在繁忙的管理工作之时,十分重视课程讲授,积极投入对学生的教学工作。最初他与同事赖肖尔共同为哈佛本科生开设东亚历史的通识课程,为培养研究生从事中国近代史研究开设了"清代文献学"的基础课程。费正清在教学过程中,鼓励那些能言善辩、头脑聪慧、对亚洲文化感兴趣的学生申报哈佛东亚地区研究硕士项目,将他们培养成为训练有素的研究中国的学者。费正清通过课堂教学的观察,挖掘具备潜质的学生,然后通过知识交流,引导他们进入中国研究领域攻读博士学位,并为这些学生提供定期的资助使得他们顺利完成学业。据不完全统计,师从费正清获得博士学位且从事中国研究的学生,或者受到费正清指导与影响的部分学生,共有 113 名[①]。费正清与 FCCS 培养的学生基本垄断了美国一流高校中国问题领域的教学和研究,成为这些高校和其他中国问题研究机构的支柱。

费正清不仅为美国培养了一代又一代的中国问题研究专家,还培养如白修德(Theodore "Teddy" White)、哈里森·索尔兹伯里(Harrison Salisbury)和白礼博(Richard Bernstein)等著名的记者。现在 FCCS 不仅是培养学者的学术殿堂,还是政策制定者、持不同政见者甚至是企业高管的孵化基地。FCCS 培养的学生肩负着走出象牙塔的责任,帮助引导社会舆论和制定公共政策。随着中美关系日趋复杂与多元,FCCS 培养的人才扮演着告知政策制

---

① [美]薛龙:《哈佛大学费正清中心 50 年史:1955~2005》,路克利译,北京:新星出版社,2012 年,第 196~201 页。

定者和教育社会公众的公共角色,起着比过去任何时候都重要的角色作用①。

2. 学生实践学习

(1)中国实习项目

哈佛学生中国实习项目自2008年开展以来,成为哈佛大学规模最大、最成功的暑期实习项目之一。该项目旨在为准备与中国有终身交往的哈佛学生提供创造性、变革性的实地体验,项目面对哈佛大学各个专业具备一定的汉语知识的学生开放。该项目与中国企业、非政府组织/非营利组织、在华跨国公司合作,帮助学生在实习课程中近距离地体验现代中国,了解中国历史、文化,同时亲身了解职场生活。项目的主要内容包括为期九周的实习、为期一周的实地考察(2021年项目暂停),参加众多的中国文化活动。

(2)中国香港夏季项目

中国香港夏季项目由哈佛大学中国基金会提供支持,于2022年再次推出,学生可以通过香港这个颇具活力的国际性城市了解全球发展态势。该项目包括两门课程,每门课程为期四周。课程重点是掌握中国内地、中国香港等大中华区与亚洲、欧洲和美国等不同世界地区在过去、现在以及将来的联系往来,课程提供多元的社会科学方法,为独立研究提供观点与机会;课程强调地方和全球互动,对全球社会和政治产生重要的影响。

(二)知识存储

1. 图书馆建设

1961年,FCCS设立了采集社会科学资料的冯汉柱图书馆,秉持"读书无禁区"的理念,为学生、教员与其他研究人员研究现当代中国(包括台湾、香港、澳门)的崛起与中国历史等提供知识存储、知识咨询、知识支撑与知识传播等方面的服务。FCCS图书馆的馆藏对于研究中国的学者来说是无价之宝,包括统计数据、未发表的文献与未出版的档案,其中多为难得一见的中文出版物,极大地补充与丰富哈佛大学图书馆关于中国研究的馆藏。目前图书馆约藏书3万册,其中中文馆藏约占一半。

---

① 陆德芙、宋怡明:《中国36问:对一个崛起大国的洞察》,余江、郑言译,香港:香港城市大学出版社,2018年,第9页。

冯汉柱图书馆每年都会收集当前在西方缺失或罕见的关于中国学的各类档案与出版物,这些资料多为图书馆员往返北京而得。图书馆运用数字技术建设开放的服务平台,在图书馆网页设置采集中文图书资料表链接、采集英文图书资料列表链接,同时冯汉柱图书馆订购了全球150余种中英文期刊、报纸等供研究者使用。冯汉柱图书馆馆藏的完整信息,也可以在哈佛大学在线图书馆检索系统(HOLLIS)中在线查阅。

冯汉柱图书馆获得了一些特定的基金,包括FCCS图书馆基金、芭芭拉·洛克基金、西奥多·李和多丽丝·李基金、威廉姆·洛克基金,专门用于购买中国台湾相关文献的马多克斯基金、索菲·龚图书馆基金,专门用于购买主题与毛泽东相关的各种书籍的王若水图书基金等[①]。

2. 艺术史、博物馆与展览馆

FCCS在博物馆、展览馆等开展一系列关于中国文化的活动,不断地加强与巩固其中国学术和政策相关研究领域机构的地位,核心任务是促进中国研究的学术发展与交流。例如,FCCS的艺术史研究项目的专家为汪悦进(Eugene Yuejin Wang)、卢飞丽(Felicity Lufkin),他们致力于保护和研究中国历史文物,定期策划举办与中国有关的艺术、摄影、绘画和文物展览,定期举办各种关于中国艺术和建筑史等的学术会议、作品展览与文物收藏等活动。

FCCS发表创新性的研究成果,并参与各项社会公共活动,举办公共展览,推出FCCS一系列的博客和播客节目,旨在提高哈佛大学、其他教育中心和公众话语的中国知识水平。面向公众的网络外展包括FCCS博客、播客与信息图,主题分别为"Wilma Fairbank的水彩画""沙飞摄影:战时中国的摄影与宣传""中国西北的史前陶器展"等活动。陶器展览会在王安博士后研究员及Dr Hung与Rowan Flad教授等的协调下,展现了中国古代陶器的艺术性,同时表现了中国古代制陶的技术性、经济性,帮助学者了解中国古代历史和社会发展,展会的作品来自哈佛艺术博物馆与皮博迪考古学和民族志博物馆收藏的史前中国陶瓷。

3. 数字中国

数字中国研究项目主要为研究中国的过去和现在发展提供新数字技术

---

① [美]薛龙:《哈佛大学费正清中心50年史:1955~2005》,路克利译,北京:新星出版社,2012年,第65页。

与方法。随着数据研究在学术界的兴起,数字化技术为开展中国研究提供一系列的新路径和新方法。2016年,FCCS的博士后研究员Donald Sturgeon在东亚语言与文化系为研究生开设"中国研究中的数字方法"学分课程,开展包括数位资源的有效利用、以资料准备与提取为重点的程式设计技术、文本分析与主题建模以及复杂资料集的可视化等内容的教学工作。

2016－2017年,FCCS通过王安博士后奖学金,资助中心博士后研究员继续关注数字中国,关注中国文学作品中的数字方法和定量分析。此外,FCCS还支持哈佛大学的如哈佛地理分析中心等数字数据库项目的开发。FCCS支持由Peter Bol教授领衔开发的中国传记数据库项目,由美国和大中华区的合作伙伴共同开发中国历史地理信息系统、中文文本项目等数据库。FCCS定期举办一系列探讨中国研究的数字方法的工作坊活动,讨论不同的数字技术在人文社会科学学术研究中的应用。

4. 出版物

FCCS当前拥有教员出版物和哈佛大学出版社的馆藏。FCCS教员对中国的历史、文化、政治、经济开展多方面的研究,取得丰富的成果。近期出版的书籍包括Dwight H. Perkins和Aldine Transaction在2013年出版的《中国农业发展史(1368－1968)》、田晓菲2014年所著的《秋水堂论〈金瓶梅〉》。

哈佛当代中国书系在2002年之前共出版专著13本,哈佛东亚丛书系列的274本专著在2005年已有中译本出版①,包括2015年Felix Boecking撰写的《没有长城:中华民国的贸易、关税和民族主义(1927－1945)》、2015年Joseph R. Dennis撰写的《中华帝国方志的撰写、出版和阅读:1100－1700年》、2015年Hilde De Weerdt发表的《宋帝国的危机与维系:信息、领土与人际网络》,2014年Sukhee Lee出版的《协商中的权力:十二至十四世纪中国的国家、精英、地方治理》等。

(三)基于研究项目的知识生产与创新

费正清作为"美国中国学"的创始人,在国别区域研究中享有盛名而被誉为"中国通",在中国问题研究中引领学术进步与发展。他在一生之中主编或撰写了60多部著作,撰写50多篇序言与60多篇书评,发表了200多篇论

---

① [美]薛龙:《哈佛大学费正清中心50年史:1955~2005》,路克利译,北京:新星出版社,2012年,第204~257页。

文,并试图通过学术知识的生产与创新影响美国政治与文化[①]。在费正清的影响下,60多年来FCCS一直占据全球中国和东亚研究领域的领军地位,为刚刚跨入研究领域的学生、为致力于中国学研究的教员与研究员的知识生产与创新等提供各类学科的研究项目。

当前FCCS为教师与学生提供"跨时代、跨学科与跨边界"的知识生产与创新领域——人类学与考古学、艺术史、商业与经济、中国与世界、数字中国、环境、性别、政府、历史、多面合作、法律、文学与文化、公共卫生、宗教、社会学等,其中艺术史、数字中国、多面合作等在上述知识存储中已经得以论述。

(四)知识共享与交流

FCCS每年都会举办丰富的学术活动,包括学术会议、学术研讨会、系列学术讲座与演讲、学术工作坊与学术午餐会等,为激烈的学术辩论和探讨提供服务,为参加学术活动的FCCS的教师与学生,为来自全球各地尤其是中国和大东亚地区的数十位来访的贵宾、访问学者、博士后研究员提供知识交流与共享的机会。

1. 学术会议

FCCS不仅举办大型学术会议,还支持规模较小、重点突出的调查研究与读书会等项目。20世纪60年代,FCCS开始举办关于中国研究的学术会议,通常在风景秀丽的旅游景区,用长达一周的时间供学者们发表自己的知识生产成果,在简朴、安静的氛围中展开学术思想交流与争辩。读书会包括Eric Schluessel博士组成的 *Tarikh-i Hamidi* 读书会,参加Mullaā Muūsà所写的 *Tārikh-i Haīdiī*(1908)的翻译与阅读,这个文本记载着维吾尔族历史。近年来FCCS举办多场国际性的大型学术会议,包括2016年春季举办的"周朝与世界的交往与互动:西周政治文化带来的影响力"学术会议,2016年春天举办的"中国梦中的持久困境——通过科学和生物医学改善生活"学术会议等。

2. 学术研讨会

20世纪70年代,FCCS获得的基金会的资助相对较少,当时中心主任傅高义改变知识共享与交流形式,即每周或每月召开学术研讨会,主题范围不

---

① 黄涛:《美国中国学研究的真相探索与现实关怀:以费正清为中心的考察》,载《国外社会科学前沿》,2021年第6期,第87~99页。

断延伸至多个领域,知识、信息与思想交流相对轻松活泼;傅高义还每月组织一次晚间研讨会——新英格兰地区中国研讨会,这一研讨会后来发展为新英格兰中国系列研讨会并延续至今。1985年,孔飞力将研讨会制度化、规范化,每周召开一次研讨会。前身是1986年马若德发起的古代中国研讨会的中国人文研讨会也是FCCS的学术活动之一,20世纪90年代后期,裴宜理将其命名为"主任研讨会"。中心主任邀请学者进行演讲,并安排FCCS执委会成员担任评价员,对每场演讲进行评价。2015年9月,中华人民共和国主席习近平首次对华盛顿进行正式访问,标志着中美关系进入新时期,为此FCCS举办习近平专题研讨会。习近平主席的访问对美国外交历史来说是一个关键节点,在这个市政厅式的研讨会中,就有观众提出邀请习近平主席访问哈佛大学的建议。

3. 学术工作坊

中国时事工作坊的历史可追溯到FCCS初期费正清主持工作的时期,这期间FCCS获得美国国防部(1963)、美国空军(1964)的捐赠。工作坊按照课题基金项目的形式展开工作。中国时事工作坊每学年大约举行6次活动。1975年夏,FCCS组织一个为期两周的关于20世纪中国文学的工作坊活动,吸引了54位学者。后来工作坊逐渐成为功成名就的学者与初出茅庐的研究生在一块进行知识共享与思想交流、相互鼓励与支持的平台①。1992年,中国台湾研究工作坊开办,Steven Goldstein教授主持日常工作,旨在推动关于中国台湾的演讲、会议和出版方面的工作。

4. 系列学术讲座与演讲

FCCS开办一系列的讲座与演讲,目的是加强其与政界的学术交流、政策交流,任务是维系政府、决策层、情报部门与大学之间的沟通,使智库在知识与决策之间起中介作用。其中影响力较大的讲座与演讲如下:1987年保罗·纽豪瑟设立了一个纪念其兄长查理·纽豪瑟的基金,以资助FCCS。时任基金主任的马若德开办纽豪瑟纪念讲座,开展一系列的学术演讲活动。查理·纽豪瑟1958—1981年担任美国中央情报局的资深分析师,曾在FCCS进修一年以加强自身研究中国的能力。FCCS于1985年开创赖世和系列讲

---

① [美]薛龙:《哈佛大学费正清中心50年史:1955~2005》,路克利译,北京:新星出版社,2012年,第54~60页。

座,以纪念哈佛大学荣休教授赖世和,1986—2005年共举办17场讲座①。

5. 学术午餐会

第二任FCCS主任傅高义每周五举办学术午餐会,组织访问学者边吃午餐边谈学术,这种形式后来发展成"中国午餐会"。中国午餐会的前身为1967年傅高义发起的讨论关于中国教育和发展的午餐会,1972年后发展成固定化的星期五午餐研讨会,1987年更名为东亚专题系列讨论会,2000年正式确定为"中国午餐会"。中国午餐会是FCCS当前最活跃的研讨会之一,邀请到访哈佛或附近地区的学者在午餐时间给FCCS的学生、教师等听众作演讲。

四、FCCS的组织与服务

(一)组织结构与变革

1. FCCS执委会

在FCCS的组织结构中(图13-1),费正清中心执行委员会(以下简称"执委会")是一个重要的组织结构,执委会成员由FCCS的教授们担任。在哈佛毕业生华琛担任FCCS主任时,FCCS一项重大的改革创新就是组建FCCS执委会。华琛提出重建一个富有效率的审议机构,将执委会的人数由17~20人精简到6~7人,以保证执委会实现管理机构的功能,专注于程序性事务和政策制定等工作,并就相关方面向中心主任提供对策。为处理中心其他的工作,华琛还组建了图书馆分会、学术分会、发展分会和奖助金分会,这些分会的工作由执委会成员以外的学者负责。从行政管理上看,华琛的改革是高效、合理的,但是遭到中心学者的抵制,他们认为执委会应该接纳更多学者以具备开放性,因而没有理由进行改革,甚至有学者认为离开执委会的人,会受到排挤与不公正待遇。此后,在傅高义任职期间,执委会成员增加到13人。之后大家庭模式重新确立,即在哈佛大学获得终身教职的人文科学与社会科学领域的中国研究方面的专家都应当进入执委会。

2. 费正清中心之友

在第五任FCCS主任马若德为募集资金设立中心委员会的基础上,第八

---

① [美]薛龙:《哈佛大学费正清中心50年史:1955~2005》,路克利译,北京:新星出版社,2012年,第119~120页。

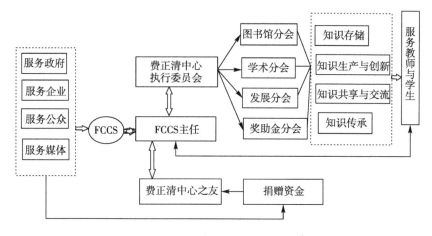

图 13-1 FCCS 的组织结构与服务对象

任 FCCS 主任裴宜理将中心委员会更名为"费正清中心之友"。加入该组织的每个会员每年都要捐款,以资助学生开展学术旅行与学术研究活动。

(二)服务对象

1. 为美国政府对华政策与决策提供咨询服务

FCCS 对中国认知的态势转变以及因此引发美国"中国研究"学术思潮的转变在某种程度上是美国政治精英与知识精英对中国认知的嬗变,这影响着美国的对华政策与决策。FCCS 的学者如费正清、傅高义等人有在美国政府情报部门、决策部门等机构工作的经历,因而十分清楚美国对华政策制定者的政策目标、思维方式与价值取向等。FCCS 在欢迎学者进行深入开展学术研究、出版研究成果等新知识生产的同时,也希望这些新知识对美国政府的对华政策产生一定的影响。FCCS 也一直在寻求知识与政策之间的平衡,鼓励研究者不断地进行知识生产、知识创新形成新的理解、理论,并使这些新理解、新知识、新理论对美国、中国及其他国家的政策产生影响。FCCS 鼓励学者选择那些能够对决策者和决策产生影响的领域展开研究,学者也希望他们高品质的知识成果能对决策产生影响。

2. 为媒体、公众提供公共领域的知识服务

FCCS 在推动全球"中国学"研究的基础上热衷于为社会公共领域提供服务,来帮助美国甚至全球更好地了解中国的历史和发展历程;通过教员的知识传承与知识生产,出版发行 FCCS 的知识产品,与公众共享知识。从 1956 年开始,FCCS 正式发布年度报告,此时报告只在小范围内传阅;

1999年之后,FCCS年度报告的色彩、内容与读者增加,将报告邮寄给FCCS的特聘研究员,送给来访团体和访问学者,将报告放在FCCS接待处供公众阅览。FCCS的中国问题研究专家与学者在美国和亚洲的知识界享有盛名,FCCS的教师与研究员不断地细化研究方向,不断加强与媒体的联系,在网络平台、电视、收音机节目上为美国公众开设讲座与演讲,也通过在报纸上撰文来影响大众。

3. 为师生的科研、教学与学习提供数字人文服务

在大数字化全球浪潮中,虽然FCCS的研究主要集中在人文科学领域,但是其仍然不断地更新数字技术以满足师生知识传承、生产与创新的需要。FCCS将服务进一步细化,通过课程＋讲座、研讨会、项目、工作坊、学生报告等形式,为本科生和研究生提供相应的数字人文课程,FCCS还十分注重数字人文研究与课程的实践活动。FCCS的数字人文项目具有跨学科、跨边界与跨时空的特征,涉及地理信息、绘画、摄影、服饰、建筑、戏剧、语言、舞蹈、音乐、饮食等众多领域。FCCS利用社会关系网络分析、语言处理、统计分析等技术从众多档案和文献资料中挖掘深层数据特征,FCCS通过多方协同,实现数字人文教育与推广,帮助研究者、学习者在交互研究与学习过程中,扩大数字人文的外延,使得他们主动参与数字人文事业,形成良好的数字人文生态系统,更好地为人文社会科学学者与社会公众做好知识服务①。

4. 为师生的"中国学"研究提供知识资源服务

FCCS自创立之初,就十分强调中文文献资料的采集与利用。其广泛地搜集报纸、图书等文献,采集口述史料、信件、图像、货物账本、统计报表等资料,出版《清朝文献提要》《1839－1923年中国对西方的反应》《近代中国:1898－1937年中文著作目录指南》等书。FCCS这种研究数据和研究资料的采集、组织与获取,为学者开展中国研究提供了系统的资源服务。FCCS的中国研究十分重视实地调研报告和访谈记录,重视地方志、统计资料、地方档案、案件记录、照片、回忆录、报纸杂志、私人信件等资料的采集,为研究中国近现代政治史、文化史、思想史提供丰富的资源。在研究资料系统整理与建设的过程中,FCCS不断应用数字化技术,对研究资料背后的数据与逻辑实施可视化和数字化处理,并挖掘资料之间的潜在规律,极力将量化数据库等

---

① 李子林、龙家庆、王玉珏:《交流与合作:美国数字人文与档案领域的互动及启示》,载《档案学研究》,2020年第2期,第130～137页。

技术工具应用于历史、文学等的研究①。

5. 为美国商界进军中国市场服务

美国商界给予 FCCS 的大量基金与捐赠是 FCCS 维持可持续发展的必要条件,因此,生存本能决定着 FCCS 有着强烈的为美国商界提供对华贸易方面服务的动机。FCCS 从费正清开始就一直与美国商界保持着紧密的联系,早在 1929 年费正清撰写《中国沿海的贸易与外交:通商口岸的开埠:1842—1854》就可见一斑②。FCCS 能够为美国商界提供关于中国贸易的政策、文化与历史等知识,促成美国商界在中国市场获得成功,使得美国商界越发重视 FCCS 的智库作用。在 2018 年出版的《中国 36 问:对一个崛起大国的洞察》一书中,FCCS 学者们就美国商界十分关心的中国经济发展给出回应,指出中国经济政策的变革促使中国经济保持较高的增长率,虽相较之前不断降低,但这不表示中国经济会停滞不前;认为中国开放之前对外封闭的新市场,不断完善司法审查程序和提高透明度,中国在履行对世贸组织的承诺方面做得并不比美国差③。

(三)传播路径

FCCS 的新闻报道注重时效,展现中心的使命、宗旨与行动。新闻报道分属各个研究领域,最后有一个其他领域。新闻报道通常包括知识与理念、活动与计划、展览与收藏等。例如,FCCS 在 2021 年 3 月 30 日发表声明,借已故教授 Ezra Vogel 所说——"对话促进理解,中国与世界公开的思想与人才交流是互利的。在高度紧张时期,我们需要更多而不是更少的交流,以加深我们对彼此的共同理解,并帮助改善跨政治边界的关系"。

FCCS 的社交媒体主要包括推特、微博、脸书、博客等网络平台。FCCS 在推特上共有 3514 条推文,共有 1.8 万个关注者。在脸书上,共有 8939 个支持者,10063 个关注者,269 个注册者。在博客上,FCCS 共有 1400 名关注者。FCCS 博客是一个开放的网络平台,为 FCCS 的教员、附属机构和学生

---

① 袁曦临、吴琼:《从北美"中国研究"发展历程看智库研究范式之转变》,载《情报资料工作》,2019 年第 3 期,第 13~18 页。

② [美]费正清:《中国沿海的贸易与外交:通商口岸的开埠:1842—1854(上)》,牛贯杰译,太原:山西人民出版社,2021 年,第 1~6 页。

③ [美]陆德芙、宋怡明:《中国 36 问:对一个崛起大国的洞察》,余江、郑言译,香港:香港城市大学出版社,2018 年,第 120 页。

提供了解与介绍世界一流的跨学科中国研究的窗口。FCCS 网络平台还提供哈佛大学关于中国社会公共领域事件的录音,以及来自世界各地的著名学者和专家的访谈录音等。在对学生教学方面,FCCS 还为学生提供现代中国治理体系中核心领导人物的可视化分析图。

五、对中国高校智库建设的启示

(一)国家利益至上

从 FCCS 智库的本质、角色、功能、特征与管理来看,其各种学术知识活动、政策研究活动等本质上都是支持维护和扩大美国的国家利益。费正清在 1946 年分析中国革命时就认为"我们的问题是如何为了自己的恰当利益而对中国的革命运动施加影响,使它不至于为国家牺牲个人,不至于使中国从属于某个大国,或被铁幕围住,断绝与外界的来往"[①]。当前面对中国快速崛起的伟大复兴之路,FCCS 更加体现出怎样保证美国利益的最大化和得以维系的归宿点和出发点的特征。2017 年以来,美国政府出台一系列视中国为主要的安全威胁与战略竞争者的政策文本,大量美国的智库专家与高校学者则给美国政府提出对抗或运用"以牙还牙"的报复手段等建议[②]。现任 FCCS 主任宋怡明则强调"有关过去的关键信息是,历史很重要;有关现在的关键信息是,复杂性很重要;有关未来的关键信息是,中国的挑战很重要"[③]。

以 FCCS 为代表的美国关于中国研究的智库,出于对现实矛盾综合与现实发展的需要,过去美国智库就十分重视中国计划生育政策,现在十分关心中国人口老龄化的问题研究,这些 FCCS 的中国问题研究,其中谈及中国发展中遇到的问题时首要考虑的就是中国的发展会对美国产生哪些影响,以及美国怎样去应对中国崛起等[④]。所以,中国高校智库在中国与美国竞争领域的问题研究中一定要坚守国家利益至上的原则,同美国智库同行之间开展竞

---

① 陶文钊编选:《费正清集》,天津:天津人民出版社,1992 年,第 319 页。
② 周文星:《什么问题?何以重要?——评〈中国问题:对一个崛起大国的批判透视〉》,载《领导科学论坛》,2019 年第 15 期,第 90~96 页。
③ 陆德芙、宋怡明:《中国 36 问:对一个崛起大国的洞察》,余江、郑言译,香港:香港城市大学出版社,2018 年,第 4 页。
④ 卢跃威、韦磊:《美国智库当代中国研究的动力分析》,载《国际关系学院学报》,2010 年第 6 期,第 71~75 页。

争与合作。

(二)占据话语体系高地

FCCS的研究观点经历了"冲击-反应"①"传统与现代""帝国主义论""中国中心观"②"新文化史观"的理论模式转换,同时给出"贸易朝贡""公共领域""市民社会""过密化""第三领域"等新的核心命题③。柯文虽然强调美国中国学专家要"摆脱欧洲或西方中心先入为主的假设""移情"到中国人的世界,应"根据中国人的经验而非西方人的想法去重构中国历史"④。但是他的作品还是以西方话语体系为主,王晴佳指出柯文的"中国中心观"虽然扬弃近代化理论,突破西方中心论,但吊诡的是,他们把中国革命视为另样近代化的实践,因此还是无法真正地走出近代化理论的藩篱,还是把近代化视为世界历史的必经之路⑤。这种强调方法论的西方话语体系,给中国问题研究学者带来较大的前见,他们关于中国问题研究主题越来越狭窄,而缺乏将中国视为一个整体开展研究的视野⑥。

事实上,人类文化是多文化融合的结果,因此用不同的文化视角进行区域国别研究将得出不同的诠释结论,运用文化融合的视角理解世界,将会发现一个全新的世界⑦。中国高校智库开展跨地域、跨文化、跨学科、跨边界的学术研究,更应该秉持平等的、客观的、科学的、公正的研究态度与价值取向,建立自己的话语体系去探究世界文明与重新确认全球事务,在全球化背景、

---

① 王瑞:《"中国中心观"与美国的中国学研究》,载《史学理论研究》,2017年第2期,第140~149,169页。

② Paul A. Cohen, Speaking to History: The Story of King Goujian in Twentieth-century China[M]. University of California Press, 2009, PP: XIX~XX.

③ 陈君静:《大洋彼岸的回声:美国中国史研究历史考察》,北京:中国社会科学出版社,2003年,第327页。

④ [美]柯文:《在中国发现历史——中国中心观在美国的兴起》,林同奇译,北京:中华书局,2002年,第247页。

⑤ 王晴佳:《中国文明有历史吗——中国史研究在西方的缘起、变化及新潮》,载《清华大学学报(哲学社会科学版)》,2006年第1期,第12~27页。

⑥ 赵梅:《寻找学术与政策影响之间的平衡——访李侃如博士》,载《美国研究》,2011年第2期,第19~28页。

⑦ 刘胜湘:《国际关系研究的文化融合路径——关系理性主义探析》,载《社会科学》,2021年第7期,第3~21页。

多元文化、自主个体的要求下对真相进行表达,抵制强势文化、强权国家的霸凌,摈弃霸权话语的规则与体系。鉴于"任何社会科学理论都具有自身的局限",中国高校智库在理论创新方面需要更有包容性、多元性与开放性,需要反映各种文化体之间的交流融合以及国际政治现实。

(三)筹措资金渠道的多样化

以费正清为首的历任 FCCS 主任不懈努力,他们极力向美国政界、商界、公众等募集资金与多种资源,尤其是能够争取到美国福特基金会、洛克菲勒基金会、卡内基基金会等极有影响力的基金会的大额捐赠,并且能够得到美国国防部、教育部、空军等政府军政部门的财政支持,同时能获得如 Jeffrey Gu 纪念基金、王安博士后基金等政界、商界与社会名人的捐赠。这说明 FCCS 历任主任有着极强的资金筹措能力,同时具有多样化的资金筹措的视野,这保证他们的整体收入逐渐进入一种稳定的状态。

过于依赖一种资金来源的智库,一旦这种主要的捐赠不能维系,则会陷入停滞的困难境地。如那些过度依赖国际基金或捐赠者的发展中国家和转型期国家的智库,它们的独立性会因为资金捐赠者的干涉而受到伤害。当前高校智库主要任务就是尽量地从多方渠道募集更多的资金,通过智库管理者持续地筹措资金的工作,从政府、企业等中获得可持续的基金与项目,再加上其他的收入与资助,保证智库年度开支预算的充足性。这样高校智库通过政界、商界、社会公众等多方渠道筹措资金,保证高校智库的学术研究、政策观点不会受到某一个资助者的干涉而失去独立运作的空间。

(四)系统的人才培养体系

FCCS 旨在培养能够引导美国一直站在国际舞台核心的领导者,为美国公众培养出具有文化敏感性的毕业生——成为政治界、学术界、商业界、媒体界的新一代领导人。这些新一代的领导人将会是掌握世界形势、具备全球视野、可以理解外国文化和人民并在此基础上制定社会公共领域有效政策的人才。依托世界一流大学哈佛大学的 FCCS 注重建立系统的人才培养体系,其下的毕业生成为 FCCS 与政界、商界联络的管道,成为社会公共领域内未来的政策精英和资深学者。在人才培养体系中,FCCS 对学科的依附性较低,较为注重智库研究的应用特征与问题导向。

中国高校智库应为学生提供有关"公共政策领域"的专业知识研修,培养学生跨学科、跨边界、跨时空的视野,引导学生学习"公共政策"研究的新方法开展政策研究,提升学生研究能力,将问题的理论研究应用到公共关系政策实践的情境中去。中国高校智库的导师可为学生提供工作坊、座谈会、研讨会等学术活动,学生通过与导师共同学习交流与共享知识,掌握公共关系政策问题中的紧迫且直接的研究方向,间接地参与政策沟通、议题与评价等,这是一种有着较高价值且伴随着挑战性与责任心的学习。中国高校智库为学生提供的研究项目,能够帮助学生进入党政机构的外交部门、情报部门、学界与媒体界等从业,学生拥有公共领域的专业知识与认知能力可为政策制定者、情报机构、外交机关、高校、媒体机构等提供智力支持与知识资源。

(五)知识生产模式更新

FCCS作为世界一流大学智库具备知识社会的知识民主化、知识生产模式等特征,其中知识生产模式是一个持续更新与演化发展的动态模式,经历知识生产模式Ⅱ到知识生产模式Ⅲ的变化。从"费正清们"的知识生产的实践可以看出,他们不是单纯的学者,而是通过旋转门在美国政界、学界之间来回切换的实践活动家,所以FCCS自成立就跨越知识生产模式Ⅰ阶段——科学家、科学术语、学术共同体的兴趣、单一学科、单元表述、分层次变化、学术机构参与等形式,直接进入知识生产模式Ⅱ阶段——实践者、通俗语言与知识语言的结合、强调知识应用、跨学科、多元表述、多层变化、多方机构参与等形式①。随着知识社会中大数据、网络技术、人工智能等科学技术的发展,FCCS的知识生产模式在综合与超越知识生产模式Ⅰ与知识生产模式Ⅱ的基础上,形成当前知识生产模式Ⅲ。在创新环境下的FCCS知识生产模式Ⅲ包括多节点、多形态、多层次的知识生产群,形成知识应用、知识扩散与知识创造的复合系统,由非均质性知识组成的不同研究范式、不同学科领域、不同专业化应用背景的特征,在跨学科、跨边界、跨时空的知识网络情境中,运用碎片化研究重组非均质性知识而实现不同知识的共同演化与共存②。

中国高校智库将关于"公共政策研究"的知识作为沟通与联系政界、商

---

① 于丰园:《知识社会中的大学教师教学能力发展途径研究》,北京:海洋出版社,2016年,第115页。

② 黄瑶、王铭:《试析知识生产模式Ⅲ对大学及学科制度的影响》,载《高教探索》,2017年第6期,第10~17页。

界、媒体界、社会公众等之间关系的纽带,平衡各界关系、遵守民主原则进入知识生产模式Ⅲ,对相关知识进行整合后进行知识生产、应用、传播等。高校智库参与知识生产的群体不只是智库学者,还有在政治、金融、人力与社会化等多方资本支撑推动下的群体,即形成"高校智库-政府-企业-公民社会"之间的内部与外界共同作用下的知识创造或创新,提高知识生产的质量,以及知识的应用与转化效率。高校智库知识生产模式Ⅲ将通过知识多向性与异质性特点,依靠多层次、多维的杠杆协调系统,满足全球化、跨国、国家、区域等不同层级的知识、文化、政治、经济等社会发展的不同需求。高校智库的知识生产模式Ⅲ离不开知识生产模式Ⅱ与模式Ⅰ,通过对创新网络和创新知识实现认知创新,使其成为技术、文化、人交互和连接的中心,减少决策者与社会公众之间的思想逆差与知识逆差。

附录

黄山市特色新型智库建设的对策研究①

习近平总书记在党的十九大报告中强调"深化马克思主义理论研究和建设,加快构建中国特色哲学和社会科学,加强中国特色新型智库建设"②,由此中国特色新型智库建设步入能力提升与快速发展的新阶段。在中国特色新型社会主义建设的新时代与新征程中,智库发展还须树立新目标、设计新思路以适应当今内政与外交的需求。地方政府治理不断受到国际化、科学化的影响,地方的经济发展、文化创新、环境保护、民主治理等面临更多新的机会、挑战与冲击。为提升黄山市的综合实力、竞争力,政府研制出台各项重要政策时,做到与时俱进,在解决当前问题之外,了解并掌握黄山市发展的愿望与前景,及时理解黄山人民的需要与期待。在长三角一体化和融入杭州都市圈的进程中,突出黄山市"旅游、生态、徽文化"的发展方向与特色;对此黄山市政府、高校、企业、其他社会机构须不断反思与重构智库目的、功能与形式,加快建设一个能够"打好黄山牌,做好徽文章"的地方特色新型智库。所建设的黄山市特色新型智库须更加深入地参与地方问题的研究,并以优质的咨询报告等知识产品服务地方发展,满足对接地方决策层的政策制定需求,进一步发挥"资政""制衡""启智""聚才"等功能与作用。

---

① 本研究报告发表在《智库理论与实践》2021年第3期上,2021年11月被中共黄山市政策研究室采用,获2020—2021年度黄山市社会科学一等奖(论文奖)。

② 习近平:《习近平谈治国理政(第三卷)》,北京:外文出版社,2020年,第33页。

1 研究方法

本研究主要采用文献分析、调查、专家访谈等方法,具体如下。

1.1 文献分析法

通过查找档案室、图书馆、政策研究室等机构的电子资源、纸质资源,以及根据研究目标需要查找国内外有关智库建设的多种文献,进行数据采集、分析,以全面了解国内外智库建设的发展态势,并掌握智库的发展规律和未来趋势。

1.2 调查法

为掌握国内各种类型智库有关政策咨询功能、机制与资源配置,课题组对华东师范大学课程与教学研究所(教育部高校高端智库)、西安电子科技大学"科学数据管理与区域政策研究中心"(陕西省高校新型智库)、闽南师范大学"两岸一家亲"智库(福建省高校新型智库)等机构进行实地调研与数据收集。

1.3 专家访谈法

本研究共举办4场小型座谈会,主要讨论黄山建设地方特色新型智库的制度、组织、人才培养等问题;对9位专家开展个别访谈,探讨有关黄山特色新型智库建设的科学性与可行性方案。小型座谈会与个别访谈的专家分别来自黄山市政策研究室、黄山市社会科学联合会、黄山学院、黄山职业技术学院、厦门大学教育学院和上饶师范学院等单位。

2 文献综述

2.1 概念界定

智库是以公共政策为研究对象,以科学研究为手段,以影响决策为目标的非营利性研究咨询机构①。智库功能为贡献知识、扎根社会、参与决策②,智库的重要作用在于资政启民,是连接知识与决策的渠道,以专业、科学的方式进行公共政策分析、研究、评估和咨询,从事舆论引导、政策传播等非营利性机构③,智库建设需要做到政治性及社会性并重、多样性和针对性并举、反思性和警示性并存、新闻性和知识性同步等④;智库模式是不断发展变化的,会随着智库所在区域的政治、文化、经济等方面的差异而各具特色;智库的服务机制则会受到服务情境、服务参与者、服务交互行为与服务产品等因素的作用影响⑤。地方特色新型智库的发展是中国特色新型智库建设体系的重要组成部分,为地方党政机构提供前瞻性、科学性的决策咨询服务推动区域发展⑥,例如晋江新型智库在搭建平台、汇聚资源、提高效率方面促进晋江高质量发展,其中智库专家是催生"晋江经验"的重要动因⑦。

2.2 国内外智库发展现状

世界范围内影响最大的宾夕法尼亚大学的《2019全球智库报告》⑧收录共8248家智库,其中美国1872家、印度509家、中国507家位居前三。报告指出从区域发展而言,欧美地区智库在20世纪80年代急速扩张,有31%的智库在1980—1990年成立。近10年时间,欧美地区新智库建设速度开始放缓,而亚洲、拉丁美洲、中东与非洲等地智库数量与类型保持较快增长。

---

① 栾瑞英、初景利:《4种智库影响力评价指标体系评介与比较》,载《图书情报工作》,2017年第22期,第27~35页。

② 毛光霞:《从"供智"到"共治":高校智库共治共同体的发展导向》,载《情报理论与实践》,2020年第10期,第63—68页。

③ 陈媛媛、李刚:《智库网站影响力评价指标体系研究》,载《图书馆论坛》,2016年第5期,第25~33,62页。

④ 于丰园:《欧洲高端智库对公共危机事件的研究透视》,载《情报杂志》,2020年第11期,第76~81页。

⑤ 陈静、陈茫:《新型智库情境下高校智库服务的过程及机制研究》,载《图书馆》,2020年第10期,第53~60页。

⑥ 许晓军、王珂:《基于地市级科技情报研究所的地方专业情报智库建设探讨》,载《智库理论与实践》,2020年第2期,第70~76页。

⑦ 黄相怀等:《关于以新型智库建设推动晋江高质量发展的建议》,载《智库理论与实践》,2020年第5期,第55~59页。

⑧ McGann, James G. 2019 Global Go To Think Tank Index Report. TTCSP Global Go To Think Tank Index Reports[EB/OL]. https://repository.upenn.edu/think_tanks/17.

2019年度《清华大学智库大数据报告》①收录1071家国内知名智库名录,其中军队智库2家,科研院所智库24家,党校行政学院智库54家,社科院类智库69家,企业、社会智库148家,党政部门智库157家,高校智库611家(图1)。这两份报告都指出当前国内外的智库建设均受到各国政府高度重视,进入一个数量增加与质量提升的快速发展期。

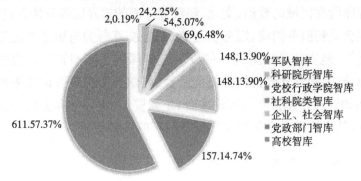

图1　2019年国内智库名录

2.3　我国智库建设模式

根据文献分析与调查研究,国内智库建设可总结为各自为战、协同创新与智库联盟三种模式。

2.3.1　各自为战模式

因各个系统之间的组织结构、评价体系、用才选才、成果评价等存在差异,党政智库、高校智库、社会智库等机构均以各自特点为地方政府决策服务,形成在问题研究中的各自为战模式,各类智库自行其是②。各自为战的智库运营像一个没有网站、学者个人档案、联系方式的黑洞,这种孤立性是当前智库面临的最大问题,这会阻碍各类智库和学者之间的交流互动,也会阻碍与国内外智库的信息交流等。

2.3.2　协同创新模式

当前党政智库、高校智库、社会智库、社科院智库等各类智库之间缺乏机

---

① 清华大学:《2019智库大数据报告》[EB/OL].[2020-05-19]. http://www.199it.com/archives/1046204.html。

② 张述存:《地方高端智库建设的现状、问题与前瞻》,载《国家行政学院学报》,2017年第1期,第99～103,128～129页。

构间的协同合作、学科间的协同攻关、人才间的协同互补①,面对这个问题,学者们从协同学的视角提出智库间的协同创新模式。协同视角中政府、智库、图情机构、媒体、企业和社会公众等多元参与主体,通过人才、经验、信息等方面的合作交流可以提升智库影响力,形成"主体—影响因素—构成要素"的卓有成效的提升路径②。

2.3.3 智库联盟模式

当前国内的智库联盟是指智库类研究机构基于研究领域、地域及机构性质等共同属性而组建的非法人学术团体,联盟通常由一个或几个政府部门及智库牵头搭建,在运作时采用固定牵头或轮流坐庄方式,通常设立专门的理事会和专家委员会。根据不同的标准可以将当前已有联盟划分为三类,一是按行政区划划分的省、市、县和跨地区的智库联盟,二是相同机构属性或专业属性智库组建的智库联盟,三是具有较为相似的研究主题的智库共建的智库联盟。

上述三种智库模式建设有着不同的难易程度与效率,各自为战模式建设相对简单,而协同创新、智库联盟模式则需要更加严谨、科学、精致的规划。当前地方智库建设面临精简具有政策咨询功能的机构、提高各类研究会所的政策咨询质量等问题,这就需要具有长远的地方特色新型智库建设的制度创新和科学对策。

3 黄山市特色新型智库建设的策略

3.1 具备智库功能机构分析

本课题组召开专家座谈会研究黄山市地方特色新型智库的定位与模式,进而了解黄山市当前具有政策咨询功能机构的现状、功能与作用。参与访谈的专家根据讨论提纲,帮助本课题组分析、审核与修正调查结果,共同探讨未来黄山市地方特色新型智库建设的机制的各种选项与模型。根据调查与访谈分析,黄山市当前已经存在许多具备政策咨询功能的类似智库机构,如黄

---

① 武慧娟、秦雯、孙鸿飞:《激励视角下高校智库协同决策机制研究——以吉林省高校智库建设为例》,载《现代情报》,2017年第3期,第8~12页。
② 郑荣等:《多元主体协同视角下的智库影响力提升机制研究》,载《情报科学》,2020年第9期,第63~68页。

山市党委政策研究室、黄山市人大政策研究室、黄山市政协政策研究室、黄山市社科联、黄山学院、黄山市旅游智库、黄山职业技术学院、黄山市党校、黄山市市属局下辖具备智库功能的机构。这些机构的存在使得各机关具备政策制定的专业性、科学性与持续性。但这些机构在政策解读与实施时更多地关注自身机构的需求,即现有具备智库功能的机构因各种条件限制缺乏应对黄山市整体发展的政策咨询功能。因此在建设黄山市特色新型智库时,须考虑将现有具备智库功能的机构精简、整合或重构。

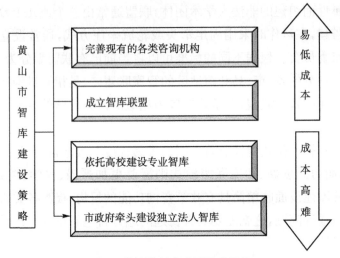

图2 黄山市智库建设策略框架

3.2 建设黄山市特色新型智库的四种策略

综合考虑,本研究提出黄山市建设地方特色新型智库的四种策略(图2),其中策略一为最省事、节约成本、容易推行的"完善现有的各类咨询机构",策略二是"成立智库联盟"。上面两种策略中的智库模式相对松散,对于智库的改变主要在于形式而触发智库深层次的改变相对较少。下面两种策略中的建设模式难度相对较高,主要有两种策略:一是"专业型"智库,由市政府委托黄山学院承办"专业智库",即委托地方高校学术机构成立咨询智库,协助黄山市整体规划发展的政策方针的制定;二是由市政府牵头建设独立法人的"市政智库"。这两种策略方案涉及人事、资金、信息等各类资源的配置问题,因而在建设过程中会遇到更多的不确定性因素。

3.2.1 完善现有各类咨询机构

就当前黄山市政及其下属机构而言,都有各自所属的政策咨询渠道,一旦需要外部专家提供专业咨询,就可以及时寻求到合适且可发挥咨询功能的专业人选。因为市属各局处机构已经建立政策咨询机构或机制,在遇到发展瓶颈时也能够寻找合适且发挥功能的专业人员提供相关服务。但是在实际操作过程中,专业咨询人员的认定存在许多非专业性考量,或者不能够完全从专业视角推荐人员。因此,市属具备智库功能的机构应从专业视角完善现有的人才队伍及资金划拨、知识共享等制度,在制度层面上进行创新。例如黄山市社科联组建黄山市社科专家库,可以为黄山市政及各局处提供专家后备人选。但是在黄山市政各局处需要政策专业咨询时,却不一定会从黄山市社科专家库选择专业人员,而是以各机构自身为主导,从业务来往和专业角度自行选择专家人员。事实上,当前市政具备咨询功能的机构较多,具备专业咨询能力的人才丰富,但是黄山市政咨询建议过程中的作用还须进一步提高。这就需要顶层设计,从制度层面凝聚共识,从市领导到各局处都要重视现有咨询机构功能的完善与整合。

3.2.2 成立黄山市智库联盟

由于黄山市现有众多的具备智库功能的机构,将来可成立松散式的黄山发展智库,采用联盟的组织形式,成立联盟理事会办理智库业务。由于组织形式松散,在发挥现有具备智库功能机构的作用时,智库还需要发挥更多联盟理事会的功能与角色。因此智库联盟理事会可以整合或缩减同类的咨询报告,节省各类资源用于更为精准的研究发展。但是由智库联盟理事会主导黄山市政咨询业务,在人力资源与业务能力上是否能够胜任,这仍需要实践进行证实。因为黄山市特色新型智库应容纳所有市政议题,而联盟理事会将来发挥智库功能来完成各类不同专业的市政研究工作,则会需要更多的财力、人员编制等预算支持。同时各类具有智库功能的机构本身还有着重要的工作考核任务,其在作为智库联盟理事会成员时,还是会用更多的资源去完成自身的业务,因此未必会一致地将更多的资源用于处理跨部门协调的业务。所以智库联盟不能只是停留于形式上,而是需要抽调人力、物力、财力等,面对黄山市政多元咨询的信息与数据处理,培养市内与引进外部的专业精湛的专家学者,以起到与发挥政策咨询作用。

3.2.3 依托高校建设专业智库——"黄山发展研究院"

为促进市政建设可加大行政与学术相结合的力度,即依托地方高校及有关学者、专家、专业学术机构或团体,开展有关黄山市政建设的各项专题研究、调查、评估与规划。黄山学院是"地方应用型高水平大学"建设单位,作为综合性大学下面设置的图书馆、旅游学院、生物与环境学院、徽州文化研究所等二级机构已经具备智库服务决策的功能,可为黄山市在长三角一体化和融入杭州都市圈的进程中突出"旅游、生态、徽文化"的地方特色的公共决策提供专业性、前瞻性与针对性的决策咨询服务。在专家座谈会议中,部分专家建议黄山市依托黄山学院的学科优势、专业特色、人才资源、信息资源等建设"黄山发展研究院",使其成为黄山市党政部门的"参谋、耳目、尖兵"。这就要求黄山学院等学术机构的学者意识到自身的重要作用,在黄山市政的中长期发展规划与政策制定过程中起到智库专家的作用,以问题为导向,做好政策研究、问题调查并参与治理等。

3.2.4 市府牵头成立独立法人的智库机构——"国家徽学研究院"

就国内外智库建设经验与发展趋势而言,根据地方发展程度的需要,成立独立的外部咨询智库机构为主要选项之一。独立法人的智库机构在财力、人力等方面需要政府编制预算,以地方未来发展为目标,保证政策制定与发展规划的长期延续性。为做好以文化传承与创新引领黄山市地方建设的长远发展规划,需要由市政府牵头成立一个独立法人的智库——"国家徽学研究院",以期达到"文化强市"的战略目的。这种独立法人的智库机构应是较好的方式,但这需要高度的政策支持,以及大量的、长期的人才、资金、资源的投入。"国家徽学研究院"将更多地扮演专业性、独立性、公正性的角色,避免受到过多的人为因素的干扰,避免出现"人走政息"的局面,以期更好地为黄山市地方的长远规划服务。

3.3 黄山市地方特色新型智库建设分析

3.3.1 明确智库的定位

地方特色新型智库成立时,需要明确智库的定位与厘清智库的功能,即以智库的专业性协助政策判断、从事长远发展规划以及解决现实问题等。智库的作用在于收集黄山市地方特色发展的各项数据,认真分析与科学考量,形成文本化、科学化的专业建议,以咨询报告的形式递交给市政领导,为达成政策制定的民主性与科学性提供决策依据。智库递交的咨询报告应有长远规划发展的建议与施政蓝图,符合黄山市旅游兴市、生态固市、文化强市的长期发展规划的要求,符合中国特色社会主义建设的需要,符合对世界发展趋势潮流的预判。

3.3.2 解析四种策略的可行性

黄山市特色新型智库建设的四种策略的解析如下：一是加强"类智库机构的协同创新"，此类模式具备即时性、成本低等可行性特征，与此同时还应对"类智库机构"进行甄选与厘清，在采纳咨询报告时做到"优胜劣汰"；二是由"类智库机构组建智库联盟"，这需要顶层设计上的制度创新，为"类智库机构"组建智库联盟设置章程、组织机构、共享机制等，同时需要考虑对当前市政发展规划项目进行科学统筹，避免"类智库机构"重复性研究的人力、物力等资源浪费；三是委托黄山学院等学术机构建设"黄山发展研究院"，主要承担黄山市发展规划的咨询建议任务，将高校立德树人、科学研究、服务社会与文化创新的功能融入智库建设当中，但这就需要这些学术机构投入较多的人才资源、资金等，相对于编制预算偏紧的学术机构来说，这也是一件较为困难的事情；四是直接由市政出面建设独立法人的事业机构性质的"国家徽学研究院"，从财政预算、人员编制等方面予以资助，这种模式开始时最为困难，但从长远来看是较为可靠的选项。

根据专家访谈结果分析，四种策略中以黄山学院等学术机构建设"黄山发展研究院"智库的策略最具可行性，能够促进黄山市政的公共决策的科学性、民主性。因为黄山学院是黄山市唯一一所本科院校，基于黄山地方发展对人才的需要，黄山学院致力于打造"地方应用型高水平"大学，紧密结合黄山市旅游、生态、徽文化等特色着力引进与培养各类高层次人才，将学术创新与地方实践相结合，能够发挥黄山市发展规划的咨询功能。一旦"黄山发展研究院"成为黄山市特色新型智库的建设目标，则需要黄山市政进一步加大投入，在制度上予以政策扶持、在资金上编制预算、在人才上促进交流、在成果上监督考核等，保证智库无障碍地运转。

4 黄山市特色新型智库建设对策

4.1 制度创新

因中国与西方各国的社会制度、政治制度存在本质的差异，源于西方国家的智库制度并不都适应中国智库本土化建设的需要；再因中国各地经济、文化等方面存在差异，现有的中国各地的智库建设模式也不一定都能满足黄山市特色新型智库建设的需要，所以在进行"黄山市特色新型智库"的建设时需要从顶层设计来推动制度创新。可以组织智库专家研制《黄山市特色新型智库建设方案》等政策文件,从策略性措施、规章制度等环境型政策工具引领智库发展,以资金投入、基础建设等供给型政策工具推动智库成长,用合作交流、知识交易等需求型政策工具拉动智库建设。制度创新可以保证从内生性的智库研究到联盟式智库优势聚集,以服务黄山市科学决策为目的,以前瞻性研究为重点,不断提升成果的实践对接效应,使得"黄山市特色新型智库"影响力日渐扩大。

4.2 人才培养创新

当前我国政府部门与智库机构之间的人才流通机制较多,例如"挂职锻炼""应用能力工作站"等人才培养机制,并且取得较好效果。在此基础上,"黄山市特色新型智库"的人才队伍建设需要在内部协同过程中努力打造专职、兼职相结合的人才队伍,外部协同过程中建成开放式的组织结构。黄山市特色新型智库可以组建"旅游、生态、徽文化"一体化的跨部门、跨学科的综合研究与交叉研究团队,培养智库专家的协作精神,帮助智库专家面对黄山市特有的具有复杂情境的问题,提出问题解决策略。在人才队伍建设中突破专业限制、地域限制、学科限制等,通过"新安学者"计划柔性引进高层次智库专家,运用多元化的选拔、招聘渠道和路径,形成有序、竞争、开放的人才选拔与评价体系,提升黄山市特色新型智库竞争力和高效性。

4.3 资金筹措创新

当前黄山市各类具备智库功能的机构在资金筹措方面存在能力上的差异与分化,仅依靠政府财政划拨的智库资金所起作用只能维系智库一般性的日常工作,智库的建设与发展创新需要更多的资金来源。所以"黄山市特色新型智库"在资金筹措时应发挥资源互补优势,在依托政府机构的同时与其他企事业单位加强联系,以"接地气"的研究精神获得社会各界的经费支持。资金筹措渠道之一是提升知识生产能力,通过直接委托项目、申报纵向项目、购买服务、专著版权、论文专利等获得财政拨款、项目经费、版权费、专利费等;之二则为大力开拓知识市场,通过知识交易承接旅游企业、生态行业等部门横向项目以获得资金;之三是利用网络信息技术,通过智库网站、微信公众号等影响旅游爱好者、生态环境保护者、徽州文化传承者等组织或个体,开展募捐活动获得个人与社会组织各种类型的捐赠等。

4.4 服务模式创新

"黄山市特色新型智库"的构建要有利于黄山市政治、经济、文化等领域的发展,为黄山市"旅游、生态、徽文化"发展规划等方面提供科学依据,这对"黄山市特色新型智库"的服务模式提出新的要求:一是专题式的精准服务,即智库开设"旅游""生态""徽文化"等研究报告、网络论坛、行知讲坛等专题栏目,为黄山市旅游、生态、文化等领域发展提供精准服务;二是倡导嵌入式服务模式,在决策咨询过程、政策制定过程、政策实施过程中嵌入服务;三是加强服务监督考核,对智库联盟的成员单位实施考评,通过第三方评价、同行评议、单位自评等评价体系,形成科学的评价机制并实时发布考评数据。

为进一步提升黄山市政府治理体系与治理能力现代化、黄山市公共决策的科学性与民主性,及时地、积极地、有效地面对及解决多元而复杂的地方发展问题,建议黄山市政府、社科联、高校、企业等机构从制度创新等方面思考与建设具有地方特色的智库,全力打造一支将"理论"与"实践"相结合、将"学术"与"政务"相结合的智库人才与研究团队,为黄山市及周边区域发展提出合乎时宜的研究方案,同时拓展且促进与国内外政策智库的合作与交流,从而提高政府的决策质量。

参考文献

一、专著与论文

A Missiroli, I Ioannides. European Think Tanks and The EU[J]. *Berlaymont paper*, Issue 2, 2012(9).

包昌火,等. 竞争情报导论[M]. 北京:清华大学出版社,2011.

曹升生. 美国新型智库在国际问题上的影响力研究[J]. 太平洋学报, 2015(9):87-97.

陈超. 情报与智库[J]. 竞争情报,2015(2):3.

陈超. 再议情报与智库[J]. 竞争情报,2016(1):3.

陈鼓应. 道家文化研究(第6辑)[M]. 北京:生活·读书·新知三联书店,1999:492.

陈赟华. "以人治人"与他者的接纳——《中庸》思想的一个维度[J]. 人文杂志,2006(2):56-61.

[春秋]李耳. 道德经[M]. 邱岳注评. 北京:金盾出版社,2009:119.

邓小平理论全书[M]. 北京:中央党校出版社,1998:551.

邓广铭. 略论有关《涑水记闻》的几个问题[J]. 北京大学学报(哲学社会科学版),1986(2):32-39.

邓菲,李宏. 嵌入科研的情报研究服务新模式探究[J]. 情报理论与实践, 2013(7):10-14.

冯叔君,等. 智库谋略:重大事件与智库贡献[M]. 北京:生活·读书·新知三联书店,2012:12-22.

冯新翎,等. "科学知识图谱"与"Google 知识图谱"比较分析——基于知识管理理论视角[J]. 情报杂志,2017(1):149-153.

甘炳光.去权与充权:社工专业本质的反思[J].香港社会工作学报,2014(1):85-95.

[古罗马]塔西佗.历史[M].王以铸,崔妙因译.北京:商务印书馆,1981:7.

[古希腊]拉尔修.名哲言行录[M].马永翔,赵玉兰,等译.长春:吉林人民出版社,2003.

[古希腊]柏拉图.泰阿泰德[M].詹文杰,译.北京:商务印书馆,2015:63-64.

谷贤林,刑欢.美国教育智库的类型、特点与功能[J].比较教育研究,2014(12):1-6.

谷贤林,胡苗苗.美国基金会影响教育政策的策略——以华莱士基金推动的《时间法案》为例[J].比较教育研究,2013(6):105-110.

国家行政学院课题组,张占斌,杨小军.以职能转变为核心推进行政体制改革[J].行政管理改革,2013(5):15-20.

韩宏伟.超越"塔西佗陷阱":政府公信力的困境与救赎[J].湖北社会科学,2015(7):29-34.

[汉]刘向.战国策[M].上海:上海古籍出版社,1985:275.

贺德方,唐玉立,周华东.科技创新政策体系构建及实践[J].科学学研究,2019(1):3-10,44.

黄如花,李白杨,饶雪瑜.面向新型智库建设的知识服务:图书情报机构的新机遇[J].图书馆,2015(5):6-9.

黄如花,李白杨.智库建设背景下的美国中央情报局信息管理实践与启示[J].信息资源管理学报,2015(3):37-41.

[加]埃布尔森.国会的理念:智库和美国外交政策[M].李刚,黄松菲,丁炫凯,等译.南京:南京大学出版社,2017.

贾连港.北宋末年郭京"六甲神兵"之由来蠡测——基于钦宗君臣思想来源的考察[J].宗教学研究,2019(3):252-260.

贾连港."因时应变"与"遵用祖宗"旧制:金军南侵与靖康初年中央统军制的调整[J].宋史研究论丛,2015(1):94-120.

柯白玮.黑洞运营 中国智库困局待破[J].中国智库,2013(2):141-149.

李纲,李阳.面向决策的智库协同创新情报服务:功能定位与体系构建[J].图书与情报,2016(1):36-43.

李纲,李阳.情报视角下的智库建设研究[J].图书情报工作,2015(11):

36-41,46.

李刚,等.智库知识体系制度化建构的进程与路径[J].图书与情报,2019(3):1-11.

李剑,宋玉顺.稷下学宫遗址新探[J].管子学刊,1989(2):76-81.

李文娟,袁润,钱过.基于DPCI专利引文信息的竞争情报功能研究——以碳纳米管为例[J].情报科学,2015(12):83-89,98.

李阳,李纲,张家年.工程化思维下的智库情报机能研究[J].情报杂志,2016(3):36—41,48.

李馨.帝制并非自为——对于袁世凯称帝原因初探[J].新西部(理论版),2016(15):92-93.

李宗一.袁世凯传[M].北京:中华书局,1980:323.

罗岭,王娟茹.基于知识管理的产学研合作协同创新[J].情报科学,2015(7):21-25,34.

梁丽,张学福,周密.基于政策反馈理论的智库评价模型构建研究[J].情报杂志,2021(8):201-207.

刘琦岩.智库以知识管理引导社会治理路径探析[J].中国软科学,2016(6):154-158.

[美]洛文塔尔.情报:从秘密到政策[M].杜效坤,译.北京:金城出版社,2015:4-6.

[美]布什,等.科学:没有止境的前沿——关于战后科学研究计划提交给总统的报告[M].范岱年,解道华,赵佳玲,译.北京:商务印书馆,1985.

毛泽东.毛泽东选集[M].北京:人民出版社,1960:1193.

[明]大围山人,等.新菜根谭[M].萧悟了,编译.广州:广东人民出版社,1995.

苗力田.古希腊哲学[M].北京:中国人民大学出版社,1989:216-219.

[日]大木保果.日本综合商社的情报机能.王士康,译.外国经济参考资料[J],1980(10):37-40.

任晓.第五种权力:论智库[M].北京:北京大学出版社,2015:128-158.

Susanne Oxenstierna, Carolina Vendil Pallin. Russian Think Tanks and Soft Power[M]. Academia. Accelerating the world's research. 2017:21. FOI-R-4451-SE.

司马迁.史记[M].郑州:中州古籍出版社,1994:716.

孙蔚,杨亚琴.论习近平智库观与新时代中国特色新型智库的理论范式[J].南京社会科学,2018(9):1-8.

沈国麟,李婪.高校智库建设:构建知识生产和社会实践的良性互动[J].新疆师范大学学报(哲学社会),2015(4):46-50.

王夫之.船山全书(第六册)[M].长沙:岳麓书社,1996:230.

王红.图书情报机构在国家智库建设中的使命担当与服务创新[J].图书情报工作,2015(14):46-50.

王世伟.试析情报工作在智库中的前端作用——以上海社会科学院信息研究所为例[J].情报资料工作,2011(2):92-96.

王馨.战略情报研究模式反思与探索:计划、动态还是协同[J].情报理论与实践,2013(8):1-5.

王珩,王丽君.高校智库在国际传播中的作用、挑战及应对策略——以浙江师范大学非洲研究院为例[J].非洲研究,2020(1):166-175,204~205.

王杉.探究西方智库的过去、现在和未来[J].决策探索,2019(7):62-63.

王延飞,闫志开,何芳.从智库功能看情报研究机构转型[J].情报理论与实践,2015(5):1-4,11.

王辉耀,苗绿.大国背后的"第四力量"[M].北京:中信出版集团,2017:135-136.

吴德烈,马元鹤,倪云.樱花时节访三井——日本三井物产株式会社的收集信息情报机能[J].国际贸易,1985(6):53-55.

习近平系列重要讲话读本[M].北京:人民出版社,2016:286.

习近平谈治国理政(第1卷)[M].北京:外文出版社,2018:51.

习近平谈治国理政[M].北京:外文出版社,2020:119.

宣兆琦,张杰.荀子与稷下学宫[J].邯郸师范专科学校学报,2001(1):3-12.

徐维英,尚书.高校智库:彰显大学服务社会功能的表达路径[J].教育评论,2016(2):32-34.

[英]培根.新工具[M].北京:商务印书馆,1984:8.

于丰园,汪小飞.基于知识惯性的大学教师创新研究[J].集美大学学报,2016(6):1-5,17.

于丰园,汪小飞.高校智库建设背景下教师创新转型的对策研究——基于知识惯性的视角[J].情报杂志,2016(7):49-52,24.

于丰园,于群英.高校智库参与地方政府决策的路径研究——基于知识管理的视角[J].情报杂志,2017(6):50-54.

于丰园,于群英.提升高校智库情报机能的对策研究[J].扬州大学学报(高教研究版),2017(5):17-20.

于丰园.美国高校科技外交智库建设研究——以普渡技术外交中心为例[J].智库理论与实践,2022(3):125-134.

袁建霞,董瑜,张薇.论情报研究在我国智库建设中的作用[J].情报杂志,2015(4):4-7.

赵英,姚乐野.跨部门政府信息资源整合与共享路径研究——基于知识管理视角[J].情报资料工作,2014(5):62-68.

赵汀阳.一种可能的智慧民主[J].社会科学文摘,2021(6):30-33.

张家年.情报视角下我国智库能力体系建设的研究[J].情报资料工作,2016(1):92-98.

张家年,卓翔芝.融合情报流程:我国智库组织结构和运行机制的研究[J].情报杂志,2016(3):42-48.

张毅菁.智库运作机制对优化竞争情报循环的启示[J].竞争情报,2016(1):9-14.

朱清华.柏拉图的一和多[J].首都师范大学学报(社会科学版),2018(4):56-64.

朱熹.四书集注[M].北京:中华书局,983:80.

朱伟.政策制定过程中官员、专家、公众的互动模式—基于政策"类型-过程"理论框架的分析[J].南京工业大学学报(社会科学版),2013,12(3):106-113.

二、网络、报纸等

习近平.在庆祝中国人民政治协商会议成立65周年大会上的讲话[EB/OL].人民网,2014-09-22.http://jhsjk.people.cn/article/25704157.

习近平在哲学社会科学工作座谈会上的讲话[EB/OL].人民网,2016-05-17.http://jhsjk.people.cn/article/28361550.

习近平总书记在哲学社会科学工作座谈会上重要讲话引起热烈反响[EB/OL].人民网,2016-05-21.http://jhsjk.people.cn/article/28368052.

习近平在中国科学院第十九次院士大会、中国工程院第十四次院士大会上的讲话［EB/OL］. 人民网，2018-05-28. http：//jhsjk. people. cn/article/30019215.

习近平总书记在党史学习教育动员大会上强调 学党史悟思想办实事开新局 以优异成绩迎接建党一百周年［EB/OL］. 人民网，2021-02-21. http：//jhsjk. people. cn/article/32033008.

习近平接受金砖媒体采访［EB/OL］. 人民网，2013-03-20. http：//jhsjk. people. cn/article/20845747.

携手金砖合作应对共同挑战［EB/OL］. 人民网，2021-09-09. http：//jhsjk. people. cn/article/32223106. 新华社. 国家主席习近平在莫斯科国际关系学院的演讲［EB/OL］. 2013-03-24. http：//www. gov. cn/ldhd/2013-03/24/content_2360829. htm.

崔允漷：关于"中国课程走出去"的思考［EB/OL］. 2017-07-27. http：//www. kcs. ecnu. edu. cn/cn/Show. aspx？ info_lb＝8&info_id＝3646&flag＝.

哥伦比亚大学 Kuhn 教授作为华东师大荣誉教授加入课程所［EB/OL］. 2018-05-11. http：//www. kcs. ecnu. edu. cn/cn/Show. aspx？ info_lb＝8&info_id＝3888&flag＝.

课程所受邀参加 OECD［EB/OL］. 2017-11-09. http：//www. kcs. ecnu. edu. cn/cn/Show. aspx？ info_lb＝8&info_id＝3689&flag＝.

课程所入选国家高校高端智库联盟首批成员［EB/OL］. 2017-09-25. http：//www. kcs. ecnu. edu. cn/cn/show. aspx？ info_lb＝8&info_id＝3660&flag＝132.

课程所师生出席 AERA2019 年会［EB/OL］. 2019-04-25. https：//mp. weixin. qq. com/s/Mx9j6-pR_jS6lklPTYKKWA.

课程所申报上海市高峰计划［EB/OL］. 2017-10-24. http：//www. kcs. ecnu. edu. cn/cn/Show. aspx？ info_lb＝8&info_id＝3679&flag＝.

课程所国际课堂分析实验室与墨尔本大学国际课堂研究中心签署战略合作协议［EB/OL］. 2017-12-07. http：//www. kcs. ecnu. edu. cn/cn/Show. aspx？ info_lb＝8&info_id＝3735&flag＝.

课程系(所)7 位博士生获 2017 年国家建设高水平大学公派研究生项目资助［EB/OL］. 2017-06-02. http：//www. kcs. ecnu. edu. cn/cn/Show. aspx？ info_lb＝8&info_id＝3580&flag＝.

课程所与德国国际教科书研究所(GEI)签署战略合作协议[EB/OL].
2018-11-13. http://www.kcs.ecnu.edu.cn/cn/Show.aspx?info_lb=
8&info_id=4002&flag=.

回应国家重大政策需求,课程所以学术积淀和专业担当高质量服务"双
减"政策[EB/OL]. 2021-10-10. https://mp.weixin.qq.com/s/
97wofhkXi9dSZtdB57vmQA.

《华东师范大学教育评论(英文)》征稿启事[EB/OL]. 2012-12-10.
https://www.ecnu.edu.cn/c1/f6/c1952a115190/page.htm.

ICI学术.国内首套"中国课程改革与学校创新"英文书系第一册问世
[EB/OL]. https://mp.weixin.qq.com/s/EO5Cujr_2jS2CBVhLsPF-g.

ICI荣誉.有效服务国家决策[EB/OL]. 2020-12-23. https://mp.
weixin.qq.com/s/vjF3P9lOH6L0JOY086TQqg.

ICI华夏课程论坛.建构"强有力"的课程理论[EB/OL]. 2021-04-07.
https://mp.weixin.qq.com/s/fdQ83AZz72fXu8yORFSP9w.

ICI学生培养[EB/OL]. 2021-06-01. https://mp.weixin.qq.com/s/
q3IsYAZXwjYcWDKuLWB8YA.

ICI学生培养.科研育人再显成效[EB/OL]. 2021-01-04. https://mp.
weixin.qq.com/s/fPF8mRaTCC72ySdk9H-HgQ.

刘小枫.特洛尔奇与"历史主义危机"[EB/OL]. 2021-08-07. https://
mp.weixin.qq.com/s/8S_xrkHrS5fhy-Oj4mkQkA.

讲真,课程所入选"CTTI高校智库"百强榜[EB/OL]. 2018-12-24.
https://mp.weixin.qq.com/s/vahNzUn1yB1DG_rhQHEDVg.

基地概况[EB/OL]. 2021-07-15. http://www.kcs.ecnu.edu.cn/cn/
content.aspx?info_lb=55&flag=1.

清华大学:2019智库大数据报告[EB/OL]. 2020-05-19. http://www.
199it.com/archives/1046204.html.

高校高端智库联盟公约[EB/OL]. 2017-09-20. http://www.moe.gov.
cn/jyb_xwfb/moe_1946/fj_2017/201709/t20170920_314901.html.

学术团队[EB/OL]. 2021-08-04. http://www.kcs.ecnu.edu.cn/cn/
picture1.aspx?info_lb=3&flag=3.

ICI咨政.教育部官网发布胡惠闵教授解读2022年版义务教育课程方案
和课程标准[EB/OL]. 2022-04-25. https://mp.weixin.qq.com/s/-

04tiUvM7RcPZGGmBza7DA.

周群. 全球智库评价：画鬼还是画人[EB/OL]. 2014-02-15. http://ex.cssn.cn/zx/201402/t20140226_1003979.shtml.

专职研究员[EB/OL]. 2021-07-16. http://www.kcs.ecnu.edu.cn/cn/TeaShow.aspx?info_lb=206&info_id=3534&flag=3.

"中-法科学及数学教育联合研究室（C2SE）"项目启动[EB/OL]. 2013-03-28. http://www.kcs.ecnu.edu.cn/cn/Show.aspx?info_lb=8&info_id=686&flag=.

朱旭峰. 中国智库：避免跌入依附陷阱[EB/OL]. 2009-08-14. http://www.nanfangdaily.com.cn/epaper/nfzm/content/20090813/ArticelE31002FM.htm.

朱雁博士受邀参加"亚洲教育2014：全球性问题"国际会议[EB/OL]. 2014-06-29. http://www.kcs.ecnu.edu.cn/cn/Show.aspx?info_lb=8&info_id=2124&flag=.

2015中国智库报告[EB/OL]. 2017-07-03. http://www.sass.stc.sh.cn/eWebEditor/UploadFile/00n/ull/20160128161350250.pdf.

英国布里斯托大学Sally Thomas教授访问课程所并开展学术交流[EB/OL]. 2017-07-20. http://www.kcs.ecnu.edu.cn/cn/Show.aspx?info_lb=8&info_id=3651&flag=.

CTTI来源智库MRPA测评指标体系介绍（2015-2016）[EB/OL]. 2017-08-23. http://epaper.gmw.cn/gmrb/html/201612/21/nw.D110000gmrb_20161221_316.htm?div=1.

习近平. 习近平总书记在哲学社会科学工作座谈会上的讲话[N]. 人民日报, 2016-05-19(2).

习近平. 习近平总书记致信祝贺中国社会科学院建院四十周年[N]. 人民日报, 2017-05-18(1).

国家高端智库专家热议习近平总书记关于知识分子的重要讲话[N]. 光明日报, 2017-03-10(11).

张宏宝. 有效知识供给不足 高校智库从"慢一步"到"快一步"[N]. 光明日报, 2017-02-28(13).

周志伟. 金砖国家政策中心：快速发展的巴西智库[N]. 中国社会科学报, 2012-12-19(B05).